打 开 心 世 界 · 遇 见 新 自 己

HZBOOKS   PSYCHOLOGY

HZ BOOKS

华章心理

与孩子重回自然

HOW TO
RAISE
A WILD CHILD

The Art and
Science of Falling
in Love
with Nature

如何在大自然中
塑造孩子的身体、情感和认知

[加] 斯科特 · D. 桑普森（Scott D. Sampson）/ 著

汪幼枫 / 译

机械工业出版社
China Machine Press

图书在版编目（CIP）数据

与孩子重回自然：如何在大自然中塑造孩子的身体、情感和认知 ／（加）斯科特·D. 桑普森（Scott D. Sampson）著；汪幼枫译 . -- 北京：机械工业出版社，2021.8
书名原文：HOW TO RAISE A WILD CHILD: The Art and Science of Falling in Love with Nature
ISBN 978-7-111-68832-7

Ⅰ. ①与…　Ⅱ. ①斯…　②汪…　Ⅲ. ①家庭教育　Ⅳ. ① G78

中国版本图书馆 CIP 数据核字（2021）第 156572 号

本书版权登记号：图字　01-2019-4724

与孩子重回自然
如何在大自然中塑造孩子的身体、情感和认知

出版发行：机械工业出版社（北京市西城区百万庄大街 22 号　邮政编码：100037）
责任编辑：邹慧颖　　　　　　　　　　　　　责任校对：殷　虹
印　　刷：大厂回族自治县益利印刷有限公司　版　　次：2021 年 8 月第 1 版第 1 次印刷
开　　本：170mm×230mm　1/16　　　　　　印　　张：17.5
书　　号：ISBN 978-7-111-68832-7　　　　　定　　价：79.00 元

客服电话：（010）88361066　88379833　68326294　　投稿热线：（010）88379007
华章网站：www.hzbook.com　　　　　　　　　　　读者信箱：hzjg@hzbook.com

献给我的母亲，凯瑟琳·琼·桑普森，

一位杰出的自然导师，

以及

我的姐姐克丽·道恩·夏普，

她教会我如何活得优雅而坚毅。

我非常想念你们。

前言

像许多孩子一样，我小时候很喜欢恐龙。毫不夸张地说，"paleontology"（古生物学）是我最早学会拼写的单词之一。4岁时，年幼的我已经记住了数十种史前生物的多音节名称。我会在自家后院挖掘化石（可惜没成功过）。家庭野营结束后，我会把各种各样的石头（偶尔也有化石）带回家，其中大部分被放到了后院。在我4岁时的一张黑白照片上，我亲热地抱着一只水泥铸成的剑龙，它绝对是我的真爱。

但与大多数孩子不同的是，我对恐龙的爱一直都没有消失。有人说我从来没有真正长大过。在考虑了若干种职业生涯后，我最终选择在多伦多大学攻读动物学博士学位。我的论文包括命名和描述在蒙大拿州发现的两种先前不为人知的有角恐龙。

1999年，我接受了位于盐湖城的犹他大学的双重职位：在犹他州自然历史博物馆担任古生物学馆长和在地质与地球物理系担任助理教授。对于我这样的恐龙迷来说，这确实是我梦寐以求的工作：有博物馆资源用于实地考察和化石清修工作，有机会接触研究生，还能在一天的车程内发现大量奇妙的化石。我还利用各种机会去遥远的地方寻找恐龙（至少是它们的骨骼化石），在非洲等地度过了许多快乐时光。看起来我将终生以此为业了。

但是在 2007 年，身为终身教授和博物馆总馆长的我放弃了这一切——应该说，是其中的一大部分。我继续在犹他州寻找化石，但我和妻子托妮决定搬到加利福尼亚州北部。在那里，我把大部分精力投入到公共科学教育和培养人与大自然的联系中。很多同事都认为我疯了，有一段时间我也这么认为。我为什么要做出如此巨大的改变呢？

这归根结底是出于两种令人信服的见解。首先，当代儿童与大自然的脱节正威胁着他们的健康。几乎完全生活在室内、被技术产品淹没的童年是一种贫瘠的童年，会对孩子的成长产生许多负面影响，包括生理、思维和情感上的。其次，当前趋向于改变童年性质的流行做法也在威胁我们生活的地方，甚至可能威胁到人类的未来。人类可能只有一代人的时间（有人说不到，有人说还要多一些）来进行深刻的变革，让自己走上可持续发展的道路。在那之后——好吧，就像很多人说的，大自然总是最后的赢家。

如果说可持续发展依赖于改变人类与大自然的关系，那么当代儿童与大自然之间的鸿沟就是我们这个时代最为严重、最容易被忽视的危机之一，威胁着人类和无数其他物种。帮助儿童爱上大自然应该成为国家的头等大事，与减少温室气体排放、保护物种和野生环境不相上下。在我成年后的大部分时间里，我一直在向科学界以外的人群传递科学知识，其中也包括儿童，但后来我觉得有必要用更为直接的方式为这项迫在眉睫的工作做出贡献。

从那时起，我的工作采取了多种形式，包括写作、演讲和各种媒体项目。其中最引人注目的例子是由吉姆·亨森公司（Jim Henson Company）制作的美国公共电视网（PBS）儿童频道系列节目《恐龙列车》（*Dinosaur Train*）。截至本书撰写之时，该剧每天都在美国及其他许多国家播出。我担任该剧的科学顾问和主持人，负责为剧本提供咨询，并帮忙为动画角色创作故事，其中包括年轻的霸王龙巴迪和小无齿翼龙（一种会飞的爬行动物）塔尼。每一集结束之际，我都会出现在镜头前，讲述故事背后的科学原理，把恐龙的史前世界和我们的现实世界联系起来。在节目结束前，我总是会充满激情地大声疾呼："走出去！走进大自然！做出自己的发现吧！"

《恐龙列车》取得了巨大成功，也带来了很多乐趣，有数以百万计的儿童和家长在收看它。通过我的写作和演讲活动，这个节目也为我提供了绝好的机会来促进儿童与大自然的联系。然而，就在几年前，我遇到了一个根本性的问题，那感觉就像被霸王龙甩出大腿狠狠踢在肚子上：孩子们究竟是如何与大自然建立联系的？这一过程又是如何随着他们的成长而改变的？对此我有一些想法，但我真的不知道答案。

我推测，既然有这么多组织在从事与大自然建立联系的工作，那么一定会有一大堆关于这个主题的书籍。经过缜密的搜索，我发现，从观鸟到园艺，有关户外活动方面的儿童书籍真的为数不少，还有大量书籍是专门针对环境教育的。然而，除了少数例外，这些书籍并没有直接深入探讨如何与大自然建立联系，更不用说这一过程会如何随着孩子的年龄增长而发生变化了。幼儿和青少年会以与成人不同的方式与大自然接触，人人都同意这个说法，但这些方式到底是怎样的呢？通过进一步挖掘，我找到了一系列学术论文，大部分是在过去的 20 年间撰写的，针对的正是这个问题。但是，到目前为止，还没有任何一本书对这些研究成果进行总结，供广大普通读者阅读。

最终，为了寻找答案，我的涉猎范围远远超出了科学文献。我走进后院、教室、学校园圃、城市公园、自然教育中心、博物馆，还进入了荒野中。我研究了自然指导课程，和女儿杰德一起学习"鸟语"，和儿童们一同待在野外。在这一过程中，我很尴尬地发现，我本人与大自然联系的感觉，不得不说，也是少得可怜的。所以，在撰写本书时，我力图加深这种联系，既是为了杰德也是为了我自己。最终，所有这些研究让我得出了一系列结论——关于人与大自然的联系是如何运作的，以及这一过程是如何随着儿童的成长而改变的。这些发现的意义触及育儿和教育的核心，也触及童年本身的核心。《与孩子重回自然》讲述的就是这样的故事。它的目标读者是所有希望用科学而巧妙的方法帮助孩子爱上大自然的人。如果你有兴趣成为身边孩子们的自然导师，这就是一本适合你的书。

2013 年，就在我开始郑重其事地撰写这本书时，我们一家人又从加州穆尔海滩的滨海村庄搬到了科罗拉多州的丹佛市，为的是抓住另一个机会。当时丹佛市自然科学博物馆为我提供了一个行政职位，让我有机会处理全市范围内的重要工作。现在已经是我任职的第二年了，我很高兴能在这样一个富有远见的机构里发光发热。而且，由于有许多新同事和朋友提供建议，搬到丹佛市后，本书的内容也得到了极大的修正。

最后，《与孩子重回自然》的撰写过程一直笼罩在悲伤的氛围中。就在我开始撰写最初几章时，我的母亲——我生命中最伟大的自然导师，在一次严重中风后，经过漫长的健康恶化，去世了。接着，大约一年之后，就在我完成手稿几周前，我的姐姐克丽在罹患癌症两年后非常突然地去世了。这些巨大的损失让我更加坚信，有必要克服日常生活中的喧嚣，专注于最重要的事情。我本人深切地希望这本书就是最重要的事情之一。

HOW TO RAISE
A WILD CHILD

致谢

《与孩子重回自然》一书建立在前人研究的基础上，旨在整合前人的众多观点。其中最具影响力的有托马斯·贝里（Thomas Berry）、弗里乔夫·卡普拉（Fritjof Capra）、蕾切尔·卡森（Rachel Carson）、罗兰·艾斯利（Loren Eiseley）、理查德·洛夫（Richard Louv）、乔安娜·梅西（Joanna Macy）、大卫·奥尔（David Orr）、戴维·铃木（David Suzuki）、以及亨利·戴维·梭罗（Henry David Thoreau）。戴维·铃木和理查德·洛夫是我最主要的灵感来源。铃木，这位伟大的加拿大环保主义者、倡导人与大自然相融合的科学家，一直是我人生中的伟大导师。洛夫帮助发起了新兴的儿童与大自然运动，并成为其最强大的代言人；此外，他还抽出时间亲切地接受了本书的采访。

我要感谢在我写作前和写作过程中提供重要意见的以下人士：

Lise Aangeenbrug, Kenny Ballentine, Adam Bienenstock, Cindy Bowick, Michael Bucheneau, Susan Daggett, Sharon Danks, John Demboski, Chris Dorsey, John Gillette, David Hage, Mary Ellen Hannibal, Governor John Hickenlooper, Kirk Johnson, Michael Kaufman, Margaret

Lamar, Stephen LeBlanc, Juan Martinez, Ian Miller, Rachel Neumann, Antonio Pares, Dale Penner, Laurette Rogers, Judy Scotchmoor, Dondre Smallwood, David Sobel, George Sparks, Mark Stefanski, Jeff Su, Brian Swimme, Mary Evelyn Tucker, Nancy Walsh, Tim Wohlgenant.

我非常感谢我慷慨的亲朋好友们，他们中有朋友、同事、科学家、学者，以及与大自然建立联系的实践者，他们就各章各节或整本书提供了建议，他们是：

Michael Barton, James Bartram, Tim Beatley, Louise Chawla, Chip Colwell, Sharon Danks, Stacie Gilmore, Andréa Giron, José Gonzalez, Alison Gopnik, Gregor Hagedorn, Peter Kahn, Richard Louv, Martin Ogle, Zach Pine, Dan Rademacher, Toni Simmons, Jeff Su, Doug Tallamy, Jon Young.

我要特别感谢专家级自然导师乔恩·扬，以及所有 2014 年度"指导艺术"项目的员工和参与者，他们做了很多工作，帮助我真正理解了社区在培养人与大自然的联系中起到的作用。

感谢我的文学经纪人，来自扎卡里·舒斯特·哈姆斯沃斯公司（Zachary Shuster Harmsworth）的埃斯蒙德·哈姆斯沃斯，以及我的编辑，来自霍顿·米夫林·哈考特集团（Houghton Mifflin Harcourt）的丽莎·怀特，他们对本书进行了娴熟的指导。丽莎的编辑工作极大地改进了手稿。我特别高兴能与霍顿·米夫林·哈考特集团合作出版这本书，因为该集团出版了许多重要的自然主题图书，包括蕾切尔·卡森的《寂静的春天》（*Silent Spring*）。虽然卡森从未有机会就儿童与大自然的联系写一本"好奇心之书"，但我想她会对本书表示赞赏的。

我很感谢穆尔海滩及周边马林岬角的整个社区——无论是人类还是非人类，在过去十年中的大部分时间里，他们培养了我与人类以及大自然的联系。本书中提出的许多见解都是我在海边山丘上漫步时诞生并获得反复锤炼的。

衷心感谢蒂姆·摩尔和厄尔·豪，他们曾与童年时的我一同在温哥华西部探索大自然。

我的家人——母亲、父亲和姐妹们，在我小时候向我灌输了对大自然的热爱。克里斯蒂，谢谢你在我童年时的陪伴。爸爸，你教会我如何对大自然充满信心。妈妈，你是我最坚强的导师。

在这本书的写作过程中，以及在此之前的许多年里，我的女儿特温一直是我的不知疲倦的情感支持源泉。

我的小女儿杰德教给我的东西远比我教给她的要多。她仿佛是来自未来的光，带我走向与大自然更深的联系中，激励我去从事类似于撰写本书这样的活动。

最后，我不知该如何表达我对我美丽的妻子托妮·西蒙斯的感激之情，她坚定地支持我渡过了所有难关。亲爱的女战士，没有你的呵护，这本书是不可能诞生的。

HOW TO RAISE
A WILD CHILD

目录

第三部分　生命阶段

第 6 章　爱玩耍的科学家

第 7 章　能力大爆发的年龄

第 8 章　社会性动物

第四部分　障碍与解决方案

第 9 章　危险的关系

第 10 章　再野化革命

后记　不断扩大的盘旋 / *244*

导言

满满一靴子蝌蚪

在危机四伏的年代重新思考大自然和童年

> 世界上的主要问题都是由大自然的运作方式和人
> 类思维方式的差异造成的。
>
> ——格雷戈里·贝特森（Gregory Bateson）

众所周知，在加拿大不列颠哥伦比亚省温哥华市，阳光和春天极为难得。在我四五岁时，有一天，妈妈带我走进了距离我们家只有几个街区之遥的森林。她听说当地人都知道的"青蛙池"里到处都是蝌蚪。那是决定我命运的一天，那一天，阳光散落在林间，爱抚着我们。

这件事是我最早的记忆之一，它始于在一条泥泞的林间小路上的短暂步行。树上湿气很重，此前毛毛雨一直下个没完，所以现在树下仍然淅淅沥沥的。到了池塘那里，我一下子蹦到水边蹲下来，目不转睛地盯着水面。过了好一会儿我才意识到，眼前每一个疯狂扭动的黑色斑点都是一个生命体。我穿着黑色的高筒胶靴，试探性地踏进水中，完全被那群幼体迷住了。我弯下腰，用手掌掬起几个来仔细观察。鼓起的眼睛，墨水滴般的身体，又长又滑又透明的尾巴——它们在我的指缝间疯狂地跳动着。

我被迷住了，慢慢往前挪动脚步，越走越远。当池水突然灌入我的一只靴子时，我倒吸了一口气。（很多年以后，妈妈告诉我，当时她本想阻止我，但是改变了主意。）我犹豫了一会儿，想象着蝌蚪正绕着我的袜子窜来窜去，于是又任性地向泥潭中迈了一步。我的另一只靴子也进水了。

现在我真的置身其间了，和成千上万只未来的青蛙分享这个池塘宇宙。我小心翼翼地走着，以免在不经意间杀死任何一只两栖动物。最后，我站在了池塘中央，现在水已经漫过了我的腰部。当我捧起一把又一把拼命扭动的蝌蚪时，心中的惊奇感和脸上的笑容在同时加深。我沉浸在蝌蚪的小小海洋中，这大概是我有生以来第一次体会到一种与大自然融为一体的深沉且欣喜若狂的感觉。

在整个 20 世纪 60 年代末和 70 年代，只要有可能，我就会逃进温哥华西部的那片森林，通常是在我的朋友蒂姆的陪伴下。我们当地的小学背靠着森林，富有远见的管理者在紧挨着一座操场的铁杉、雪松和花旗松林中建了一座"冒险游乐场"。在课间休息和午休时，我们会冲向这片大自然奇境。在那里，一根巨大的、翻倒的雪松残干变成了我们眼中的洞穴、城堡和宇宙飞船。

青少年时期，我们的森林之旅以指数级速度增长，因为我们发现了面积足足有 8 平方公里的大学捐赠土地。（在我们眼中，它只是"树林"而已。）在这个阶段，犬类伙伴加入了我们。我有一条叫作洛奇的德国牧羊犬，蒂姆则带着雷森——一条卷毛狗和西伯利亚哈士奇的混种犬，形似一个长着四条腿的钢丝球。（被问及它的品种时，蒂姆总是会绷着脸回答："纯种'卷伯里亚'犬。"）

在森林里，我们被花旗松那甜美的、柠檬般的芳香所包围；充满水分的秋日空气使人的呼吸变得清晰可见；乌鸦在高高的雪松枝头发出低沉的鸣叫声；新鲜采摘的酸梅散发出浓烈醇厚的气味。这种刺激多感官的环境为青少年时代的男性提供了一个安全的场所，他们好似躲在尘世间的一个茧里，在这里说出自己的社会焦虑并思考未来。不用说，小狗也喜欢这里，因为它们可以品味不胜枚举的材质和气息。我们探索了一条又一条小径，它们有着诸如撒撒马特、海姆洛克、撒利希这样的名字。

我们常常会完全脱离既有的小径，宁可在茂密的海岸植被中开出一条路来，攀越腐烂的圆木，在布满石子的溪流中穿行。溪流两岸长着密密麻麻的臭菘、荨麻、白珠树和蕨类植物。在这些蜿蜒曲折的远足路上，森林呈现出一种充满野性且不可预测的面貌，任何时候都可能有令人惊奇的发现：成群结队的蚂蚁、日式泡澡盆一样又深又浑浊的池塘、嘈杂恶臭的鸟巢，以及一个个古老幽灵般的巨大树桩。几个小时后，人类和犬类从这个常绿王国归来，全都脏兮兮的，疲惫不堪，却兴高采烈。

当时我们并不知道这个地方在我们的心灵和头脑中留下了烙印，不知道我们每时每刻都浸润其中。

在经历了一场冬季的大雪（这也是一种罕见的情况）之后，森林又发生了变化。令人目眩的白色覆盖了每一根大树枝、小细枝和松针。就在前一天，这里还显得那么昏暗、芜杂、喧闹，现在却变成了一个绵延起伏、阳光充足的地方，笼罩在教堂一般深沉的寂静中——所有的分界线都消失了。

我们心情轻松地在大雪中穿行，偶尔停下来，在大树下洞穴般的无雪区域休息一下。

十几岁的我们睾丸激素分泌过量，这体现在森林里的一种叫作"迪洛战争"的冒险游戏上。"迪洛"（词源不确定）是任何一块你可以砸向别人的碎木头。这个游戏的基本玩法就是尽可能久地不依靠树或灌木的掩护，把大枝条扔向你的几个最亲密的朋友。当然，他们也在忙着做同样的事——每个人都只顾着自己。我们所有人都遭受过一些直接打击，但我很高兴地告诉你们，这并没有造成任何严重伤害。（不，我不建议在家里玩这个游戏。）

20 世纪 80 年代中期，我离开温哥华，到多伦多读研究生，最终获得了博士学位，并成为一名古生物学家。与此同时，蒂姆则飞向蓝天，成为一名商业航空公司的飞行员。在接下来的几十年里，我有幸在津巴布韦、墨西哥和马达加斯加等遥远的地方寻找恐龙骨骼。多年来，我一直住在被称为"劣地"$^{\ominus}$（badlands）的偏远地区的帐篷里。在寻找化石的时候，我正面遭遇过各种各样令人惊叹且非常鲜活的生物，其中包括熊、大象、鬣狗、眼镜蛇、驼鹿和鳄鱼。但是，我用来体验这些地区及其栖息动物的感官是在温哥华西部的那片温带次生林中培养起来的。家庭露营旅行，每天在我们邻近地区的荒野角落里玩耍，以及年龄更大些之后在海岸山脉间的远足——这些在大学捐赠土地上进行的无数次跋涉培养了我对大自然的执着热情，无疑影响了我的职业道路。近几年来，我逐渐意识到，无论我走到哪里，都必定把太平洋西北岸的那片森林放在心底。它是我身上不可磨灭的一部分，与其说是记忆的集合体，不如说它是观察世界的镜头。

经验的消亡

我的户外经历与 20 世纪六七十年代的许多其他孩子相仿。像我这种在婴儿潮时期出生的人最怀念放学后被赶到户外，不玩到天黑誓不罢休，往往得在父母的千呼万唤中才肯回家的岁月。我们常常谈论在周末和假期

$\ominus$ 指在大面积风化、雨水冲刷及冲沟侵蚀等作用下形成的错杂零乱的地貌，不利于耕作，妨碍交通，常见于较干旱地区。——译者注

里去大自然中尽情漫游，有时是独自一人，有时则和朋友们一起，但总是由我们自己做主。

21 世纪的孩子们鲜有类似经历。在过去的一代人中，童年经历了一场深刻的但总体来说没人注意到的转变，直到最近情况才有所改观。一项研究发现，美国孩子平均每天花 4～7 分钟进行户外活动。另一项研究估计，他们每天大约有 30 分钟时间用于无组织的户外玩耍。不管实际数字是多少，很清楚的是，现在的孩子在户外玩耍的时间只有他们父母小时候的零头。

美国孩子平均每天要花上至少 7 个小时盯着电子屏幕，用虚拟替代品取代现实。大多数男孩在 21 岁前玩游戏的时间累计超过 10 000 小时。现在的孩子能够辨认出 1000 多个企业的标志，却对自己所住地区的原生植物认识不到 10 种。这些惊人的统计数据所展示的最终结果就是作家罗伯特·迈克尔·派尔（Robert Michael Pyle）所说的"经验的消亡"，其最突出的表现就是儿童与大自然之间出现了鸿沟。

这种向室内的迁移是一种大规模的、未经计划的试验，它对健康的负面影响直到现在才开始显现。人们长时间盯着电子屏幕时，身体锻炼基本上局限于大拇指的转动。所以，患慢性身心疾病的儿童数量急剧上升，这一点儿也不奇怪。今天，在 6 岁及以上的美国儿童中，18% 患有肥胖症，糖尿病、心脏病等疾病也在肆虐，患病率不断增长。截至 2011 年，有大约 11% 的 4～17 岁美国儿童被诊断患有注意力缺陷多动障碍（ADHD）。2014 年，美国有近 600 万儿童（占儿童总数的 1/8）在服用哌甲酯，主要是为了对抗 ADHD。根据至少一位美国卫生局局长的说法，目前这一代儿童可能是现代社会第一代预期寿命比父母要短的孩子。需要说明的是，这个问题不仅限于美国，也不仅限于北美。调查显示，与大自然脱节的趋势在许多发达国家和地区同样十分猛烈。人们对这个问题的认识越来越深刻，大多数人都强烈支持儿童需要更多时间待在大自然中的观点。

一项由大自然保护协会（The Nature Conservancy）委托并由迪士尼公司资助的调查要求 5 个国家和地区——巴西、中国内地、中国香港、法国和美国——的父母描述他们对孩子和大自然的态度，调查结果如下。

🐌 较少有父母说自己的孩子经常在大自然中度过时光。不到 1/4 的美国父母（在其他国家和地区是 1/5 的父母）称他们的孩子每天会在公园等自然环境中度过一段时间。

🐌 在所有 5 个国家和地区中，绝大多数父母都认为孩子缺乏时间亲近大自然是一个重大问题。在美国，65% 的受访者认为这个问题"非常严重"或"极其严重"。

🐌 父母认为培养人与大自然的联系对孩子的发展至关重要。在美国受访者中，82% 的父母认为在大自然中度过的时间对其孩子的发展"非常重要"，仅次于阅读。

英国国民信托（National Trust）最近发表了一篇长篇报告，详细说明了儿童在大自然中的时间正在急剧减少，并坚称，扭转这一趋势将对人类健康大有裨益。同样，2012 年，世界自然保护联盟（IUCN）通过了一项决议，名为《儿童与大自然和健康环境建立联系的权利》（*Child's Right to Connect with Nature and to a Healthy Environment*），将儿童与大自然的日益疏离列为一个具有紧迫重要性的全球性问题。

简言之，现在人们已普遍认识到，孩子们的大部分时间都是在室内度过的，我们需要通力合作，让孩子们重新建立与大自然的联系。

那么，这一切是如何发生的？

首先，数字革命是诱因之一。儿童或许比成年人更容易受到电脑和手持设备的催眠式诱惑。然而，归咎于技术是过于简单化的做法，这里还涉及许多其他因素，例如恐惧。现在的媒体热衷于报道儿童绑架事件，致使父母不敢让孩子在无人看管的情况下在户外玩耍。然而事实却是，大部分此类罪行都是由亲戚和朋友而非陌生人犯下的，而且你的孩子被绑架的概率并不比20世纪50年代或60年代的更高。人们还十分害怕打官司，这驱使许多业主取缔与大自然相关的活动，比如建造树堡。此外，父母出于好意，担心孩子会在学业上落后或是错过什么机会，就用体育课、音乐课、学业辅导课等有组织的活动把孩子的日程表塞得满满的，使他们几乎没有时间去进行无组织的玩耍。

第二个影响因素是城市。近几十年来，世界人口暴增，城市规模也不断扩张，以容纳日益增长的人口。自2008年末以来，人类的数十亿人口中有一半以上居住在城市地区。城市就像贪婪的巨人一样吞噬着越来越多的大自然区域，并使尚未经其染指的部分日益恶化。

在其2006年的畅销书《林间最后的小孩》（*Last Child in the Woods*）中，理查德·洛夫（Richard Louv）着重阐述了当前儿童与大自然世界的疏离——他称之为"大自然缺失症"（nature-deficit disorder）——以及与大自然建立联系会给健康带来的诸多益处。这本书承袭蕾切尔·卡森《寂静的春天》一书的思想，吹响了呼吁变革的号角。该书催发了"大自然中的儿童"运动，在许多州推动了新的立法，并促使美国众议院于2008年通过了《不让一个孩子留在室内法案》（*No Child Left Inside*），但该法案从未在参议院进行投票。民间的努力得到了联邦倡议活动的支持，如米歇尔·奥巴马（Michelle Obama）发起的"让我们行动起来！"（Let's Move！）运动，美国森林服务局的"儿童森林"（Children's Forest）倡议，以及最近奥巴马总统发起的"美国旷野"（America's Great Outdoors）运动，后者目前正在与不同的州级合作伙伴进行合作。相关书籍和纪录片纷纷问世，此外还有各种论文以及写给编辑的信。早在2006年，《今日美国》（*USA Today*）就报道称："一场旨在让儿童重新融入户外世界的回归大自然的运动正在全国范围内蓬勃发展。"由洛夫参与创立的"儿童与自然网络"（Children & Nature Network）报道了100多个地区性运动，它们覆盖了美国、加拿大、澳大利亚、新西兰、意大利、墨西哥和哥伦比亚等国。累计起来，这些工作每年能为数百万儿童提供帮助。

在接下来的部分，我将总结最近的研究结果，表明在大自然中度过充裕的时间对人类而言是至关重要的健康源泉，对儿童尤其具有深刻、持续的影响。大自然的重大影响远远超出了身体健康，还涵盖了智力和情感健康、自我认同感、基本价值观和道德观。接触大自然给健康带来的益处包括促进疗愈、减轻压力、提高创造力和自尊感。大自然还有着无与伦比的激发人类情感的能力，有助于培养原始而强大的惊奇感、敬畏感、神秘感、快乐感，以及，没错，恐惧感。在高山草甸上嗅到野花的气息，冲进拍岸的浪花中，与土狼狭路相逢，这些都是与虚拟世界截然不同的体验。

人类与大自然关系的另一面

还有一个同样令人信服的理由让我们重新与大自然建立联系。在人类健康水平不断下降的同时，你无疑听说了大自然的健康状况也在衰退，至少在我们脚下的土地上是这样。现在，一个有科学文献记载并广为人知的事实是，诸如全球变暖、栖息地破坏和物种灭绝等人为因素导致的影响已将地球生命系统推向一系列危险的临界点。如果目前的趋势持续到本世纪末，那么全球平均气温将升高3摄氏度到4摄氏度，引发沿海地区的灾难性洪水和内陆地区的大面积荒漠化，使数十亿人流离失所。而且在这段时间内，我们可能使地球上大约一半的物种灭绝。这无异于一场生态进化试验——上一次发生在6600万年前，造成恐龙灭绝。人类的持续存在也将面临风险。至少，我们目前的进程将给人类造成深不可测的痛苦，并且使我们的后代失去健康的生物圈。

很少有人问以下这些问题：为什么？我们为什么要破坏这么多的地球自然资源以至于威胁到人类自身的未来？尤其是，哪怕有大量的科学证据预示着灾难的来临，为什么这种破坏仍在高速进行中？

大多数承认目前生态危机的人认为问题主要出在"外部"，属于环境问题。他们指出了许多罪魁祸首或"源头"，例如温室气体排放、有毒污染物排放以及森林砍伐等，并常常将责任推到跨国公司及其"贪婪"的首席执行官身上。从这个角度看，解决问题的方案就是推出更多更好的技术，如太阳能和风能应用、混合动力汽车、高性能建筑，等等，辅之以"更简单"的生活方式和经济的"绿色化"。该观点的一些支持者甚至更进一步，主张彻底重建工业社会，包括美国的民主政治和资本主义经济。

与此相反，一支规模较小但正在迅速壮大的队伍——其中包括科学家、艺术家、原住民领袖、教育工作者、环境保护主义者、精神领袖和哲学家——则声称，更环保的技术、更简单的生活方式以及重新调整经济结构都是必要的，但仅有这些还不够。他们认为，即使工业化世界中的每一个成年人都成为素食主义者，洗澡只花 3 分钟，把垃圾减少到近乎为零；即使我们都安装太阳能电池板、雨水收集系统和节能；即使我们都改用棉布购物袋，改乘公共交通工具，只吃本地产的有机食品，我们还是会走向毁灭。持这种观点的人认为，外部的转变必须伴随着内在的思想革命。

我支持第二种观点。单靠新技术是无法解决问题的。假使我们明天就以某种方式实现了由"智能电网"调控的百分之百"清洁能源"的梦想，会发生什么？我们会突然停止对大自然的毁灭吗？几乎不可能。当我们将所有廉价的清洁能源用于"自然资源"的开发时，破坏似乎反而更有可能加速。阿尔伯特·爱因斯坦（Albert Einstein）有一句名言："我们所面临的重大问题绝不可能在我们制造出这些问题的同等思维水平上得到解决。"让人类走上一条新的、可持续的道路所需的大部分外部工具——知识、技术和财富——都已经具备了。然而，相对于采取行动的迫切需要而言，人类的反应仍然太过冷淡。因此，在可持续性方面，亟待解决的最关键的问题是思想和教育问题，而不是科学和技术问题。

我们目前功能失调的世界观建立在一种错误观念上：人类存在于大自然之外。尽管大自然为我们的经济提供了原材料，而且我们显然生活在一颗有限的行星上，但是经济学家仍然把自然界视为经济的一个子集，并大谈特谈所谓的无限增长。然而，事实显然与此恰恰相反：我们的经济是大自然的一部分，这一点从经济发展超出生态极限所造成的巨大经济影响中即可看出来。另一种与此密切相关的看法是，人类能够统治自然界。我们把自己定位在大自然之外并且自认为比大自然优越，觉得自己有权随意开发自然"资源"。我们漂浮在由客体组成的汪洋大海中，失去了任何有意义的精神家园，更无可能产生保护和培育人类生存之地的愿望了。

我们是如何在歧路上走出这么远的？大自然又是如何变成"他者"（Other），成为一群群贪得无厌的购物狂们的终极大卖场的？在这个问题上，人们存在很大分歧。有些人指出，是书面语的起源引发了与本地环境密切相关的口头文化传统的丧失。另一些人则把我们对自然界的极端操纵归咎于农业的诞生。还有一些人认为根源在于早期希腊哲学家基于理性将人类与大自然分离开来；或是宗教将人类定义为居于造物顶端、具有统治地位的物种；或是科技革命加强了这种关于人类统治地位的意识。几乎可以肯定的是，人类与大自然的疏离是一个渐进过程，其间不时出现许多历史性的岔路口，包括但远不止于上面所列举的那些。

不管起因究竟是什么，我们用来解决可持续性危机的主要策略一直是理性的"前景暗淡"宣传。大多数科学家和环保主义者都认为，一旦人们能够了解事实，就一定会改变自己的行为。（我对此非常理解，因为我就曾是这座毫无效果的回音室中的一员。）然而事实证明，面对如此可怕的信息时，尤其是当其中的大部分内容与我们的日常生活距离过于遥远时，人们更容易做出闭口不谈或否认的反应。回想一下你在读了本节第一段之后的感受。是沮丧还是激动？我敢打赌你的反应更接近前者。

市场营销专家们早就知道，最有可能改变人们行为的不是头脑，而是心灵。例如，让我们神魂颠倒的汽车广告并不会宣读关于汽车功率或者 0 到 100 公里加速时间的统计数据；相反，我们会看到俊男靓女驾车穿越原生态景观的场景。通过情感参与达成理解——这才是关键所在。

我们需要对大自然进行彻底的重新认识，以对之产生强烈的同情心。正如已故进化生物学家斯蒂芬·J. 古尔德（Stephen J.Gould）所说的："如果不在我们与大自然之间建立一条情感纽带，我们就无法赢得这场拯救物种和环境的战斗——因为我们不会为拯救我们不爱的东西而战斗。"基于这一思路，世界自然保护联盟发起了一场"要爱，不要失去"（Love, Not Loss）的运动，认为我们必须用爱的信息来取代标准的"前景暗淡"的信息。他们说，我们的目标必须是帮助人类再次爱上大自然。对此我再同意不过了。

那么培养这种热爱的最佳时机是什么时候？童年。

脱轨之旅

对许多成年人而言，他们童年时经常出没的大自然世界已经被水泥覆盖，但我与他们不一样，我儿时的森林依然存在。温哥华西区的一部分大学捐赠土地甚至获得了一个新名字：太平洋精神地区公园。旧时的小径依然在那里，现在有了完善的路标，修整得很漂亮，有些地方还铺上了木板路，供步行者、跑步者和骑行者穿越比较泥泞的河段。你经常可以看到遛狗人士牵着一群形态各异的大狗小狗在那里出没。近几年来，一些很棒的儿童项目如雨后春笋般涌现，包括白天和晚上由导游带领的大自然漫步，换成我小时候一定会很喜欢。

　　然而，在我对这片森林的为数不多的几次造访中，我感到相当沮丧，因为那里的小孩子很少，青少年则几乎完全看不到。还有一件事情也很不对劲，那就是这片翠绿的森林似乎已经失去了它的魔力。尽管有了一个闪亮的新名字，但这片森林让人感觉很乏味，缺乏生气。或许这只是随年龄增长而滋生的愤世嫉俗感，可当我走在那些修葺完美的小路上时，我再也感觉不到渗透到我童年时代骨髓中的那种野性了。"请勿偏离路径"的标识在不断提醒人们，从前的丛林探险时代早已过去。

　　全心全意地沉浸在一个地方意味着你会把自己弄得有点脏，至少在某些时候是这样。山地向导兼哲学家杰克·特纳（Jack Turner）非常恰当地总结了始终待在路径上和脱离路径之间巨大的体验差异：

> 去走一条已经被开辟出来的道路意味着穿越了各种精神边界：从迷失到发现，从未知到已知，从非人类到人类，从狂野到驯服，从艰难到轻松，从危险到安全，从自我决断到仅仅是跟随他人……去走一条已经被开辟出来的道路意味着心智降格。

　　我知道，如果我们鼓励一群群孩子到太平洋精神地区公园去披荆斩棘地探险，就像我和蒂姆曾经做过的那样（假设我们真的能找到一群有这种爱好的年轻人），这很可能会造成严重的生态破坏。但我心中有一个疑问：留出几片面积可观的树林（里面或许还有一两个池塘）作为无路径探险游乐场，这么做难道很过分吗？所有地方的城市绿色空间也是如此。与大自然建立联系是一种接触性运动，大自然接受我们这么做。

　　当然，同样重要的是让孩子们真正进入大自然环境中。正如加拿大儿童与大自然联盟（Child & Nature Alliance of Canada）最近发布的一张海报所总结的那样："让孩子走出家门的最好方法就是和他们一起走出去。"

　　我们常常认为大自然是与我们完全分隔开来的，被隔绝在国家公园、森林和海滩上，需要有组织的旅行才能抵达。但其实大自然就在我们身边，就在后院、校园、花园和各种空地上，正顽强地从人行道的裂缝中钻出来，向着天空生长。孩子们要成长为健康、适应能力强的成年人，就必须让大自然融入他们的日常生活中，包括在学校里的地方本位学习⊖以及在住宅附近无组织、无监督，甚至带有几分冒险意味的玩耍。大自然不仅仅是远方的一群动植物、一年中可以去了解和参观一两次的风景，而是一个我们每天都要浸润在其中的环境，尤其是在我们的童年时代。

你可能还记得著名的阿韦龙野男孩，这个野孩子在法国南部的森林里独自生活多年后，于1800年被人发现，人们叫他维克多。维克多在说、读、写方面的技能从未突破最基础的水平，尽管有人怀疑他是自闭症患者，也许幼年时遭受过凌虐。但我在这里要强调的是，在野外独自生活并不能培养出一个健康、适应力强、与大自然有着深厚联系的人。相反，这种孤立状态很可能导致个体心灵受损，出现各种问题。

在本书中，我的"野孩子"一词具有完全不同的含义，它被用来指代与大自然以及他人有着深厚联系的孩子。如果缺乏成年人的合理指导，这两种联系都是绝不可能成功建立的。人类是社会性生物，正如我们将要看到的，当一个年轻人拥有多位导师时，他与大自然世界的联系是最牢固的。与大自然的联系和与他人的联系是共同蓬勃发展的。

在本章一开始讲述的青蛙池故事中，真正的英雄是我的母亲。如果在1965年春天的那个早晨，她选择和我待在家里，而没有去当地的森林中探险呢？或者，如果出于对风险或混乱场面的惧怕，她阻止我涉水进入青蛙池中呢？如果我在青少年时期被禁止进入森林中，或者如果我们一家人在度假时不安排徒步旅行和野营，我的人生会有什么不同？一想到这些，我就感到不寒而栗。我妈妈确保我在户外度过了漫长时光。在我9岁时，她就和我一同登记加入了本地的一个登山俱乐部。在我10岁时，我们就

⊖ place-based learning，详细讨论见本书第4章。——译者注

在山顶冰川上行走过，那幅冰封雪冻的画面永远铭刻在我的脑海里。妈妈会认真地看着我，就一些我最感兴趣的东西提出问题。她会给我讲述大自然的故事，无论巨细。在我长大成人以前，我都完全没有意识到一直有人在指导我。我现在甚至都不能确定她本人是否也意识到了这一点。

今天，大多数孩子都面临着一个与大自然脱节的童年，这可能给他们和他们称之为家乡的地方带来潜在的可怕后果。我们必须找到一个办法来扭转这一趋势，让儿童与大自然重新建立联系。要取得成功，不可或缺的关键是自然导师——也就是像你这样的人。

还有更多孩子需要体验满满一靴子蝌蚪的感觉。

本书的目标与蓝图

在撰写《与孩子重回自然》时，我怀着三个目标。首先是敲响警钟，让更多人意识到一个紧迫的问题，即人类与大自然的脱节。让儿童走进大自然的运动虽然正在蓬勃发展中，但它在很大程度上仍然是一种草根运动，只能触及富裕白人社会的边缘。要想转危为安，让孩子与大自然联系起来，我们还有很长的路要走，更不用说建成可持续发展的社会了。而且，如前所述，这其中的利害关系远比孩子们如何打发他们的闲暇时光重要得多。

我的第二个目标是探索与大自然建立联系的过程。其中的关键问题包括：我们是否具有与大自然缔结联系的遗传倾向？在培养对大自然的热爱时，什么类型的知识最有效？随着儿童的成长，这个过程应该如何变化？数字技术会起到什么作用？在儿童注意力持续时间不断缩短的情况下，如何才能让他们融入大自然的慢节奏中？从电视纪录片到城市公园再到野外探险，什么样的自然环境最能有效地形成持久的联系？我们如何才能在城市环境中加深儿童与大自然的联系，并从根本上推广超越社会经济和种族界限的运动？最后，考虑到父母让孩子放学后出门玩耍的日子已经一去不复返了——至少目前是这样，我们如何才能说服成年人和孩子一起到户外去呢？

最后，我的第三个也是最主要的目标，本书的重中之重，就是帮助父母、教育者和其他人成为孩子生活中的自然导师。与大自然的持久而深厚的联系不会在"啊哈！"的瞬间爆发于你的意识中，也不可能通过了解一堆相当于加减法或语法规则的事实来获得。与大自然建立深厚联系是一个持续的、长年的、多阶段的过程。这一过程中的重要因素包括在大自然环境中获得第一手经验、通过积极行动进行学习、讲故事，以及理解一些重要理念。为了获得最佳效果，所有这些因素都需要有人引导，就像我母亲为我所做的那样。

我们都生活在与大自然世界的某种关系中，有的关系浅，有的关系深，有的则介于两者之间。今天，在我们发达社会中，绝大多数人都严重偏向浅层次的关系。因此，我们的挑战是培养出一代与大自然有着深厚联系的儿童。没有成年导师的引导，要实现这一紧迫目标是绝无可能的。本书的抱负和承诺就是赋予那些大自然导师以力量。

本书分为四个部分。第一部分"大自然，遗失与发现"由两章组成，概述了人类与大自然之间问题重重的关系以及在本地获取第一手经验的重要性。这两章着重阐述了在附近的自然界中进行体验式学习的重要性，为本书其余章节的展开铺平了道路。尽管如此，如果你渴望尽快了解更多实践活动，不妨直接跳到第 3 章。在第二部分"基本要素"中，我们探讨了与大自然建立联系的关键要素，包括自然指导工作的基础知识以及有助于支架式学习[⊖]的两个重要理念的作用。第三部分"生命阶段"包括三章，分别讲述了如何在幼儿期、儿童中期和青春期对孩子进行指导，并突出介

⊖ scaffold learning，指为促进对知识的理解而构建概念框架，事先将复杂的学习任务加以分解，以便在学习过程中逐步深化理解，就像在支架上不断攀升一样。——译者注

绍了每个阶段的问题及有用的对策。最后，"障碍与解决方案"这一部分旨在应对大自然导师面临的最大的两个挑战——数字技术和城市环境，并且为处理这两个问题指出了富有成效的途径。本书的后记则描绘了一个愿景，即我们可以如何扩大与大自然的联系并在此过程中改造城市。

但是，在开始这段探索之旅前，我必须警告你：要想成为一名真正富有成效的导师，你还必须加深你自己与大自然的联系。你需要敞开心扉接受新的、更具体验性的学习方式。最好的导师从他们的学员身上学到的东西和学员从他们那里学到的东西一样多，甚至更多。尽管如此，只要你按照这本书中列出的简单步骤去做，我几乎可以保证，你的生活，还有你的孩子的生活，将被永久性地改变，而且是变得更好。不过，口说无凭。请读下去，并尝试一下！

| 第一部分 |

大自然，遗失与发现

HOW TO RAISE

A WILD CHILD

HOW TO RAISE
A WILD CHILD

第 1 章

野化思维

大自然是什么？我们真的需要它吗

大自然不是观光地。它是我们的家园。

——加里·斯奈德（Gary Snyder）

　　我们人类与大自然有着一种相当奇特的关系。我们喜欢去大自然中散步、跑步、游泳、沉思和社交。那些有经济能力的人会在大自然中骑车、溜冰、登山、跳伞、冲浪、航海、观鸟、赏鲸、观星，为这些活动准备和旅行，每年要花费数十亿美元。在大自然中，我们收集虫子、石头、浮木、化石、无数禽类，或者，按照现在最常见的方式，拍摄各种照片。在家里，我们会在自己的花园中培育大自然，把它放在花盆里装饰我们的家，把它作为宠物来爱护，而且睡觉时会抱着毛绒玩具版大自然。此外，我们正在越来越多地消费数字版大自然——书籍、电影和视频，通过它们，我们甚至不必走出家门就能去野外旅行。

反过来说，我们也会为了消遣而猎杀大自然，把它放在笼子里供自己娱乐。我们把它从山坡上扯下来，从海床上刮下来，收割它作为原料，用有毒物质污染它，并且大规模地毁灭它以便为人类的扩张腾出空间。一个最基本的事实是，我们每天都要咀嚼吞食大量自然物质，只是为了向我们的身体提供能量。我们怎么可能既吃大自然又爱大自然呢（我指的是味觉之外的爱）？这个被叫作"大自然"的包罗万象的事物究竟是什么？我们真的需要它来维持我们的思想和肉体吗？

神圣的大自然还是恐怖的大自然

在过去十年的大部分时间里，我最喜欢的活动之一就是在北加州我家附近多山的马林岬角散步。东一丛西一片的灌木和草地构成了壮观的海岸景观，当春天来临时，那里会爆发出万花筒般斑斓的野花。在这里可以看到大量动物，包括鹑鹰、郊狼、鳄蜥、鹌鹑、骡鹿、加利福尼亚蝾螈、灰狐、蓝眼蜻蜓、乌鸦，甚至还能看到罕见的灰鲸喷水景象。偶尔，会有一条滑溜溜的袜带蛇或一只蹦蹦跳跳的林兔突然蹿动，把我吓一大跳。相比之下，山猫有时会坐在离小路几米远的地方，在我漫步经过时保持那种典型的猫科动物的冷漠姿势。

在这里，人类生命的最大威胁是蜱虫和毒橡树，也可能是扭伤的脚踝。我听说海岬这里仍有美洲狮出没，但到目前为止我还没见过。（哦，我真希望能亲眼看到一头美洲狮！）2000 年，一头来自北部索诺马县的不守规矩的黑熊闯进了我们的辖区，这是多年来首次出现这种情况。由于与其他人类接触很少，所以我当时的感觉就像暂时逃离了以人类为中心的世界一样。简而言之，凭借双足在丘陵间跋涉几乎可以被看作田园诗般的大自然郊游的典范——一个为身体、思想和心灵补充能量的宜人场景。我真的很幸运。

如果 150 年前我在同一个地方徒步旅行——150 年仅相当于人类寿命的两倍，我的体验会大不相同。那时候，装饰着加州州旗的那只灰熊不仅仅是一种出于审美目的的点缀。数千年间，当地原住民每天都活在灰熊的威胁下，有时会被杀死。当欧洲人到来时，熊仍然是占据统治地位的动物。1602 年，西班牙海洋探险家塞巴斯蒂安·维兹卡诺（Sebastián vizcaíno）看到一群灰熊在啃食一头鲸鱼的尸体，于是选择不在加利福尼亚海岸的某些地点登陆，因为在那些地方这些大家伙的数量太多了。接下来的几个世纪里，在欧洲人的定居点不断扩张的同时，金熊[⊖]坚守阵地，猎杀牲畜，在这片土地上盘桓不去。多少带点讽刺意味的是，尽管被称为"金熊"，金子却给熊带来了最终的毁灭。在加州发现这种贵金属后的 75 年内——相当于一个人的生命周期，该州的灰熊就销声匿迹了，最后一只于 1922 年死去。在加州，最后一个死于灰熊袭击的人是木材厂厂主威廉·沃德尔，事件发生在 1875 年。在大盆地红杉州立公园里，靠近袭击地点的一条小溪就是以他的名字命名的。

在我家附近的小径上徒步时，我经常想象，如果真的有可能遭遇灰熊或是同样生活在这一地区的狼，我的体验会发生怎样的变化。我会对那些沙沙作响的灌木丛产生不同的反应吗？我会更加注意观察周围的环境吗？我的平静感和放松感会不会因为自己会成为另一种动物的下一顿大餐的可能性永远存在而受到损害？答案是肯定的。正如作家大卫·奎曼（David Quammen）在其杰出的《上帝的怪物》（*Monster of God*）一书中所写的："人类自我意识的最早形式之一就是觉察到自己属于肉类。"我曾经花大量时间在非洲撒哈拉以南地区寻找化石，造访依然有狮子、豹子和鬣狗出没的地方。我可以证实，当一个人是食物链中潜在的一环时，他就会产生一种特殊的情感。生活在没有大型食肉动物的城市中的我们已经忘记了，除了最近几代人以外，历史上的所有人每天都生活在这样的威胁

⊖　即加州灰熊，棕熊的一个亚种，现已灭绝。——译者注

之下。

　　大约 13 200 年前，人类刚刚来到加利福尼亚北部地区时，他们所看到的地貌更接近现在的塞伦盖蒂草原而非今天的旧金山。那是更新世冰河时代末期，当时该地区是一系列令人敬畏的生物的家园，其中包括猛犸象和乳齿象、巨型地懒和骆驼、宽角野牛和野马、刃齿虎和恐狼、美洲狮和短面熊。在这个大型哺乳动物群中，熊齿兽，即短面熊，可能是最令人感到恐怖的。这种巨大的食肉动物体重约 907 公斤，直立时高达 3.96 米，足以使灰熊相形见绌。与现代熊类不同的是，熊齿兽的腿很长，能够跑得飞快。想象一下，在一条小路的拐弯处正面遭遇那种动物会是什么感觉！

　　加利福尼亚在这方面绝非特殊。无论你住在哪里，在不太遥远的过去，通常是几十年或几百年前，而不是几千年前，那里都可能有大量的大型动物出没。事实上，在过去的 2.5 亿年里（数次物种大灭绝事件之后），除了几个很短的地质间隔期之外，在地球上的大多数生态系统中，无论是陆地上还是海洋中，都存在着体型超大的食肉动物。今天，我们生活在一个生物异常时代，处在生物贫瘠的阴影国度，大型食肉动物在这里十分罕见，它们徘徊在我们世界的边缘处。

　　在北美洲和其他地方，那些神奇的冰河时期的野兽遭遇了什么？事实上，其中很大一部分很可能死于人类之手。随着人类于 6 万到 10 万年前的某个时候走出非洲，向外迁徙，他们很快就消灭了每一片新发现的陆地上——无论是岛屿还是大陆——最具魅力的巨型动物群。在距今更近的年代，由于人类拥有了船只和越来越高效的捕猎技术，鲸鱼和其他大型海洋生物的数量已经减少了 90% 以上。我并不是说人类从未与他们的原生生态系统和谐共处过——他们当然有过，但在通常情况下，那些生态系统中体型庞大的居民会首当其冲被消灭。

　　大自然在其最辉煌的时刻是混乱而危险的，不仅值得欣喜和敬畏，而且令人恐惧，有时甚至令人厌恶。爬满蛆虫的尸体、把出生一周的小鹿撕碎的一群郊狼，与高耸的红杉和翱翔的老鹰一样，都是自然界的一部分。我们人类是在既令人敬畏又充满危险的栖息地环境中成长起来的，但在我们被消毒净化过的西方社会里，这两种体验都已逐渐消失，取而代之的是一种将大自然视为原材料的功利主义视角。

如今，一项日益壮大的运动正在寻求恢复那种古老的意识，将大自然视为神圣的、性灵的、崇高壮丽的万物之源，人类可以与之融为一体。但我们在急于将大自然浪漫化的过程中忘记了恐惧因素，后者也是我们野生世界遗产的一部分。我们登上食物链顶端并征服大量巨型野兽后失去了什么？动物学家G.E.哈钦森（G. E. Hutchinson）是这样说的：

在我们这一物种的近乎整个历史中，人类的生活都与更大的、通常是可怕的但总是令人感到兴奋不已的哺乳动物息息相关。那些幸存物种的模型，如玩具大象、长颈鹿和熊猫，是当代童年生活中不可或缺的一部分。如果所有这些动物都灭绝了——这是很有可能的，我们是否能确定这不会对我们的心理发展造成一些无法弥补的伤害？

如今，除了少数幸存下来的哺乳动物外，城市里的人类已经与其他动物分离了。我们因此错过了什么？此外，还有一个更为基本的、对我们的狩猎采集祖先来说毫无意义的问题……

我们需要大自然吗

几年前，我参加了一个募捐活动，为一个寻求用技术解决世界重大问题的组织募集资金。我与一位声名卓著的与会者就人与大自然之间不断扩大的距离进行了一次交谈。"我觉得无法理解，"这个显然很聪明的人若有所思地说，"我们不是正处在从自然环境到人造环境的漫长而不可避免的过渡期吗？在我看来，大自然已经成为过去了。"

我的第一反应是震惊。毕竟，那些创新技术彻头彻尾都是由来自大自然的（通常是不可再生的）成分构成的。而且，我们能否获得健康的空气、水和食物最终取决于健康的大自然生态系统。此外，有很大一部分人仍然生活在总体而言技术含量很低的世界里，在那里，大自然的积极和消极影响无处不在。而且，由于全球气候变暖，许多地区的环境正在恶化。另外还有一个事实就是，我们是与数以百万计的其他物种共享这个星球的，许多物种甚至比人类更依赖多样化的健康环境。

然而，在当晚回家的路上，我意识到那个人对人与大自然的关系所持的看法是普遍存在的，甚至是一种标准的看法。地球上所有主要的生态系统都受到了人类行动的影响，而且大多数影响是根本性的。过去几个世纪的技术革新让人类跃入了一个陌生的、由人类主宰的新世界。衣服、鞋子、汽车、建筑物、暖气和空调、包装食品、小家电——所有这些都将我们与大自然隔离开来，将我们的感官与周围的景观隔离开来。现在，我们中有不计其数的人在日常生活中几乎不会想到大自然，只有天气是例外。（"嗯……我应该穿薄外套还是厚外套？"）就连我们的世界观也倾向于将大自然边缘化。城市是建立在如下理念上的：文明的进步可以根据人类脱离和统治大自然的程度来进行衡量。不言而喻，大自然是一种控制和征服的对象。

我们与大自然有着深厚的联系，这是不争的科学事实。在大多数情况下，我们只是没有意识到这种联系罢了。从生态学的角度看，我们的身体纯粹是由自然物质构成的。在我们的一生中，我们完全是作为一种流动的生物而存在，不断地消耗和排出自然物质，以维持生理学意义上的自我。在我们的体表和体内有数万亿细菌，其中许多对我们的生存至关重要。从进化学的观点来看，我们是从非人灵长类动物进化而来的，而由灵长类动物向前倒推，则是哺乳动物、两栖动物、鱼类、蠕虫和细菌构成的数十亿年的进化历程。在人类历史上，我们有超过 95% 的时间与非人类世界有着亲密接触。我们的身体、思想和情感都是在荒野中进化形成的，在那些地方，与大自然的深刻联系感是生存的必要条件。

此外，关键性的问题是：在21世纪，我们能否在缺乏有意义的大自然体验的情况下保持健康？如果问题的本质在于锻炼，那么我们（和我们的孩子）当然可以在健身房健身或是绕着整洁的操场跑步。有些人可能会选择徒步旅行、骑车、划船或是在户外跑步，但他们也可以通过室内项目来实现同样的生理目标。至于心理健康，与在公园或山间漫步相比，健康的人际关系难道不是最重要的因素吗？也许这是对的，但是，在进一步讨论这个问题之前，我们必须先解决另一个更为基本的问题……

什么是大自然

今天，当我们想到大自然时，脑海中浮现的往往是荒凉、广袤的景象，比如黄石公园和大峡谷，甚或更偏远的荒野，比如阿拉斯加的北极国家野生动物保护区。只着眼于荒原，大自然是你一年中最多可能去度几次假的地方。然而，大自然，哪怕是野生大自然，是无处不在的——它就在我们的后院、校园、城市公园以及农田里。事实上，从恒星和星系到行星地球，再到你身体里的一切，大自然可以说包罗万象。正如亨利·戴维·梭罗所言：

> 梦想远离自身的野性是徒劳之举。这不现实。是我们大脑和肠道中的泥沼，我们体内那个大自然的原始活力，激发了这个梦想。在拉布拉多的荒野中，我绝不会找到比在康科德的某个隐蔽处更多的野性。

要让儿童（以及我们自己）与大自然建立联系，我们就必须学会像梭罗那样，去体验身边的大自然，而且得用上我们的全套感官。

环境保护主义者和其他志同道合者用"大自然"一词专指人类领域以外的地球世界，而把人类领域作为"文明"剔除出来。在大多数情况下，我会遵循这一惯例，尽管也会在下文中对一些模糊的界限进行详述。无论如何，我们必须不断提醒自己，人类的许多丰功伟绩虽然显得壮观而独特，但人类并不超脱于大自然世界之外和之上，而是深深地植根于大自然世界之中的。

我们可以依照常识把人类的大自然体验分为三类：野生型、驯化型和技术型。我所说的"野生型大自然"指的是总体上不受人类控制的有机体和大自然环境。这当然包括我们称之为"荒野"的地方，其中就包括约塞米蒂和黄石这样的国家公园。今天，即使在那些地方，人类也在越来越多地决定着事情的走向——例如，把狼重新引入黄石国家公园中。然而，在这种地方，生物体之间的日常互动主要是以它们自己的方式进行的，与之对照的例子则是工业化农场里的牲畜。但野生型大自然并不局限于远离城市的地方。在住宅后院里歌唱的知更鸟就是野生而自主的，在花园里钻来钻去的蚯蚓、在夏季翩然飞过的帝王蝶也是如此。

根据这一推定，野生型大自然会以多种多样的形式出现。其最为野性的一端是国家公园以及大片的真正荒野，如加州的安塞尔亚当斯荒野区，它覆盖了超过 932 平方公里的峻峭山脉地形，海拔跨度在 2133 ~ 4266 米。在与之相对的另一端则是公园和城市范围内的自然保护区——在这些地方，动植物的生活可能受到限制，并受到人类的严重影响，但它们仍在半独立的生态系统中发挥作用。得克萨斯州休斯敦市的西姆斯海湾城市自然中心就是其中一例。这座城市自然保护区面积微小，只有 4050 平方米，以季节性湿地小径和一个生长着本土植物的池塘为特色。前文中提到的加州北部的马林岬角虽然完全不能被称为荒野，但在我们的定义中也算作野生型大自然。在更接近驯化型大自然的野生型大自然图谱中，有住宅后院的鸟类、昆虫和许多土壤中的"居民"。尽管它们由人类主导的生长环境已经被驯服了，但这些有机体本身是以野生生物的形式存在的。

第二类，"驯化型大自然"，是指受人类控制的大自然。在这里，我们也发现了各种各样的表现形式，从住宅的后花园和绿色校园到有机农场和城市公园——在这些地方，许多有机体都是在人类的直接监管下存在的。在这个意义上，你的室内盆栽植物和宠物狗都符合大自然的定义。尽管许多城市地区看上去几乎没有任何非人类的东西存在，但事实是，我们的城市是覆盖在古老的陆地景观和流域之上，它们依然存在（尽管不是完好无损），等待着兴盛繁荣的机会。在我现在居住的科罗拉多州丹佛市，大多数居民不知道他们正生活在一片矮草草原上，这是美洲大陆上最濒危的生态系统之一。本书的一个核心原则是，我们必须让城市人口与附近的大自然重新建立联系。另一个原则是，我们必须让我们的家乡重新大自然化——一个更恰当的表达是"再野化"[⊖]。人类和无数其他物种的未来很可能取决于这两者。

最后，"技术型大自然"，是指任何由人类制造的自然界的摹本，从拉斯科洞窟壁画和安塞尔·亚当斯（Ansel Adams）的摄影作品到博物馆展品和电视纪录片，都属于此类。这一分类似乎有悖常理，因为它完全由基于文化的、对自然界的描绘组成。然而，随着技术创新加速推动我们贸然进入一种不确定的未来，对大自然的展现方式在种类和质量上都在迅速提升，使人们能够与令人叹为观止的模拟物进行互动，有时甚至会运用到高清晰度的 3D 形式。所以，在思考如何让人类与大自然建立联系时，必须考虑到这些虚拟表现方式。

区分这三个类别成员的界限在某种程度上是任意的。一座城市公园究竟算是野生型大自然还是算驯化型大自然，取决于各种主观衡量标准。当然，居住在这些公园里的许多生物都是野生的、自主的，在人类的直接控

⊖ rewild，指特定区域中原生态程度的提升，尤其强调提升生态系统的适应性和维持生物多样性，详细讨论见本书第 10 章。——译者注

制之外生存。同样，驯化和人造之间的界限也可能变得模糊，比如说，当我们透过一面窗户体验大自然时。然而，我眼下的关注点不是如何界定分歧，而是在与大自然建立有意义的联系时，这些宽泛类别中的哪一类，以及在多大程度上，是最为我们所需要的。这一问题已变得特别紧迫，因为野生型大自然正迅速被驯化型和人造型大自然所取代——无论是在实际的丰富性上还是在人类的体验上。

大自然的益处

在传统上，心理学家们几乎完全无视人类以外的世界，对思维的研究很少超越城市的界限。这里的一个隐含假设是：心理学受制于人类的社会关系。考虑到人类与野生型大自然亲密接触的长期传统，稍加反思就可以看出这种观点是十分短视的。近几十年来，心理学研究中的几个新兴领域已经开始探索人与大自然的相互作用。例如，进化心理学家正在研究生物进化对人类思维的影响。与此同时，生态心理学和其他各种形式的心理学研究则考察了当今大自然对我们的影响。最近的大量研究证明，大自然给健康带来的益处是不可否认的。除了户外散步、跑步和骑车能给心血管带来显而易见的好处之外，人们还不太了解大自然对生理和认知的其他影响。下文仅列举其中几个亮点。

只要置身于自然景观中，就有助于减轻压力，促进放松。这种体验能缓解大脑疲劳，提高头脑清晰度，同时提高工作业绩和治愈效果。一项早期研究发现，如果病房里有一扇可以俯瞰大自然环境的窗户，病人术后会恢复得更快，所需的止痛药也更少。另一项研究在监狱犯人中发现了类似的影响：窗户朝着起伏的农田和树木的囚犯比那些窗户朝着空荡荡的天井的囚犯找狱医看病的次数少了 24%。还有一位研究人员发现，与城市户外游相比，即使在大自然中只停留很短的时间，也能让我们恢复应用定向注意力和工作记忆的能力，而这两种能力都是至关重要的大脑资产。

至少从 20 世纪 80 年代起，日本人就开始推行一种叫作 Shinrin-yoku（森林浴）的传统，到森林里去放松和娱乐。在那里，他们步行，深呼吸，打开所有的感官，大部分时间都在沉默中度过。对手机和其他电子产品的使用会被劝阻。最近的研究为日本人似乎一直都知道的事情提供了科学依据。一项研究发现，在进行森林浴的人身上，应激激素皮质醇下降了 16% 或更多。在森林里，血压往往也会下降，而免疫系统则得到了极大的增强，提高了白细胞和抗癌蛋白质的表达。这些效应中至少有一部分似乎是由植物排放的化学物质造成的。

动物是另一种具有促进健康和福祉能力的非人类大自然物种形式。从水族缸里的鱼到鸟、猫、狗，大量研究都证明了宠物的显著益处，包括降低血压、降低胆固醇和降低压力。各种精神疾病都通过动物疗法得到了有效治疗。今天，许多医院都使用狗来促进病人康复。对所谓的人与动物间感情纽带的研究表明，有伴侣动物的人获得的积极影响最大。所以，难怪美国人如今在宠物身上的花费达到了惊人的每年 500 亿美元。

植物对我们也有好处。一位研究人员发现，与住在无植物病房中的患者相比，手术后住在配有绿色植物的病房中的患者的血压、焦虑感、心率和疼痛水平都有明显降低。许多研究已经证明，园艺工作或仅仅是待在花园里都能带来诸多健康方面的好处。"园艺疗法"被证明能有效地促进康复和减轻压力。

哪怕仅仅是几棵树也能造成很大的改变。一组引人注目的研究调查了树木对芝加哥某低收入社区的两个高层住宅居民的影响。对于那些住在能看到一排排树木的建筑物中的居民而言，其攻击性、暴力和报案率大大低于那些住处周围一片荒芜的居民，同时，他们处理生活问题的效率也高于后者。

在过去的几年中，越来越多的医生开出了"公园处方"，鼓励儿童和成年人在大自然环境中进行户外活动。在很大程度上，推动这一增长趋势的是让人们变得更加活跃以及降低肥胖率的愿望。美国国家公园管理局（NPS）甚至亲自参与其中，鼓励医生开处方让大家在附近的国家公园里散步、骑车或划独木舟。

大多数关于自然界对人类影响的调查都集中在驯化型大自然上，以植物、宠物和公园为对象。然而，越来越多的研究支持这样一种观点，即沉浸在荒野环境中可以产生更为强大的积极影响，这里的荒野是指那些人类无法控制的地方，那里的大自然是原始的、未驯服的，甚至可能是危险的。夜晚，在星光的照耀下，在远离城市灯光的野外散步，尤其能够有效地唤醒感官，打开新的意识之窗。这样的体验不仅能培养出敬畏心和好奇心，而且能培养出谦逊感——感觉到某种比我们以人类为中心的执念深刻得多、有意义得多的事物。从荒野中旅行归来的人经常述说，他们产生了强烈的再生感和活力，并能觉察到与大自然之间的联系。因此，毫不奇怪，荒野已成为一系列精神疾病的治疗处方，这些疾病包括成瘾性障碍、创伤后压力，以及各种情绪紊乱。正如我在第 8 章中详细讨论的，要持久地维系人类与大自然的纽带可能仅仅需要定期去真正的荒野中旅行。

技术型大自然能产生什么效应？我的同事兼好友、华盛顿大学心理学家彼得·卡恩（Peter Kahn）花了数年时间审视人类与自然界的互动，其中也包括技术型大自然。在一项研究中，他的团队在大学校园的无窗办公室里安装了等离子屏幕，实时播放当地自然界的情况。待在办公室里的人报告称，这些技术型大自然之窗提供了相当大的满足感。实验参与者一致认为，这种高科技人造大自然总比完全没有大自然要好。然而，他们也发现，与真正在户外体验真实的大自然相比，或者哪怕是与通过玻璃窗体验大自然相比，大屏幕都显得黯然失色。

这些研究和其他许多研究似乎都表明，在唤起成年人和儿童情感方面的反应和联系时，真实的大自然，无论是驯化的还是野生的，都远远优于技术型大自然。一些人可能会反驳这种说法，指出技术创新正在迅猛发展。诚然，有朝一日，创新工程师们或许可以利用复制的物质、力场和牵引光束来创造类似于《星际迷航》（*Star Trek*）中全息甲板（holodeck）的超真实人造环境。然而，彼得·卡恩的一个令人信服的论点是，相对于真实的大自然体验而言，技术型大自然体验将始终显得十分贫瘠。

那么儿童呢？他们是否能与成年人一样享受大自然的福利？答案显然是肯定的，从降低压力和抑郁水平到提高注意力和解决问题的能力，都是如此。毫不令人意外的是，大脑恢复的活力会转化为提高的学习能力。与大自然互动给儿童带来的额外奖励包括注意力缺陷多动障碍症状大大减轻、社会交往情况获得改善、对抗疾病的能力得到提高，以及霸凌行为的减少或消除。

就真正的野生型大自然而言，在野外旅行了 1 ～ 2 周的青少年经常报告称，这些项目是他们人生中最具影响力、最有价值和最令人满意的体验之一。他们大多声称获得了更强的自信感和更好的问题处理技能。绝大多数人都表达了对大自然环境的高度意识、欣赏和关注。批评家指出，我们很难单独梳理出荒野体验的效应而罔顾其他因素的影响，例如，度假般的旅行质量、困难目标的实现，以及经常发生的群体精神纽带的缔结。尽管如此，野生环境的积极效应依然显著。

最后，儿童对技术型大自然的反应显然效仿了成年人。尽管对大自然的人造摹本被认为是令人愉快的，但它们的积极效应远远低于对驯化型或野生型大自然的体验。例如，彼得·卡恩的团队研究了学龄前儿童对一只叫作"爱博"的机器狗的反应。虽然孩子们很喜欢爱博，但他们很容易识别出它不是一只活生生的、会呼吸的狗，而他们强烈地偏爱后者。

简而言之，尽管仍有许多研究工作有待完成，但正在形成的共识是显而易见的。总的来说，无论是就儿童还是就成年人而言，大自然对我们都是有益的，而真实的大自然比它的技术替代品更为卓越。嗨！就连与一株盆栽植物待在一起也能促进你的健康！所有这些好处都表明，大自然有能力减轻我们身体和情感所受到的"直接伤害"。你感到压力重重吗？那就去森林里散步吧。你要去医院做手术？千万要找一间能看到风景的病房。想减少霸凌现象？让孩子们在大自然区域玩耍吧。这就对了。但是，还有一种更为隐蔽的危害更值得我们去关注。

贫瘠的童年

想象一下，一个孩子在一个被危险化学物质污染的环境中长大，由于体内携带着有毒物质而无法茁壮成长。虽然在短期内几乎不可能看出来，但是其长期影响可能包括发育障碍、身体和头脑方面的终身贫弱，以及早夭。彼得·卡恩将这种长期的负面健康影响称为"滋养不足的危害"。在我看来，避免这种对发育的伤害可能是支持让儿童与大自然建立联系的最强有力的论据。

今天，我们中有许多人并不把自然界视为童年的一个绝对必要的元素。要想找到证据，只需看看目前把儿童隔离在室内的趋势，在家中和学校里都是如此。近年来，尽管有许多让儿童走进大自然的努力，但这种对室内的偏好仍在膨胀。由于管理者试图在上学日尽可能挤出每一秒钟用于课堂学习（也就是应试学习），所以许多学校系统正在取消课间休息。忙碌的父母再也找不到时间和孩子一起去户外，也不再鼓励孩子独自在外面玩了。相反，电视和其他玩意儿正日益成为高科技保姆。这种保护性"软禁"带来的负面后果可能远远超出了一般人的认识。

除了肥胖症、压力和其他由待在室内带来的负面影响之外，最近的研究表明，在自然环境中自由自在的无组织玩耍对儿童的健康成长至关重要。任何家长或幼儿教育工作者都会证明，玩耍是一种与生俱来的动力。它也是年轻人体验和探索周围环境的主要途径。与被禁锢在室内的孩子相比，经常在大自然中玩耍的孩子表现出更强的肌肉控制能力，其中包括平衡性、协调性和敏捷性。他们倾向于更多地参与到富有想象力和创造性的玩耍中，而这反过来又培养了语言、抽象推理和解决问题的能力，以及一种好奇感。在大自然中玩耍在培养自我意识和地方意识方面更具优势，能够让儿童同时认识到他们的独立性和相互依赖性。在促进认知、情感和道德发展方面，在户外环境中玩耍也超过了在室内环境中玩耍。那些小时候花大量时间在户外玩耍的人，长大后更可能具备对地方的强烈依恋感以及强大的环境伦理意识。当被要求说出童年时期最重要的环境时，一项大样本量调查中有 96.5% 的成年人列举了户外环境。

"森林幼儿园"又被称为"自然学前班"，虽然在德国和斯堪的纳维亚国家已经有 20 年左右的历史了，但近年来才在北美兴起。有幸在这些学校上学的儿童一年四季都会在户外度过充裕的时间，且大部分时间都沉浸在玩耍中。雨裤、靴子、帽子和连指手套都是标准装备，对那些潮湿的、黏糊糊的、脏兮兮的东西的日常发现都会获得赞赏。这些学校所实践的口号是："没有糟糕的天气，只有糟糕的衣服。"研究表明，这些学校的孩子更少闯祸，而且更善于评估风险。他们的学习成绩也往往远高于平均水平，包括在阅读和数学方面，他们的老师也发现他们更有好奇心和积极性。

为什么在大自然中玩耍具有如此强大的效果？首先，它提供了一种多感官自助餐，包括看、听、摸、尝，让儿童们沉浸在一个远比在室内甚至在电脑屏幕上能捕捉到的更为宏大的世界中。另一方面，大自然的玩耍空间往往是复杂的，能够提供种类繁多、不确定的道具（岩石、树枝、泥土、植物，等等），远远胜过室内的对应物，所以能够激发更多的创造力和想象力。此外，那里还有鸟类、树木、昆虫和各种小爬虫，能产生最为重要的野生感。同时，在那里还有潜力创造远离成年人窥视目光的特别场所。

　　我们迫切需要对大自然在生理、认知和情感方面产生的影响进行更多的研究，特别是大自然对童年发展的长期影响。目前，我们尚不可能准确地描述一种野生型、驯化型和技术型大自然的理想混合体，用以建立一种持久的大自然联系。然而，一些研究发现和轶事报道可以排除某些替代性选择。例如，仅仅接触技术型大自然——从《狮子王》（*The Lion King*）到《鲨鱼周》（*Shark Week*），并不能培养与非人类世界的情感纽带。同样地，单单依靠驯化型大自然也无法做到这一点，除非你是在农场长大，并与土地建立了亲密的联系。对我们大多数人来说，与大自然的深层次联系必须包括与某种野生型大自然的定期接触。

　　我并不否认，驯化型和技术型大自然能够在促进与大自然的联系方面发挥重要作用——这一点毋庸置疑，我们后面就会谈到。然而，与这些替代品相比，野生型大自然似乎是一个必不可少的组成部分。当科罗拉多大学的路易丝·查拉（Louise Chawla）要求一群环境保护主义者总结他们职业选择背后的原因时，大多数人都列举了两个因素："童年或青少年时期在一个记忆深刻的野生或半野生环境中度过了许多户外时光，以及有一位教导大家要尊重大自然的成年人。"另一项研究调查了来自美国各地的 2000 名城市成年人，年龄从 18 岁到 90 岁不等，结果同样发现，11 岁之前在野生型大自然中玩耍的经历对于塑造成年后的环境行为和态度尤为关键。正如我们将在后文中看到的，这并不意味着与大自然的联系取决于 11 岁之前的户外体验，但这些经历肯定大有裨益。

　　野外对于爱上大自然起到的重要作用其实不足为奇，因为人类的大脑已经在与大自然的亲密接触中进化了几十万年。让我们面对以下事实吧：健康的关系取决于承认和培养双方的自主性。如果我们要缔结人与大自然的纽带，就必须在人类的控制范围之外以尊重大自然自身规律的方式去体验大自然。另一方面，为了与大自然建立持久的联系而每天、每周或每月花时间待在荒野中，这既不实际，也无必要。我们需要的是日复一日、周复一周地接触野生型或半野生型大自然。

"等等！"我几乎可以听到你的反对声，"那我们这些生活在城市里的数亿人呢？我们要到哪里去寻找野生型大自然？"这个问题强调了一个关键点。**正如审美是一件各花入各眼的事，对野外的感觉也是因人而异的**。儿童对野外的看法会随着年龄和人生阅历的变化而变化。一座后院或是一块有灌木丛、虫子和大量泥土的空地，虽然对大多数成年人来说是司空见惯的东西，但是对一名幼童来说则可能野性十足。处于童年早期的幼儿会本能地把注意力放在眼前的事物上，关注花朵和蚯蚓，而不是森林和山景。对于童年中期的孩子来说，沿着一条两边长满树木的岩石小溪漫步就是一种野外冒险。青少年则需要更广阔的自然环境，包括偶尔进行野外旅行。

正如我们将看到的，与大自然联系的地理版图会随着儿童的成长而扩大，但是与自然界的深厚联系的基础则很可能是在离家很近的地方建立起来的。真正的野生环境是很重要的元素，但它们可能只是自然营养套餐的一小部分，尤其是在童年早期。自然儿童研究所（Nature Kids Institute）负责人肯尼·巴伦廷（Kenny Ballentine）用他的大自然联结金字塔描述了这一目标。该金字塔类似于食物金字塔，其宽阔的基部是由在住处附近的大自然环境中丰富的日常经验构成的，而狭小的塔尖则是由每年造访真正的野外构成的。在这两者之间，是每周去探索本地的大自然环境，每个月去地方、州立和国家公园参观。

在接下来的章节中，我们将更深入地探讨不断转换的野外目标。但眼下，让我们先来定义一个关键性挑战：**让儿童与大自然建立联系，要求孩子们能够在离家很近的野生型大自然中自由、频繁地玩耍**。

博物学家的国度

美洲大陆和所有其他大陆上的土著居民历来都是专业的博物学家，他们与自己居住的地方缔结了深厚的纽带。原住民一直会提到对家园的这种深切依恋，甚至同一性。用奥格拉拉苏○人路德·斯坦丁·贝尔的话来说：

美洲印第安人是属于土壤的，无论是森林、平原、村落还是台地。他们能融入风景中，因为塑造这片大陆的手也塑造了适合其周围环境的人。他们曾经像野生向日葵那样自然地生长。他们属于这片大地，和水牛一样。

同样地，不列颠哥伦比亚省的奥卡那根印第安人乐队成员马洛·山姆说："作为奥卡那根人，我们来自这片土地，我们是它的一部分。"

欧洲殖民者尽管毫无疑问地带有更多的征服者心态，但他们发现，要想在新世界中生存，他们也必须拜大自然为师。在血腥的对土著人大屠杀之后，新一代的博物学家开始重新发现北美的奇迹。19世纪尤其见证了对自然史的爆发式迷恋。深受林奈氏分类系统法影响的纳托尔（Thomas Nuttall）、巴特拉姆（William Bartram）、克拉克（William Clark）、阿加西（Louis Agassiz）等人对庞大的北美物种群进行了收集和分类。鸟类、甲虫、蝴蝶、贝壳和野花是最受欢迎的目标，但科普（Edward Drinker Cope）和马什（Geoge Perkins Marsh）则将研究范围扩大到了化石领域，他们互相竞争，看谁能在西部地区找到数量最多的恐龙和其他古代巨兽。

尽管在今天很难想象，但当时就连白宫也被各种各样的博物学家占据了。18世纪末19世纪初的华盛顿和杰斐逊总统都是热情的博物学家。杰斐逊用自己的名字命名了一种史前大地懒。一个世纪后，西奥多·罗斯福骄傲地挥舞着博物学家的标签，将他对户外运动的毕生迷恋转化为对荒野

○　一个印第安人部落名。——译者注

地区的保护。

在 19 世纪 70 年代和 80 年代，对大自然的狂热席卷民间，从东海岸到西海岸成立了上百个小型自然历史协会。这些社团的成员人数随着人们从农村迁徙到城镇而激增。公众对大自然的这种热情导致国内和海外纷纷建立起自然历史博物馆，以容纳和展示日益增长的自然藏品。费城的自然科学院、纽约的美国自然历史博物馆和旧金山的加州科学院都是这一时期的产物。到了 20 世纪末，大多数美国人都已经可以自称博物学家了。

20 世纪初，随着俱乐部、博物馆和学习机会的增多，对大自然的狂热仍在继续。事实上，如果一个人缺乏关于本地动植物的一般知识，就会被认为其所受教育是不完整的。户外探险的主要指南是安娜·博茨福德·康斯托克（Anna Botsford Comstock）的《自然教育手册》（*Handbook of Nature Study*）。《旧约》和《新约》或许能够主宰人们的星期日，康斯托克的手册却揭示了上帝在一周中余下的几天里创造的奇迹。她用丰富的插图和生动的描述将动物与栖息地联系起来，向一代学童介绍了萤火虫、蟾蜍、蒲公英、云彩、岩石和知更鸟。康斯托克坚信，在大自然中获得的体验式教育应该成为教育的基石。此外，尽管并非所有人长大后都能成为博物学家，这一点是肯定的，但是自然历史领域的实践在当时受到了高度重视，不管是作为一种业余消遣，还是作为一种专业性职业。

但是，第二次世界大战结束后，自然研究突然开始急剧衰退，其诱发因素包括：越来越多的人从农村迁往城市，人类进一步与大自然分离；生物学被重新定义为一门严格的实证科学，专注于基因和分子而非整个有机体。野外观察本是自然历史学家的主要工作，如今却被在无菌实验室里进行的可复制实验所取代。到了 20 世纪 60 年代中期，也就是当我开始探索温哥华西区的那片森林时，自然历史学已经成为业余爱好者的一门古雅爱好。除了像哈佛大学生物学家 E.O. 威尔森（E. O. Wilson）这种里程碑式的特例之外，"博物学家"这个标签如今已经很少被生物学家采用了。

尽管如此，我们仍然有很多理由怀抱希望。人们仍然在涌向博物馆、植物园、水族馆、动物园和科学中心。他们会在周末去海滩、山岭、湖泊和公园游玩，也会在假期里造访自然奇观。距离这个国家中的大多数人都与大自然有着密切联系的时代仅仅过去了三代人，也就是我那热爱森林的母亲的一生之久。从这个角度看，我们目前的思维方式可以被认为是近期出现的一种反常现象，与人类和当地环境融为一体的漫长历史背道而驰。爱上大自然的能力就蛰伏在我们所有人的心中，等待着被唤醒。重建一个博物学家的国度，我们比你想象中更接近这个目标。

我们怎样才能完成这样的壮举？——通过培养一个又一个"野孩子"。而且，正如我们将在下一章中看到的，事实证明，无论你碰巧在哪里，那里都是最好的起点。

培养野孩子的诀窍 1

与大自然的深厚联系不仅仅是通过定期去国家公园或其他荒野地区而实现的。虽然那种旅行会给人留下深刻印象，但更重要的是在野外或半野外获得丰富的体验，通常是离家很近的地方。

 自然指导技巧

养成新习惯

改变行为的关键是养成新习惯。所以你要开始培养让你身边的儿童更多地走进大自然的习惯。哪怕每天仅花几分钟时间也是一个很好的开始。大多数幼儿在与身边的大自然环境接触时不会有任何问题。他们好奇的心态天生适合这么做。已经对电子屏幕产生偏好的年龄较大的儿童可能需要更多诱哄，这时候成年人就需要发挥一些想象力，甚至培养出一种策略家的心态了。与其告诉孩子，他们需要出去玩是因为这对他们有好处，还不如考虑鼓励他们玩"踢罐子躲猫猫"之类的游戏。关键是要让大自然成为玩耍时间中最有趣的首选项。你越是通过自己的行动来证明大自然的价值，孩子们就越是倾向于接受同样的价值观。

周末出行

除了每天让孩子接触一次大自然，获得"大自然维生素"之外，你还应该为他们计划几次周末郊游。最有效果的是那种能鼓励儿童延伸自己的感官的郊游活动。设置一个矮树林绳网阵，让孩子们蒙着眼睛在上面攀爬。或者让他们闭上眼睛说出他们能听到的每一种声音。另一项简单而富有影响力的活动是夜间步行，最好是在公园或海滩这样的自然环境中进行。如果你想获得更多的主意，可以去看看约瑟夫·克奈尔（Joseph Cornell）的《与孩子们共享自然》（*Sharing Nature With Children*），詹妮弗·沃德（Jennifer Ward）的《我爱脏兮兮》（*I Love Dirt!*），以及苏珊·萨克斯·利普曼（Susan Sachs Lipman）的《满满的疯狂》（*Fed Up with Frenzy*）等书籍。另一种让孩子与大自然建立联系的简单而吸引人的方法是参观当地的自然教育中心。在那里你们很可能获得由向导进行小径导览的体验，会有博物学家告诉你们应该注意看什么和听什么，而且可以经常观看各种展览。自然教育中心是一个开始体验附近大自然的极佳方式。

把野生生命请进你的庭院

喂鸟器、鸟舍和鸟浴盆可能是最简单的附加设施。其他办法还包括播种本地植物（以吸引本地昆虫）和添置一个"蝙蝠盒"（是的，用来吸引蝙蝠）。如果你喜欢冒险，对后院进行相对简单的改造——

添加岩石、圆木和池塘——就可以让你的部分（或整个）后院变成一座大自然的奇境。此外，降低除草的频率！只要你发出邀请，你会惊讶于竟会有那么多酷酷的生物光临！要想了解更多重新引进大自然的办法，可以读一读道格拉斯·塔拉米（Douglas Tallamy）的好书《把大自然带回家》（*Bringing Nature Home*）。

把校园变成教室

如果你是位教育工作者，你就应该经常和孩子们一起到户外去。无论主题是阅读、数学、科学还是艺术，只要置身于大自然环境中，都会产生积极影响。任何时候都要尽可能把课程与孩子们能看到和感受到的周围事物联系起来。让学习与你们所在的地方产生关联。（关于这一点下一章中会有更多讨论。）注意待在室内和室外在行为和注意力持续时间上的差异。如果你的学校没有户外教室，那就考虑建立一个。这个教室空间可以很简单，只要用树桩围成一个圈即可；也可以比较复杂，头顶有遮蔽物，并放置长凳。其他教师一旦听说你的学生有多开心，他们也会想使用它的！诸如"大自然保护协会"和"大卫·铃木基金会"（David Suzuki Foundation）这样的组织都在网上提供了课程计划，里面有很多为校园设计的活动。在后面的章节中，我们将探索大自然化的校园，它们为与大自然建立联系提供了更多的选择。

荒野的灵感

经常体验附近的大自然环境对于培养与自然界的深厚联系是绝对必要的。然而，周期性地逃到荒野中去则能提供另一种完全不同的、异常强大的体验，它如同一场视觉、听觉、触觉甚至味觉的盛宴，深深触动着我们的情感。没有任何虚拟的模拟能比得上在冰川覆盖的高山上徒步旅行，或是与驼鹿、狐狸或郊狼面对面相遇。在屏幕上看到的大自然是疏离的，几乎是虚幻的。相比之下，越来越多的研究表明，沉浸在荒野中不仅能唤醒感官，激发深刻的思想和感情，还常常会带来超凡的体验，加深与大自然的情感联系。爱上大自然需要经常去荒野中旅行吗？不需要。那么建立这种联系是否需要至少在荒野中待上一段时间？答案几乎是肯定的。所以，你要努力计划去野外旅行，无论是露营、远足、钓鱼，还是纯粹闲逛。

第 2 章

地方的力量

发现附近的大自然

只有知道自己身在何处才能知道自己是谁。

——温德尔·拜瑞（Wendell Berry）

今天，我们人类，特别是我们这些发达国家的城市居民，在很大程度上都没有与地方建立有意义的联系。我们已经"流离化"了。

对于这种流离状态，我承认我自己就是一个很好的例子。在温哥华长大以后，我在多伦多待了 7 年，随后在纽约市内及周边地区待了 6 年，在盐湖城待了 8 年，接着又在旧金山湾区待了 8 年，最后于 2013 年初搬到丹佛。我的经历并不罕见。在高科技的 21 世纪，经历多次长途搬家已经是常态，通常是为了工作或爱情或两者兼而有之。在我最新的家丹佛市，大约有一半的居民都是和我一样的外来者。

即使对于那些一直居住在出生城镇的人来说，有意义的地方感也属于非常罕见的例外。每一天，我们在铺砌好的道路上穿梭于霓虹灯的迷宫中，四周闪烁着耀眼的、再熟悉不过的企业标志。正如这些公司的总部一般在很远的地方，我们的身体、汽车和家庭所需的能源也往往来自遥远的地方。这种情况同样适用于我们所消费的信息，以及充斥在我们生活中的大多数"东西"。全球化使工业化世界趋于同质化。对大自然第一手经验的急剧下降加强了这种状态。沉浸在千篇一律的海洋中，导致我们对自己生活的地方缺乏情感依恋。毕竟，如果我们的生活基本上是在室内度过的，如果一个地方看起来和任何其他地方都差不多，那么我们称之为家的地方特殊性何在？

或许举世无双。

与我们目前泛滥成灾的流离状态形成鲜明对比的是，人类在历史上的绝大多数时间里都在扮演狩猎采集者的角色，与自己的出生地有着紧密的联系。除了浸润于当地社区中——这涉及文化、食物和社会关系——生活在觅食社会中的人们还对当地的植物、动物和景观有着详尽的了解。他们理解当地的节奏——在一年中的哪个月里某种候鸟会到来，或是可以收获某种块茎。这些知识大多带有科学调查的印记，需要进行细致的观察、实验和假设检验。今天，我们用"传统生态知识"（traditional ecological knowledge，TEK）这样的术语来指代对地方的详尽理解，这种理解至今仍是众多土著文化的特征。

现在，首先要说明的是，我无意主张我们应该回到"更简单"的时代，无论是作为游牧式的狩猎采集者，还是作为农耕式的农民。我们现在主要是一个城市物种，任何通往未来的可持续发展道路都必须欣然接受城市和技术。但我们必须找到一条通往更加可持续的未来的全新道路。然而，如果我们的目标是与非人类的大自然重新建立联系，那么合理的做法就应该是先研究一下那些将与大自然的深厚联系视为常规的文化。所以，先让我们花一点儿时间来看看更古老、更传统的生活方式，以便创造出一个用来凝视未来的新视角。

宇宙中最错综复杂的结构

作为一个名副其实的智人，你继承了许多让你区别于其他哺乳动物的特征，后者之中也包括你的近亲——类人猿。上述特征中的一个就是你正在用于阅读这些文字的超容量大脑。信不信由你，你脑壳中的那块 1.4 千克重的果冻状物质是已知宇宙中最错综复杂的结构，里面有大约 2000 亿个神经元，由数百万亿个突触相连接。为什么我们的大脑会如此错综复杂？为了回答这个问题，让我们先深入研究一下人类的其他一些独一无二的特点。

其中一个特点就是我们对合作的强烈偏好。相较于其他哺乳动物，我们人类更喜欢共同工作、汇集资源、相互学习、共同抚养儿童。合作是人类取得成功的一个关键因素，使我们能够产生并积累远远超过地球上其他生命形式的知识。某个人可能有一个很棒的想法——比如说，创造一种效率更高的工具——但只有通过合作，这个想法才能获得润色、详述和传播。通过协作将硕大的脑部结合起来提供了跨代积累文化知识的潜力，远远超过任何个体或单个社区的能力。

你获得的另一个遗产是特别漫长的童年。其他直立行走的灵长类物种（类人猿）——从脑部很小的南方古猿到脑部很大的尼安德特人——成长速度都比人类快，一生中童年所占的比例要比人类小很多。童年通常是任何灵长类动物生命中最脆弱的时期，威胁不仅来自掠食动物，也来自同一群体中年龄较大的成员。童年延长意味着生育年龄的推迟，这似乎与进化的要求背道而驰。

那么，我们为什么要把童年延长呢？为什么不像大多数动物那样，尽可能迅速地度过这一成年前阶段呢？在历史上，人类学家认为，漫长的童年是让我们的大脑成熟的必要条件。然而事实证明，人类大脑的生长速度极快，在出生的第一年就会增大一倍，到 5 岁时就几乎达到了成年人大脑的体积（这导致蹒跚学步的幼儿拥有典型的"超大号"脑袋）。所以，很显然，事情并不是这么简单。

一条有趣的线索就是大脑的生长模式。在人类中，大脑皮层——使大脑功能更加发达的皱巴巴的外层——会在出生后迅速发育，因此大脑关键部分的发育发生在子宫之外，由谈话、抚摸、微笑的人类以及来自周围世界的众多额外感官输入激发。为了解释人类大脑发育的显著模式，一些研究人员聚焦于社会因素的重要性，强调了与父母和其他亲属缔结纽带以及扩展社交网络的额外时间。其他更具生态意识的研究人员则强调了用于学习生存技能而投入的时间。也许他们都是对的。也许我们人类之所以拥有上述三大特征——硕大的脑部、协作、漫长的童年，其终极原因就在于它们使人类得以拥有另一个重要特征：适应性。

我们人类有惊人的适应能力，这从我们在建立家园方面无与伦比的灵活性上可见一斑。地球上绝大多数物种都倾向于适应某个特定地点（至多一组地点）的生存条件，处在明确的环境限制范围内，但人类却有能力生活在地球上的几乎任何地方，从赤道雨林一直到北极苔原。从非洲不起眼的起源开始，人类分散到了全球各地。目前的人类学共识是，人类这一物种，即智人，起源于大约 20 万年前的非洲，并且在大约 7.5 万年前开始迁移到其他大陆。人类的迁移速度很快，从近东开始，不久之后就抵达了南亚、澳大利亚、欧洲和东亚。大约在 13 000 年前，北美洲和南美洲最终被加入这一环球旅行中（不过，一些研究者认为时间要提早得多）。在哺乳动物中，只有褐鼠的全球分布范围能够接近人类，它们在南极洲以外的每一片大陆上都与我们同行。（然而，必须指出，老鼠是通过搭乘人类的船只来完成这一壮举的。）

人类在地球上不可阻挡的扩张完全是由狩猎采集者完成的，他们是以采集植物和狩猎为生的游牧民族。正如本章开头所述，狩猎采集者总是对周围环境有着细致的了解。他们每天的生存都取决于知道在哪里可以找到食物和水，如何避开掠食动物，以及如何适应季节的变化。举例来说，人类学家韦德·戴维斯（Wade Davis）对于非洲南部卡拉哈里沙漠中的游牧民族桑人的狩猎行为是这样叙述的：

> 桑族男人成群结队地打猎，会留心寻找各种迹象。没有什么东西能逃过他们的注意：青草叶片上的一道弯折，一根树枝是从哪个方向被折断的，足迹的深度、形状和状况。一切都写在沙子里……根据动物留下的一个足印，桑族猎人就可以辨别动物的行动方向、时间和速度。他们凭借自己的聪明才智，与豹子、狮子等不容小觑的掠食动物展开直接的生存竞争，成功猎杀了数量惊人的各种动物。他们用毒蛇坑给河马设陷阱；冒着生命危险紧随大象的脚步并用斧头迅速砍伤这些庞然大物的腿筋；在狮子捕杀猎物现场的附近徘徊，等狮子吃饱了再将这些慵懒的大猫从动物尸身上赶走；用网缠住飞行中的鸟类；常常不惜花上几天时间对羚羊穷追不舍，直至对方累瘫在地上。桑人的弓很短，没有什么力量，有效射程可能只有 25 米。他们的箭很少能射穿猎物，只能划伤动物的皮肤，但一般来说这已经足够了，因为箭的尖端涂有致命的毒素，这种毒素来自两种甲虫的幼虫，而这两种甲虫以一种叫作"非洲没药"的沙漠树的叶子为食。

　　桑族猎人所展示的那种深厚的知识必须在一生中积累，从童年早期就开始了。当然，对于这些游牧民族而言，任何一个地方都有其独特的挑战，需要人们掌握丰富的当地知识。

　　人类祖先有着理解特定地点的持续需求，这有助于解释人类大脑的漫长生长模式。婴儿大脑中神经细胞间建立连接的速度远快于成年人，它们是为学习、想象和由好奇心驱动的探索而生的。只要你看到过一个蹒跚学步的孩子探索新环境——触摸和品尝任何能够到的东西——你就可以见证上述所有三种能力。随着我们年龄的增长和经验的积累，我们的大脑会裁剪掉较细弱、使用较少的路径，并巩固那些信息流量最大的道路。简言之，尽管大多数动物都倾向于在特定的环境中适应生存，但人类大脑的构造却旨在帮助我们在任何环境中茁壮成长，适应当地人类以及非人类的突发事件。从结构的角度来看，这就好比我们的大脑一开始看上去很像巴黎城中无数条交织在一起的狭窄街道，到了最后却像一排排宽阔的、纵横交错的高速公路。

和在此之前的每一代人一样，你生来就有能力生活在地球上的几乎任何地方，沉浸在任何文化中，学会任何语言。这种惊人的适应性可以说是人类的标志性特征，在很大程度上是基于这里所列出的三大基因禀赋：为学习和想象而构建的硕大的脑部，对协作和信息共享的偏爱，以及让我们的大脑能够学习并适应众多令人困惑的环境的漫长童年。我们的现代高科技世界主要得归功于这三大特征的进化碰撞。

恋地情结：对地方的热爱

几年前，我开始怀疑，前面列出的人类特征是否可能暗示着我们还有一个共同特征：与大自然缔结纽带的遗传倾向。我绝不是第一个考虑人类对大自然纽带怀有内置偏好的人。1984 年，著名生物学家 E.O. 威尔森提出，人类有一种与其他生命形式建立紧密联系的遗传倾向，他将这种嗜好称为"亲生命性"（biophilia，字面意义为"生命之爱"）。目前已经有广泛的证据可以支持亲生命性假说，从户外活动和与伴侣动物一起生活对健康的益处，到我们对类似于热带草原的环境的明显喜好——据说这是人类在非洲热带地区漫长的进化过程中残留下来的。然而，总的来说，科学界一直无视亲生命性的说法（这一现象在威尔森卓越的职业生涯中十分罕见），这在很大程度上是因为这一概念被认为是无法检测的。

1947 年，诗人 W.H. 奥登（W. H. Auden）创造了一个类似的词，"恋地情结"（topophilia），其字面意思是"对地方的热爱"，指人们经常与自己居住的地方形成情感纽带。20 世纪 70 年代，地理学家段义孚（Yi-Fu Tuan）在对人类与大自然及文化环境缔结纽带的跨文化研究中推广了恋地情结这一概念。我决定借用这个新词来提出一个新的观点："恋地情结假说"，即我们人类天生就有一种与当地的生物和景观缔结纽带的偏好，这是从我们以觅食为生的祖先那里继承来的。下面我就来解释一下。

在动物世界里，纽带是一个强大并且经常被重复的主题。母亲和婴儿之间的纽带有众多好处，其中包括改善婴儿获得食物和水的机会，保护婴儿免受掠食动物的侵害，以及加强婴儿对基本行为的学习，从而增加婴儿的存活率。成年雄性和雌性动物之间的纽带（尤其普遍存在于鸟类和哺乳动物中）起到了类似的作用，通过加强父亲在育儿方面的投入，增加了婴儿的存活率。恋地情结假说认为，还有一种形式的纽带发生在人与地方之间，可能也有类似的适应性。与自己的家乡缔结情感纽带的遗传倾向有助于人类获得关于特定地点的关键性知识。

在过去的数万年里，每一代狩猎采集者都面临着一种令人生畏的挑战——虽然天生就拥有几乎可以生活在任何地方的生理和认知能力，却还是需要学会与特定的地点保持亲密的关系。从更新世冰河时代直到现在，狩猎采集者的生存可能一直取决于培养一种与所在地缔结纽带的内在偏好。这种纽带可以促进代代相传的关于特定地点的学习。母婴之间的纽带促使母亲对自己的婴儿给予更多的关注，提高了孩子的生存概率。同样，人与地方之间的纽带可以促进个人与当地环境建立更深厚的联系，并对附近的大自然感到好奇，通过提高观察技能和积累详细的、地方本位的知识来提高生存能力。我认为，恋地情结的进化是为了帮助人类适应各种各样的环境，因为每一种环境都有着自己的一整套独特的生命形式和地貌。

如果恋地情结假说成立，那么它将对当今社会产生广泛的影响，从育儿和教育，到建筑和城市规划，再到政治和艺术。一方面，人类与大自然缔结纽带的最有效的启动时机很可能就是在童年早期，即从生命中的第一年到6岁这一情感发展的关键阶段。另一个启示是，在培养与大自然的纽带方面，与其定期到从动物园到国家公园的各种各样的环境中接触大自然，可能还不如某个单一的、很可能是位于本地的地点花大量时间在户外活动更为有效。另外，在成年导师的帮助下与大自然缔结纽带是最有效的做法。最重要的是，恋地情结充其量是一种遗传偏好，它是可以被文化体验强化、抑制或消除的。

考虑到人类与大自然的纽带是如此难以维系和发展，需要依赖特定类型的经验和知识，我们可能会得出结论，认为这是一种微不足道的现象，对思想和情感健康的影响微乎其微。然而，如果人类与大自然的纽带始终建立在始于童年早期的文化强化基础之上，那么缺乏这种强化将不可避免地导致恋地情结的缺失，无论其对身心健康具有怎样的相对重要性。正如母婴纽带对婴儿（以及他们终有一天会成为的成年人）的精神健康至关重要，儿童与大自然的纽带对于他们的健康发展也起着关键性作用。

不管我们是否具有遗传性的恋地情结，很显然，人们往往会产生一种对本地的挚爱之情，尤其是那些生活在口头传诵的本土文化中的人。同样明显的是，恋地情结茁壮发展所需的文化强化行为是与地方感密切相关的。这里的关键教训是，童年时期的大脑实际上是由经验塑造的，所以我们最好认真思考应该让孩子们接触到什么样的经验。

从这个角度看，与大自然的联系不是一门哲学、一种宗教或是新纪元运动的某个观点。它其实是人体工程学，类似于针对你的特定体型安装一把椅子，让你能发挥出最高水平。我们的身体、思想和感官都是为了与大自然相联系而被"设计"出来的。

体验式学习

在简要探讨了人类的根源之后，让我们回到第 1 章提出的中心问题上：**人类究竟是如何与大自然建立有意义的终身联系的？**虽然与大自然联系的科学还处于婴儿阶段，但一个明确的信号正在显现。如前文所述，与大自然建立有意义的联系不会发生在一个单一的、充满感情的事件中，无论该事件有多么强大。相反，这种联系是在多年的时间里有机地、逐渐地形成的，是一种将情感和理解力交织起来的螺旋式反馈回路的产物。大量的、日益增加的证据表明，**爱上大自然的最佳场所就是你碰巧所在的任何地方。**

经过若干年对已发表研究成果——涵盖了人类学、心理学、教育学、神经科学和生物学——的钻研，我发现了在促进与大自然联系方面最关键的三大主题：体验（experience）、指导（mentoring）和理解（understanding）。在本书的其余章节中，我会用"EMU"这一缩写形式来指代这三者。我们将看到，这三个元素适用于童年的所有阶段，只是侧重点有所不同。事实上，我们可以把体验、指导和理解看作形成与大自然联系的三条途径。现在我们就来简要地探讨一下这些主题，然后再在后面的章节中根据需要进行回顾。

首先是体验。与大自然的有意义的联系首先是通过第一手的、多感官的体验建立起来的，它们来自在自家后院中度过的大量无组织玩耍的时间、在公园里度过的周末，以及偶尔进行的野外旅行。虽然我们可以在室内获得与大自然联系的体验，但是我们更需要与当地的动植物和景观进行亲密接触。教育也必须是体验式的，在课堂内外交叉进行。当我们用全套感官直接感知和反思科学概念时，这些概念会变得格外令人难忘和充满意义。除了我们的头脑以外，对大自然的深刻理解还必须通过我们的眼睛、耳朵、鼻子和毛孔来加以吸收。

最重要的是，我们需要让儿童融入大自然环境中。户外的亲身体验有可能深深地激发我们的情感。我们大多数人都知道，嗅到野花的清香、抓住一条鼻涕虫、在漆黑的天空中看到一轮满月，这些体验都与虚拟体验有着天壤之别。本书第 3 章将更详细地探讨体验的作用，而且它将在本书的其余部分反复出现。

第二个主题是指导。与传统教学方法形成鲜明对比的是，导师所扮演的角色并不是传授信息的专家。尤其是对于童年早期的孩子来说，在嬉戏中进行肩并肩的探索会有效得多。成绩斐然的导师们都是听得多、说得少。在关键行为方面他们会以身作则。他们密切观察，激发好奇心，并通过提出稍稍超出学员的意识和知识极限的问题，来"诱导"学员说出自己的故事。当一名有效率的导师意味着成为一名共谋者、一位探索伙伴、一个努力寻找线索的人。这意味着要有充足的自由发挥时间，孩子们所参与的活动应该侧重于培养想象力的玩耍而非信息消化。我们将在第 3 章深入探讨指导的艺术。

最后，EMU 的第三个组成元素是理解。我在这里说的理解并不是指对详细事实的积累（例如植物和动物的正式名称），尽管这些当然可以成为理解的一部分。相反，这里要强调的是理解一些宏观理念。太阳的能量是如何在你们当地的生态系统中流动的？物质是如何围绕着太阳循环，从植物到动物再回到土壤中的？你们当地的情况是怎样的？你的食物和水从哪里来，你产生的废弃物又往哪里去？许多证据表明，如果你先构建一些大的理念，然后通过添加事实来充实它们，学习效果就会更显著、更持久。在第 4 章和第 5 章中，我们将深入探讨理解这一概念。

重新学会看和听

我和杰德来到我们后院的"蹲点"处，没等多久，那对熟悉的山雀搭档就出现在附近的灌木丛中，开始愉快地叽叽喳喳起来。后面不远处，一只雄性知更鸟正在它的领地上巡逻，从不断起伏的深红色胸脯中发出美妙的旋律。紧接着，出现了一对歌雀，它们像是被魔术变出来的，开始了断断续续的吱吱鸣叫。"我来了。""是的，我也来了。"

突然间，就像是被闪电击中一样，平静的早晨被颠覆了。山雀飞到更高的树枝上。所有的鸟儿都开始发出高音警报，而其他那些先前没露面的鸟儿则遥相呼应。一双双鸟眼向下方窥视着，搜寻着什么。在树下灌木丛的某个地方，出现了一位掠食者……

当我开始写这本书的时候，我有一种自满感，我坚信自己花了一辈子时间在户外玩耍、远足和露营——包括在偏远地区挖掘恐龙化石时住在帐篷里的岁月——所以我的内心必然已经与大自然缔结了深沉牢固的纽带。但为撰写这本书所进行的研究摧毁了这种想法：我发现，和大多数人一样，我对身边的大多数自然现象一无所知。事实上，我经常以消极的方式影响这些事件。

我的这些见解部分源自阅读有关"鸟语"的资料，这是一种理解当地动物的叫声和动作含义的后天技能。鸟类语言是一种强大的工具，可以提高我们对大自然的认识，加强我们与大自然的联系。狩猎采集者往往能够流利地使用鸟语中的当地方言，因为这可能关系到他的身家性命。鸟类的叫声既可能引导你找到下一顿大餐，也可能让你免于沦为其他动物的大餐。

于是我下定决心，是时候学习鸟语了。我的女儿杰德当时 10 岁，很高兴地加入了这一充满乐趣的学习之旅。我们的指导手册是乔恩·扬（Jon Young）于 2012 年出版的充满启发的书——《知更鸟知道什么》（*What the Robin Knows*）。我和杰德开始定期去我们家后院蹲点观察。第一个月过去后，我们开始以不同的眼光看待这个社区。首先，那些在树上叽叽喳喳叫着的长着羽毛的无名小生物正在变成截然不同的物种，甚至是截然不同的个体，每一只都有着独特的声音和性格。我们的日记很快就收录了"一对在西边灌木丛中歌唱的山雀"和"四只待在南边新西兰辐射松上的欧洲椋鸟"。通过勤勉地增强意识（在一副望远镜和我的苹果手机上一个观鸟应用程序的帮助下），我们开始看到和听到更多的东西。

虽然鸟类在户外几乎无处不在，但是我们却很少停下来思考它们正在做什么，或者它们为什么在这个地方而不是另一个地方行动。由于我们已经忘记了猎杀和被猎杀的感觉，所以我们隐含的假设是鸟类几乎是随机行动的。但是对于大多数动物而言，无论是捕猎者还是猎物，随机行为都是通向夭亡的快车道。如果你是一只北美鸣禽，那么你的天敌将会具有各种形状和大小，从四面八方威胁着你。狐狸和猫科动物在地上游荡。浣熊和乌鸦会袭击树上的巢穴。鹰和猫头鹰会在空中发起攻击。最可怕的似乎是像鸡鹰这样的猛禽——一种为数不少却很少被人看到的空中刺客，被人称为"天降死神"可谓名副其实。鸡鹰擅长捕杀飞行中的鸟类，会无所畏惧地俯冲进树林和灌木丛中。

因此，毫不奇怪，大多数鸟类都有自己非常熟悉的小领地，并倾向于沿着相同的路径在这些空间穿行。除了熟悉当地的地理环境之外，这些知更鸟、鸫鹩和乌鸦也能流利地使用鸟语。它们总是十分警惕，时刻聆听不仅仅是来自同类的警报声。知更鸟会对鸣雀发出的警报声做出反应，反之亦然。出于同样的原因，松鼠和兔子也能听懂鸟语。这最终会形成一个巨大的意识网络，产生一种局部的、不断变化的"氛围"。如果这种氛围是放松的，那么"基线"行为[⊖]，如进食和唱歌，就会占主导地位。如果出现紧急情况，警报就会响起，接着周围就会陷入寂静，动物们往往会逃跑。虽然我们往往会忽视我们的鸟类邻居，但事实证明，鸟类认识我们和我们的宠物。为什么？因为这是一件生死攸关的事情。本地的鸟类甚至会对我们的行为做出可预测的反应，我们只是没注意到

　　⊖　baseline behavior，指在自然情形下最基本的习惯行为表现。——译者注

罢了。

但是我和杰德开始注意到了。我们了解到，我们走到蹲点处的特定方式——缓慢、放松而不是匆匆忙忙——可以大大缩短鸟类恢复其基线行为所需的时间。我们发现，熟练掌握鸟语的最大挑战就在于了解当地各种鸟类的基线行为。每一个物种都会使用若干种不同的叫声，从悦耳的歌声，微妙的伴侣召唤声，到喧闹的争夺领地的粗厉叫声，再到饥饿雏鸟不耐烦的尖叫声，不一而足。只有对这种背景行为有了亲身理解，你才能开始察觉到那种表明掠食者就在附近的骚动。

然而，虽然我和杰德只练习了短短几周时间，但我们却发现我们的意识范围扩大了，我们的欣赏力甚至同理心也随之增强。当熟悉的鸟儿在我们的蹲点观察中缺席时，我们会好奇它们在干什么。我们还发现自己进出屋子时经常放慢脚步，聆听邻居们的动静。仅仅是家门口的野生世界就已经帮助我们加强了与大自然之间的纽带。

我逐渐意识到，这种互动对于人类与大自然的联系是必不可少的。要让我们的孩子（以及我们自己）培养出至关重要的内在的野性意识，我们就必须先对外在的野性世界进行丰富的体验。归根结底，与大自然建立联系意味着扩展一个人的意识，与所在的地方融为一体。

大三和弦

数字三的神秘力量有着悠久而卓越的历史。比如说，圣三位一体（圣父，圣子，圣灵）和自我的三位一体（身体，思想，灵魂）。在古希腊人中，柏拉图认为真、美和善是可以用来评判所有事物的原始价值观。他的学生亚里士多德在关于修辞学的论著中则提出了说服的三大基本要素：理性、感染力和精神特质——分别诉诸说话者的逻辑、情感和性格。

将后两组三要素结合起来，就构成了我心目中的"大三和弦"，它体现了不同类型的认识。我们所有人都有过运用理智去理解对我们的情感影响最小的事物的经验（例如街道名称或几何学）。反过来说，认识也可能纯粹植根于情感之中，培养出根深蒂固的信念，几乎或完全没有理性的基础（例如，感觉到性吸引力，以及与某个特定地方的联系感）。第三种认识是建立在价值观和道德观的基础上的，即人们所说的是非感。

也许，最强有力的知识形式——最有可能改变行为的知识，来自三者的结合。在这里，我指的是受到情感联结支持的理智性理解，从而能影响价值观，并最终影响行为。例如，代表环境、某个政党或其他某种事业而行动的个人通常采取一种包括头脑和心灵在内的混合型认识。

今天的西方社会压倒性地关注智力和科学事实，几乎不相信情感的作用。我们过多地用头脑活着，心灵则用得不够。这种有着数百年历史的偏好常常误导我们做出毫无美感的决定。因此，任何补救措施都必须兼顾能启发心灵和头脑的学习方法。如果缺少对美好事物的感受能力，这样的知识就是贫瘠的，通常无法影响世界观和行为（或者会以危险的方式产生影响）。

无论是显性的还是隐性的，美、真、善都是学习和教育的基本方面。不带价值观的教育是不可能的。只要把关注点集中在一组事物而不是另一组事物上，儿童就会生动地感受到成年人重视什么东西，并且通常会开始重视同样的东西。因此，难怪大多数儿童长大后都会继承父母的观点和政治倾向。

如果成年看护者把儿童关在室内，并且对大自然毫不感兴趣，这就是在响亮而清晰地传递一个不言而喻的价值观信息：自然界无关紧要。相反，当成年人表现出对大自然的热情时，孩子们就极有可能怀着同样的热情长大。（直到今天，当我们去海滩上的时候，我女儿杰德仍然会被死去的动物所吸引，因为我把这种偏好传给了她。我妻子托妮并不很赞赏我们父女俩这种对海边尸体的共同嗜好，但她能包容我们。）因此，美、真和善理应成为学习和教育的基本方面，我们必须仔细考虑如何以及向哪里引导年轻人的注意力。

"大三和弦"的寓意是：通过我们的头脑以及心灵获得的知识是最好的知识。扎根于情感联系中的强烈地方感揭示了自然界的美、人类本植根于大自然中这一真相，以及关爱自己家园所固有的善。在 EMU 所包含的三个基本要素中，体验与美、理解与真、指导与善的关系分别是最密切的。

成年人的价值观是由一生的经历塑造的。儿童会不断地修正和磨炼他们对美、真、善的感觉。那么，我们如何才能让"大三和弦"激发人们对大自然的热爱呢？在接下来的章节中，我们将探讨或许是最有效的工具：体验式学习。

现在，我请你们先把美、真、善想象成毯子上的线，这毯子我们每个人都要创造并披戴一辈子的。你不能为别人织这条毯子，就连你自己的孩子也不行。相反，你的角色是确保孩子拥有所需的灵感、技能和原材料（经验、心灵和理解力），这些都是制作他自己那独一无二、充满活力、三股线平衡的毯子所必需的。对了，此外还有一个基本要素：自由。野孩子渴望自由、冒险、勇往直前。因此，富有成效的自然导师一开始可能会跟孩子们很亲密，但他们会不断扩大和孩子们在生活中的距离，以便给阳光腾出空间，刺激孩子们健康成长。

现在让我们来谈谈自然指导的艺术。

培养野孩子的诀窍 2

孩子们往往会重视你所看重的东西，所以你要从自己做起，开始注意大自然，每天花几分钟的时间去关注周围的非人类世界。

自然指导技巧

开始注意大自然

正如本章结尾所述，加深儿童与大自然联系的重要的第一步是你自己开始注意大自然。如果你毫不关注自然界，那么你的孩子是否会注意到它就很值得怀疑了。所以，当你早上出门的时候，不要急着上车。稍作停留，感受并嗅一嗅空气，看看云彩和树木，听听鸟儿的叫声——你能听到多少种不同的歌声？它们是什么种类的鸟？如果可能的话，花点儿时间享受日落、刚刚绽放的鲜花、正在抽芽的树木，以及新落下的树叶的气味。这么做的目的就是为了增强对身边的自然奇观的意识。养成接近大自然的习惯不用花太多时间，而且它会给你和你的孩子带来巨大的回报。

探索本地的大自然

花一些时间去发现你家附近的各种野生动植物，和你的孩子一起去探索这些地方。对于幼童来说，可以是当地的公园、校园，甚至是自家的后院。同样，关键在于"注意"。对于大一点儿的孩子（6～11 岁）而言，不妨去更远的地方冒险：比如沿着小溪溯流而上这种简单的事情就可能是一次伟大的冒险。也可以前往当地的自然保护区。在可能的（以及合法的）前提下，不要走寻常路，尝试进行一些探索。鼓励孩子和你一起注意大自然，大多数孩子不需要什么诱导就会欣然照做。做一个游戏，数数你们能看到或听到的小鸟种类。让孩子找出哪种花闻起来最香。你不需要当一名专家。你甚至不用说话。只要和他们坐下来，在大自然环境中享受一些安静的时光，哪怕就在你家的后院里，对你们俩来说都将是一种强烈的体验，尤其是当你们的感官觉醒，能够意识到周围的一切时。记住，孩子与大自然建立的最佳联系最好是通过身体接触来实现的。所以，就让他们把自己弄得脏兮兮吧！甚至要鼓励他们这么做！

造访你们当地的自然机构

尽管第一手户外体验之于培养对大自然的热爱是必不可少的，但仅仅有体验还不够。学习也是至关重要的。"理解"可以将熟悉的事物转化为奇妙的东西。仰望星空会令人产生敬畏感，只要我们肯花时间去真正地欣赏它。但是，知道你是由星辰构成的（以及为什么）会极大地增强这种体验。幸运的是，如今几乎每座大城市里都有十几家机构致力于让人类与大自然重新建立联系，其中包括自然历史博物馆、动物园、水族馆、天文馆、植物园和自然教育中心。这些地方能够提供强大的、可以通过实际操作学习来增强的体验——这就是 EMU 中的 E（体验）和 U（理解）这两个元素。科学家和教育工作者可以帮助你（和你的孩子）改变视角，让你们用全新的眼光去看待日常世界。所以，无论你是家长还是老师，都要好好利用你们当地的自然学习机构。用你们的参与来支持它们，把它们当作一种资源，并考虑做志愿者。奇妙的经历正在等着你们。

搜寻与大自然相关的媒体

从书籍到网站再到电影，与大自然相关的媒体为促进人类与大自然的联系提供了有力的工具。专家们建议，对于年龄很小的孩子来说，要尽量限制或者完全不让他们观看屏幕，但是对于稍微大一些的孩子来说，很多基于网络的寓教于乐的服务是适合他们的。应该说，书籍是更好的，因为它们能激发想象力。在很多年里，我和妻子每天晚上都会给杰德念书。有一部让我们读得如饥似渴的多卷本系列书籍是关于猫头鹰的，书中充满了关于自然史的细节。时至今日，猫头鹰仍然是杰德最喜爱的鸟类。在这里，故事是关键。关于大自然的引人入胜的故事往往会给人留下深刻而持久的印象。

启动

这里有一项简单的活动，可以用来启动与大自然建立联系的行动。带一个或多个孩子走到户外，去后院、校园或公园里，引导他们寻找一些让他们感兴趣的大自然事物，可以是花、叶子、树木、石头、云彩，或者其他任何东西。（小鸟和虫子也很棒，但它们有时不会在一个地方待足够长的时间。）一旦孩子们选定了自己感兴趣的对象，就让他们非常、非常仔细地观察 2 分钟——研究细节、触摸、闻味道，以及（如果合适的话）聆听和品尝。接下来，递给孩子们铅笔和纸（最好能用什么固定在写字夹板上），让他们花几分钟时间画出他们选择的对象。无论他们画出了什么样的作品，千万不要去评论图画的质量，无论它们是好是坏，否则会把活动目的变成艺术而不是练习本身。相反，你要把注意力集中在他们观察到的细节上。对于学龄儿童来说，下一步是让他们就自己的花朵或石头写一些文字——可以列举一些特征，创作一首诗，或者写一两行话来说明他们为什么会选择那样东西。最后，让他们大声分享自己学到的或发现的令人惊讶的东西。

这种活动最适合在人数不多的儿童（或成人！）小组中进行，他们常常会被别人的选择和见解所吸引。绘图是关键，因为它会用到大脑的不同区域并增强记忆。这项练习中最重要的一个方面不言而喻：让一位成年导师对大自然以及儿童们的观察成果表现出兴趣。就是这样。观察、绘图、写作和分享。如果你想获得更多记录大自然日记方面的灵感，我推荐克莱尔·沃克·莱斯利（Clare Walker Leslie）和查尔斯·罗斯（Charles Roth）的优美著作《笔记大自然》（*Keeping a Nature Journal*）。

| 第二部分 |

基本要素

HOW TO RAISE

A WILD CHILD

第 3 章

郊狼之道

自然指导基础知识

要成为一名博物学家，重要的是具备关键时刻的实际操作经验，而不是系统性知识。你最好暂时假想自己是个未开化的野蛮人，不了解各种名称或解剖细节。你最好能花上很长时间，不做别的，仅仅是搜寻和梦想。

——E.O. 威尔森

"我发现脚印了！"从我的左边传来兴奋的呼喊声，就在树林的另一边。我努力穿过树丛跑过去，发现 10 岁的塞巴斯蒂安（又名巴什）正和杰德在一起，两个孩子都快把脸蛋贴到一条土路上了。其他大人听到喊声也从树林里跑了出来。

"这是鹿的脚印。"塞巴斯蒂安说，显然是很自豪地站在那里。果不其然，那是一只成年鹿留下的一串两趾脚印，从我们所在的地方一直延伸到山上，印在了尘土中浅浅的轮胎压痕中。

杰德此时已经跑到了道路对面，她突然抬起头来，大声道："我想这里有一些山猫的脚印。"我们中间有几个人小心地跳了过去，以免破坏车辙旁柔软的表层土壤。过了好一会儿，我们才在阳光斑驳的阴影中看到了脚印。它们就在那里：四根脚趾，顶端长着利爪，后面有一个很大的足跟垫。

我们把小木棍掰成更短的木棍，每根大约 10 厘米长，然后沿着动物足迹把它们竖直插在地上，每个脚印对应一根，以便为这一发现制造更佳可视效果。随着我们搜索范围的扩大，越来越多的猫科动物的脚印出现了，它们的去向和刚才的鹿脚印是一样的。

我向山下挪了几米，以寻找更多掠食者的脚印，可是它们消失了。然而，在它们本该出现的地方，却出现了小得多的两趾脚印——那是一只小鹿，很可能正和它的母亲结伴而行。它的脚印要比成年鹿的脚印浅得多，很难辨认。但是慢慢地，足迹拉长了。更多的木棍被插在地上，谜团也越来越大了。

大约就在那个时候，我们"银鲑部落"的 20 多岁的首领山姆来了。在简短的调查之后，他开始提问——主要是针对孩子们："猫科动物有几根脚趾？"

"四根！"孩子们齐声回答。

"你们认为动物们朝哪个方向去了？"

巴什和杰德都笑了，指向山上。

"它们是走去的还是跑去的？"

经过短暂的停顿，两个孩子都认为，鉴于脚印的间距很短，所以动物们肯定是走过去的。

又提了几个类似的问题之后，山姆提高了问题的难度："这些脚印是什么时候留下的？"

　　唔，这个问题有点难度，但是巴什很快就做出推测：这些脚印一定是最近才留下的，因为它们是在轮胎压痕的上方，而且没有遭到雨水的破坏。聪明的孩子！这时山姆抛出了犹如重磅炸弹的问题："那些猫科动物的脚印看上去太大了，不像是山猫留下的。你们想得出它们可能是其他什么动物留下的吗？"

　　杰德和巴什想了一会儿，然后都瞪大了眼睛，说："美洲狮！"

　　"有可能。"山姆回答道，他仍然光着脚蹲在那里审视地面。尽管他显得无动于衷，但杰德依然感到脊梁骨上打了一阵寒战。山猫就像一只超大号的斑猫，但美洲狮可能构成真正的威胁。

　　"那么你们认为美洲狮是在追捕鹿吗？"山姆抛出了最后一个问题，答案悬而未决，我们所有人都开始努力思考。

　　我们中有几个人开始画足迹草图，在日记本上写笔记。我们讨论了一系列线索，试图确定是鹿先经过这里还是狮子先经过这里。最后，研究小组推测，在过去的一两天内，曾有一只母鹿带着小鹿走上了这条路。后来，一只年轻的美洲狮，很可能是一岁大，从路边的沟壑中爬上来（并在岸边留下爪印），然后朝着同一个方向走去。狮子是不是在追赶这两只鹿，甚至把小鹿作为目标？也许是吧。我们永远也无法确定。

　　就在我们吃完午饭收拾行装，依然在思考动物的足迹时，一辆皮卡呼啸着沿着道路开过来。戴着棒球帽的司机无视我们的抗议，径直驶过，压倒了木棍，毁掉了关于掠食者与猎物的谜团。这是意外的一课，说明了万物都可能转瞬即逝。

　　尽管如此，我们在大自然中的其他寻宝之旅还是进展顺利。在发现动物足迹（√）之后，我们在附近的池塘里找到了蝾螈（√），并且直视了它们的眼睛（√）。我们还发现了一根羽毛（√），一种药用植物（√），后来又发现了一只蝉蜕（√）——这些项目都在我们的任务清单上。我们没能找到任何越橘或小黄蜂蜂巢，但这没关系。一行人在接近黄昏时返回营地，对一天的冒险感到很满意。

如果你想学习自然指导的艺术，那么你很难找到比乔恩·扬更好的老师了。乔恩现在有 50 多岁了，身材瘦削，目光敏锐，在户外度过的无数岁月在他的脸上刻下了一道道痕迹。他是享誉世界的追踪者、博物学家和导师。他写过好几本书，其中包括上一章介绍过的《知更鸟知道什么》。他还是八盾研究所（8 Shields Institute）的共同创建者，该研究所提供一系列产品，包括书籍、录音资料、工作坊和支持网络等，旨在帮助人们与大自然建立更深厚的联系，并且让自己也成为自然导师。

我第一次见到乔恩是在 2 年前，当时我和杰德在旧金山北部美丽的雷斯岬国家海岸公园参加他的一个鸟类语言工作坊。正是在那里，我第一次真正窥见了与大自然的深层次联系。乔恩当时正和聚集在一起的人们谈论鸟儿发出的各种各样的呼唤声，突然，他停了下来，问道：“你们在我身后的树上听到了什么？”

我们都仔细听，但只听到一片寂静。

“几分钟前那里是什么情况？”

“有很多鸟在唱歌。”有人说。

“那么所有那些鸟现在都怎么了？”乔恩试探着问。

“也许它们去了别处。”另一个人猜测道。

乔恩微笑着慢慢摇了摇头。他认为，那些鸟仍然在那里，却都陷入了沉默中，很可能是因为掠食者来了。他补充道，嫌疑最大的罪魁就是那种被称为鸡鹰的空中杀手。

作为一名科学家，我从心底对此是充满怀疑的。**他怎么可能知道这一切？**我想。鸟类不可能不停地唱歌，而且它们当然也不会在所有时间出现在所有地方。但是，几分钟后，另一位与会者指给大家看一只正从灌木丛中飞出来的鸡鹰。几乎就在同时，鸟儿们又开始鸣叫了。**哇！**我想，**这家**

伙真厉害！我得多学学这方面的知识。

所以，现在，我参加了一个为期 1 周的"指导艺术"集训活动。有大约两百人参加了这次集训，地点位于加州圣克鲁斯山，距离圣何塞西南有大约 1 小时行程。杰德再一次陪伴在我的身边。这群参与者，从新生儿到老年人，都带着一种强烈的加州波希米亚风格。衣服主要是手工制作的，或者是一系列土色调的二手衬衫、披肩和裤衩。大多数人要么穿着人字拖，要么光着脚到处跑。这让一身高科技、多拉链的户外用品连锁品牌装备的我感觉与这里有点格格不入。与此同时，杰德却像在家里一样自在，很快就脱掉鞋子，跑去加入其他孩子们了。

在登记时，我们被分成不同的部落，部落名称都是像"加州袜带蛇""橡子啄木鸟"以及"银鲑"之类的。年轻人按照年龄被进一步分成几个小组。在这一周中，杰德大部分时间都和 9～12 岁的孩子们在一起，玩游戏和进行其他活动，如徒步旅行、追踪、泡在瀑布下面，以及学习生火（不是使用火柴的那种）等"原始"技能。与此同时，我们大多数成年人都参加了将讲座和实际操作经验结合起来的活动，加深了对自然指导的理解。

自然导师

"导师"（mentor）一词出自古希腊史诗《奥德赛》（*Odyssey*）。在故事中，门特（Mentor）是一名男子，负责照顾奥德修斯的儿子泰勒马库斯，并担任他的顾问。智慧女神雅典娜伪装成年迈的门特，教导年轻的王子要勇于为自己挺身而出，并最终引导他出海寻找他的国王父亲。在经历了这一切后，泰勒马库斯点燃了自己内在的智慧和力量。所以，我们心目中的导师不仅可以是一位值得信赖的顾问，还可以是一位擅长帮助他人充分唤醒自身潜能的诱导者。

好的，那么自然导师呢？首先，让我们回到上一章讲到的地方，自然导师重视自然界，并且通过行动和语言来展示这一点。他们经常对大自然的奇观发出惊叹，力图加深自己的大自然意识和联系，探索能够引起他们兴趣的奥秘。是的，恐怕这就意味着你得经常花时间投身于户外环境中。但是别担心，你会很享受的。你甚至可能发现，这些经历具有改造你的力量。在理想的情况下，你还可以实践下面列出的一些核心日常活动，这样你日后就可以和你的孩子分享故事了。你的奉献精神将有助于激励孩子突破那些不可避免的兴趣暂时消退的阶段。

归根结底，如果你自己不重视大自然，那么你的孩子就不太可能了解大自然的重要性。相反，如果你以身作则，那么你身边的孩子就很可能加以效仿，并且会看到大自然的价值。

其次，导师还要密切关注他的学员。什么样的学习方式最适合你的孩子？听故事还是实际操作活动？是一个人待着还是和其他孩子在一起？他对户外世界最感兴趣的是什么？什么话题和游戏能吸引他的想象力？他最大的优点是什么？如何才能利用这些优点让他与大自然建立联系？他在理解和体验方面的边界在哪里？拓展这些边界的最有效方法是什么？能否回答这样的问题至关重要。通过长时间的密切观察，你会对孩子的兴趣爱好有一种根本性的了解，并且能利用它们来激发好奇心和灵感，这是加深与大自然联系的关键因素。

最后，自然导师是积极的倾听者和提问者，鼓励孩子讲述他们与大自然相遇的故事，并且全神贯注地倾听他们。我们都需要这样的聆听者，充当孩子的聆听者能够加速他们与大自然建立联系的进程。当然，年轻人通常需要一点儿鼓励，这时候提问就可以发挥作用了。"那件事发生时你有什么感觉？""当兔子跑过去时还发生了什么事？"在恰当的时间提出恰当的问题有助于从几句平淡无奇的陈述中诱导出一个引人入胜、令人难忘的故事。

　　我还必须指出自然导师"不是什么样的人"。他们不是给出所有答案的人。首先，你可能根本不知道答案，但这并不妨碍你成为一位卓有成效的导师。即使是那些拥有丰富的大自然知识的导师，也只应该审慎、明智地分享一些小趣闻，从而让孩子有机会自己去发现答案，往往是通过直接的体验。指导的关键在于提出问题而不是提供答案。

　　自然导师通常也不是领头人。很多人在考虑帮助儿童与大自然建立联系时，都会想象自己走在最前面，率领一大溜孩子目标明确地大步迈向荒野，教孩子如何砍柴，如何使用卫星定位系统（GPS）或是如何钓鱼，等等。当然，某些指导内容正需要这种一对一的引导。但绝大多数时候，最好还是跟着孩子的步伐走。

　　所有年龄段的孩子都会在户外表现出一些与生俱来的渴望。你的工作是确定这些渴望是什么，并满足它们。所以，尽管可能很困难，但是大多数时候最好的做法是从后面轻轻地推，而不是从前面拽。向导师的鼻祖门特学习，坐在船尾进行指导。你的回报将是看着孩子的眼睛被好奇心点亮，推动他去寻找下一个奥秘。

　　说到底，自然导师要扮演三个不同的角色。首先是教师，即传递信息的人。其次是提问者，总是力图通过提出下一个问题来激发好奇心和参与。最后是诱导者，就像在众目睽睽之下隐藏起来的聪明的郊狼，能够利用孩子的渴望去拓展他的知识边界。最有效的导师会限制自己作为教师的角色，专注于同时扮演提问者和诱导者。这么做有利的一面是你不需要成为专家；不利的一面则是，你经常需要抑制提供答案的冲动，转而考虑如何用一个具有挑动性的问题来扩展孩子的学习体验。

　　但最重要的是以下这一点：没有任何东西，绝对没有任何东西比你自己对自然界的热情表现更能激发孩子对大自然的热情。

　　那么，什么样的活动最能让孩子与大自然建立联系呢？在《郊狼指导手册：与大自然建立联系》（*Coyote's Guide to Connecting with Nature*）

一书中，合著者乔恩·扬、埃伦·哈斯（Ellen Haas）和埃文·麦戈恩（Evan McGown）列举了 13 项"核心日常活动"，其中包括地图绘制、追踪、日记和鸟语。然而，他们强调说，这中间有两项活动比其他活动更为"核心"。二者都符合最新研究结果，以及本书提倡的 EMU 方法。下面我们就来细致探讨这一充满活力的二元素组合。

蹲点，漫游，玩耍——一切在于体验

第一项核心日常活动是最明显也是最重要的，也是我们已经强调过的，即经常到外面的自然界中去。最好能每天出去。最低目标应该是每周出去 3 ～ 5 次，对儿童来说尤其如此。没有这种持续的体验，与大自然建立联系的过程就会受到限制。对于幼童而言，这种户外活动可能几乎纯粹是玩耍。从童年中期开始，就可以让其他强大工具发挥作用了，比如漫游和蹲点观察。

漫游，或四处游荡，是指在没有任何特定计划或目的的情况下穿行于大自然景观中。漫游者的态度属于开放的好奇心。漫游的理想场所就是当你产生冲动时，随时可以动身前往的地方。漫游的步伐通常是缓慢的，因为快速运动会让人很难运用所有感官并扩大意识。漫游可以独自进行，也可以一小群人结伴而行。几乎任何年龄的儿童都可以去漫游，不过，孩子越小，你就越需要关注他们的需求。超越时间的感觉很重要，所以要把手表和其他计时器收起来。

诚实地回答我，你上次出去漫游是什么时候的事了——既没有特别的地方要去，也没有特别的事情要做？在我们这个日程安排过满的世界里，时间似乎很紧张，漫无目的的游荡可能显得很轻浮，甚至有点古怪。但是漫游的美妙之处恰恰在于它缺乏目标。仅仅是敞开意识在大地上游荡就可以培养出无法用其他方式建立起来的联系。

当我还是一个十几岁的孩子时，我进行过无数次仿佛时间并不存在的漫游，独自在丛林中开路前进。回想起来，我会选择古生物学这个以漫游为基础的职业是一点儿也不奇怪的。我在很多场合中都听到古生物学家谈论在寻找化石的过程中放松意识并打开感官的重要性。如果你搜寻得太卖力，化石就会一直藏着不出来。但是，如果你养成了循着景观自身的节奏缓慢、放松地移动的习惯，你似乎会更容易发现古老的动植物遗迹。

在我的"指导艺术"集训周期间，"银鲑"部落的成年人进行了持续一整天的漫游。我承认，一开始，一群男男女女在没有既定目标和目的地的情况下出发到森林里去似乎相当奇怪。（就连我也习惯于把我的漫游之旅奉献给一个特定的目的——化石收集。）但是我们很快就调整到适当的精神状态，开始了这次冒险之旅。效果很快就显现了，我们迅速发现了多个小谜团。为什么以不擅长飞行著称的加州鹌鹑会在我们经过时花很大力气飞到很高的树枝上——明明有许多较低处的树枝已经远远高出人类能够到的范围了？是什么条件促使红杉和花旗松这两个树种由一个联合根基长成了 V 形？其他发现包括一张精致的穹顶状蜘蛛网、一只孤单的隐夜鸫令人难忘的美妙歌声，以及一个布满橡树壳（无数顿美餐后留下的食物残渣）的林鼠窝。我们并不知道所有答案，甚至也没有发现所有问题，但对这些发现进行思考无疑引发了有趣的讨论。当天晚些时候，我独自一人前往一片海岸红杉林，尽情独享难得的永恒感。那天晚上，我们都带着故事回到了篝火旁进行诉说。

蹲点观察，可能更具深化与大自然联系的潜力。我们的目标是找到一个地方，可以在大多数日子里安静地守在那里，仅仅是观察——运用你的全套感官。与漫游一样，这么做的最佳方式是打开那些意识通道，延伸你的感官。你能听到的最遥远的声音是什么？微风是从哪个方向吹来的？空气和土壤的感觉如何？你能辨别出多少种不同的鸟叫声以及其他声音？一天又一天，守在同一个地方，这么做能让我们与大自然产生一种层次更深的联系。

蹲点观察让你可以了解一个小地方的最微小的细节。这里生活着什么样的动植物？你什么时候最有可能看到和听到各种各样的小动物？这个地方在一天中以及随着季节变换会发生什么变化？最终，蹲点观察会成为你期待与之相守的亲密朋友。这个朋友有可能成为你加深与大自然联系的最好导师。在蹲点观察的引导下，你会培养出一种沉静的心态，并学会如何打开你的感官，这两点对于成为一名熟练的导师而言至关重要。你还将学会鸟类的秘密语言，并加深与附近大自然的联系。

你应该在哪里进行蹲点观察？规则是这样的：你经常去哪里，哪里就是最佳观察点。因此，根据定义，它应该靠近你每天出没的某个地方，通常是你的家。因此，前廊、后院，甚至喂鸟器旁边的窗户都是绝佳观察点。你可能对完美的观察点有一种田园诗般的憧憬，比如说在海滩上或是在潺潺的山涧旁，然而，除非你恰好生活在这种地方，否则你就需要调低期望值，这样才不会让完美主义与有用性为敌。此外，你很快就会知道大自然无处不在，几乎任何地方，包括城市的中心地带，都有很多东西值得我们学习。

蹲点观察的一个基本要素是静止。养成静止的习惯能带来多重好处。第一，它可以让头脑平静下来。正如冥想者早就体会到的那样，静坐有助于我们观察自己疯狂转动的念头并让它们放慢速度。第二，安静的头脑和身体能让你更容易打开感官并意识到你所处的环境。第三，当你处于静止状态时，动物们更有可能出现，展开它们的日常生活。大多数时候，我们丝毫不知道自己对周围的大自然环境造成了什么影响。举一个最好的例子，你很快就会发现，在你出现后，大约要过上 15 分钟，鸟儿才会恢复它们的基线行为。

大多数孩子都能在童年中期开始进行蹲点观察。一开始，你可以加入他们，跟他们坐在一起，或者稍微分开一点儿。我和杰德就喜欢坐在一起，通过提醒对方注意处在意识边缘的微弱声音来延伸彼此的感官。许多人喜欢在蹲点观察时做简短的笔记。写日记是一种强大的工具，可以记录和加深你的意识和理解。可以肯定的是，当你刚开始进行蹲点观察时，会有很多正在发生的事情是你看不见、听不到或者感觉不到的。然而，先前隐藏的元素和谜团终将显现出来，迷人的故事也将就此展开——尤其是在优秀导师的指导下。

讲述当天的故事

《郊狼指导手册》中的第二项核心日常活动是"讲述当天的故事"。对于自然导师来说，这意味着鼓励儿童讲述他们日常的户外冒险故事。在指导杰德时，我常常先问："今天在外面发生了什么事情？"或者"你发现的最酷的东西是什么？"我们的目标就是启发交流，然后巧妙地用更多的问题把故事引出来。

确实，大多数孩子都不愿意讲故事，尤其是在一开始。因此，你的任务就是问一些问题，鼓励孩子深入挖掘记忆，找到无形的联系。通常，最好的策略是利用年轻人的兴趣爱好。"你今天玩踢罐子躲猫猫游戏了吗？玩过？太棒了。你躲在哪儿了？你踢到罐子了吗？"对于年龄大一些的、已经与大自然建立了某种联系的儿童来说，一开始你可以这样问："嗨，你今天在外面有没有看到或听到什么新鲜事？"慢慢地，经过一些实践练习，挖掘故事的工作通常会变得更容易些。关键是要让这件事充满乐趣。如果在问过几个试探性的问题之后，孩子仍然讲得很吃力，那么这一天最好就放弃吧。如果你敦促得太紧，这个讲故事活动就会让人觉得更像西班牙宗教裁判所，没有人会感到开心的。

讲故事可以而且应该采取多种形式。最显而易见的方式是口头叙述，但也可以包括日记和绘画。绘画是讲故事的绝佳切入点，尤其是对幼童而言。孩子可能会画一棵树或一只蝴蝶，或是任何能够吸引她注意力的东西。对于大一点儿的孩子来说，素描和写日记是一种强大的组合工具，可以引出各种各样的叙述。诗歌是一种鼓励儿童在讲故事时找到焦点的特别好的工具。无论孩子选择什么样的活动，都不应该进行太长时间。对于比较年幼的儿童来说，最多持续几分钟即可。绝对不应该让他们觉得这是一项任务。随着孩子慢慢长大，他们会喜欢回头去读自己的大自然日记，看看自己的观察、写作和绘画技能有了怎样的提高。日记还提供了一种持久的记录，展示出理解方面的进步，以及与大自然不断加深的联系。要想深入了解记录大自然日记的方法，我建议你阅读克莱尔·沃克·莱斯利和查尔斯·罗斯撰写的《笔记大自然》。

另一个选择是摄影，有时可作为日记的一部分。如今，数码相机几乎无处不在，当然了，孩子很喜欢它们。所以你可以让他们到外面去，想拍多少照片就拍多少照片，然后从中挑三张最喜欢的（甚至只是一张）来讲其中的故事。视频是另一种选择，但是应该审慎地使用，并且要格外小心，因为儿童往往会把几乎所有注意力都集中在视频而不是大自然上。这是你作为导师介入并进行行为示范的一个机会。你可以先和孩子一起走到户外，仔细观察各种事物，只是偶尔停下来拍照或录像。之后，你们可以分享图像，轮流讲述自己的故事。

最后一个值得一提的讲故事工具是大自然展台。你可以考虑为孩子留出一张桌子，让他们摆放自己的最新发现。石头、木棍、松果和骨头都是很棒的收获。你甚至可以鼓励他们收集活的小生物，比如虫子和蜥蜴，暂时先放在干净的容器里（当然，得留些透气孔），然后再放生。如果你不会感到不适的话，那么更进一步的做法就是放置一个生物育养箱，它通常是用废弃的鱼缸加上盖子做成的。有了生物育养箱，孩子就可以照顾动物，并且长时间地观察它们。随着新的发现不断到来，这个迷你动物园里至少有一部分东西是可以被不断更换的。大自然展台的美妙之处在于，它可以成为孩子引以为傲的策展场所。杰德的大自然展台就是一个很好的故事宝库，让她有机会向家人和朋友复述重要的事件。

讲述当天的故事可以独自完成——例如通过绘画、日记或摄影——也可以采取一对一或小组的形式完成。许多家庭都有讲故事的传统，经常是在餐桌旁进行。如果你的家中没有这样的传统，不妨考虑从现在做起。故事为家庭成员提供了一种奇妙的相互联系的方式，通常辅以充满情感的欢笑和泪水。让一群孩子分享他们的大自然故事能起到同样的效果。在"指导艺术"集训期间，团队领导会使用各种各样的技巧来诱导年轻人分享他们的故事。大家围成一圈坐下并传递发言权杖是一种有效的策略，可以让大家集中注意力，确保讲故事的人拥有足够的时间讲故事。

也许最重要的是，对于那些比较害羞、内向、说话轻声轻气的孩子来说，观看其他孩子讲故事可能是最大的鼓舞。随着时间的推移，一开始不愿意讲故事的人往往会变得勇敢而强大，当他们表达自己在户外活动中的兴奋感时，他们会直视你的眼睛。集体故事会还有分享知识的额外好处。所有个体相互学习，随着新见解的火花迸发出来，他们自己的故事也会获得更深层次的意义。如果你是一名教师，不妨考虑一周组织多次校园内的大自然之旅，然后让大家围成一圈。孩子可以口头分享他们的故事，也可以借助绘画或写作进行。

如果做得成功的话，讲述当天的故事可以把一次短暂的郊游或一次寒冷而泥泞的跋涉变成一段充满意义的持久记忆。但是要想让这个故事浮出水面，往往需要借助一些以问题为形式的指导。通过牵引不同的线索，你不仅可以帮助孩子创造故事，还可以培养孩子成为会讲故事的人。那么，什么样的问题是最好的问题？我很高兴你提出了这个问题。

提问者

有一天，当我和杰德在加州的家附近散步时，她发现一只高大的鸟正一动不动地蹲在小溪边的一块空地上。

"那是什么鸟？"她问道。

我有一种脱口说出答案的强烈冲动，尤其是因为那是我最喜欢的鸟类之一——大蓝鹭。然而，我把问题返还给了她："你觉得它是什么鸟？"

她想了一会儿，回答道："也许是一只鹭。我不太确定。"

"你想得没错。"我回答，"我们就待在这儿看它一会儿吧。"

于是我们就这么做了。

"为什么它们的喙会长得那么长？"我问。

"用来捕捉小动物。"杰德飞快地答道。

"那你觉得它现在在干什么？"

"也许是在捕猎。"她回答道。

"你觉得它是在捕猎什么？"

"不知道。可能是啮齿动物吧。"

果然，两分钟不到，这只鹭就表演了它那最经典的低头慢动作，仿佛是在庄严地祈祷，紧接着是闪电般猛地向地面啄去。当它的头再次抬起时，喙里正紧紧地衔着某种小型哺乳动物。

"让我说中了！它捉住了一只啮齿动物！"

我们看着这只大鸟熟练地将猎物放进嘴里，然后整个吞下，当猎物顺着食道滑下去时，它的脖子都扭曲了。我们为之着迷，继续待在那里观察，看到它又重复了两次这样的表演，终于将这片空地上的啮齿类居民扫荡一空。我们回到家后，杰德立刻找到一本鸟类书籍，飞快地翻阅，直到找到正确的词条："看，爸爸，那只鸟的确是一只鹭。一只大蓝鹭！"

当孩子问了一个问题，而你知道答案，你自然会想和孩子分享答案。

提供答案会让我们自我感觉良好，而且我们认为孩子真的很想知道。但这种倾向会使我们误入歧途。很多时候，我们的这种反应会切断好奇心，从而结束互动。与我们的直觉相反的是，孩子往往更希望我们参与而不是提供答案，希望他们所关注的对象也能成为我们的关注焦点。

通过把问题返还给他们，我们就创造了一个学习的机会，让他们有机会主动参与解开谜团。如果在她向我提问的时候，我按照自己的初衷给出鹭的名称，我们就很可能会继续往前走，而杰德日后也不会记得这个名称——我们会错失一次机会。事实证明，直到今天，杰德依然会喜悦地谈到那只在捕食的鹭。（不要紧张，我本人也曾多次错失这种机会，就因为我没有提问，而是提供了答案。）

导师提出的问题有三种类型：简单、适中和困难。简单型问题完全在儿童的理解力能驾驭的范围之内，往往以快速的、一连串的形式出现，其目的是培养自信心和保持高度的热情。相比之下，适中型问题的目的是拓展知识的边界，推动孩子在已有知识的基础上继续努力，得出新颖的结论。这种拓展类问题最好留在一系列简单型问题之后提出。最后，困难型问题超出了孩子的知识范围。这些问题可以制造谜团，促使孩子们花上几分钟、几天，甚或几年时间去搜寻线索。

对于上述三种类型的问题，《郊狼指导手册》推荐了以下的配比：简单型占70%，适中型占25%，困难型占5%。简言之，你的大部分问题都应该有着明确的、提振自信心的作用，偶尔穿插一些拓展边界的问题，打破边界的问题则非常罕见。大多数时候，提问顺序应该从简单型问题开始，然后尝试进入适中和困难型问题。这是为什么？因为困难的问题往往与直接提供答案有着同样的效果，即扼杀好奇心而不是增强求知欲。

回想一下本章开头的那个追踪故事。山姆是一位熟练的导师，这表现在他从一系列简单的问题开始，比如，"猫科动物有几根脚趾？""你们认为动物们朝哪个方向去了？"接着他又问了几个适中的问题，即脚印可能是什么时候留下的，以及这些脚印是否有可能是一只体型较大的猫科动物留下的。最后，他用一道谜题结束了提问："美洲狮是在猎鹿吗？"等到最后一个问题被提出时，诱饵已经就绪。孩子和大人的兴趣都被点燃了，急切地想去寻找更多的线索。

"等等，"你可能会想，"有时候我们肯定也得在提问的同时提供答案。"这绝对没错。教学是导师的主要职责之一，分享信息是必不可少的。关键在于你得知道应该在"何时"分享答案。如果你觉得一群人真的需要一个答案，而你碰巧也知道答案，那就一定要把它转达给大家。但你首先要确保大家保持高度的好奇心。仔细观察学员的表情就可以知道他们是否真的聚精会神。

指导工作类似于园艺。问题就像肥料，有助于准备好土壤，供大家展开学习。毕竟，如果土壤中没有丰富的养分，植物就不能生长，至少无法茁壮成长。相对而言，答案更像是小铲子，它们是提升杠杆作用、为种子或幼苗创造空间的利器。所以，在你进入教师模式之前，问问自己：土壤是否准备好了？你的回答是否会降低或增加好奇心？如果是后者，你就是在正确的轨道上。只有通过反复试验才能学会这项技能。所以，你要行动起来，开拓一片学习的园地。不久，这里就会长满生机盎然的绿色植物了！

巧妙的提问使导师不再扮演专家的角色，转而让学习者成为主导者。我们的目标不仅仅是谈论园艺，而是要让孩子自己成为园丁。从指导的角度看，要打破教师的习惯是很困难的（相信我——我是通过直接、反复的经验了解这一点的），但这样做将获得惊人的效果。要牢记一句很有用的话：不要做舞台中央的智者，要做学生身边的向导。

所以，下次和孩子去户外时，你不妨试试这种锻炼提问者的练习。仔细观察他们对什么感兴趣，然后以此为基础展开工作。问大量简单的问题和少许适中的问题，不要给出任何答案。如果孩子向你提出一个问题，就用更多的问题转移他们的注意力，增强他们的好奇心。你很可能会惊讶于这种方法所引发的积极反应。如果你因为自己不再能充当精彩答案的提供者而感到有点沮丧，那就用你已经开始变身为"郊狼"来安慰自己。

好了，以上就是三大核心日常活动：体验大自然，讲述当天的故事，以及提问。这些日常活动涵盖了与大自然建立联系的主要元素：体验、指导和理解（EMU）。乔恩·扬认为："大自然缺失症的解药可能就是这么简单：让人们花时间待在大自然中，当他们归来时，向他们提一些好问题，并且捕捉他们的故事。"

化身为郊狼

许多北美原住民文化中都有关于郊狼精灵的故事。在一些故事中，郊狼是造物者，在其他故事中，它则扮演了傻瓜或小丑。在最常见的情况下，它拥有变身的魔力，能够变身为其他生物，隐藏在众目睽睽之下。

现在，我希望你能对自然导师所扮演的郊狼角色有所了解。卓有成效的导师几乎是隐身的。他们会加深学员与大自然的联系，深化其学习过程，却看上去根本不像是教师。他们首先会利用年轻人的种种渴望作为诱饵和分散注意力的工具。对于幼童来说，这些渴望可能以自由玩耍为中心。对于童年中期的孩子来说，渴望可能针对的是玩游戏或展示某种能力，所以你可以让他们出去采摘浆果或苹果。对于青少年来说，渴望更多是关于在同龄人的陪伴下挑战个人极限。作为导师，你的职责可能就是组织一次能满足这些目标的郊游活动，比如高空滑索或背包旅行。

漫游和蹲点观察是打开感官、扩展意识和加深与大自然联系的强大工具，尤其是在它们成为习惯之后。郊狼导师不会把这些活动设定为任务，而是会通过示范正确的态度和参与到同样的活动中来培养兴奋感。活动结束后，他们会交流故事，提出问题，以培养自信心和探索理解的极限。自然导师还是积极的、无条件的倾听者，通过观察肢体语言和面部表情来确定学员的兴趣所在，以及应该在何时插入一个具有挑动性的元素或是另一个增强自信心的问题。

现在重新回到美、真、善的大三和弦这里。传递这些价值观的最佳方式不是通过教学，而是通过以身作则。关键不在于你说了什么，而在于你做了什么。亨利·戴维·梭罗曾经说过："只有拥有平静的头脑，你才能感知美。"所以，导师需要示范平静的头脑，花时间待在户外，只是静静地守在那里观察。儿童看到你这么做，很快就会加以效仿，特别是当你邀请他们这么做时。考虑到理解力更多是通过主动参与而非被动消耗来培养的，优秀的自然导师会示范一种永不满足的好奇心。他们会提出引导性的问题，并全身心地投入对大自然的探索中。

至于善的教育，郊狼之道就是示范对大自然的关爱和同情。让孩子闭上眼睛，想象自己是一棵大树。树根扎进泥土中，树干把水分从土壤中抽上来，成千上万的绿叶在吸收阳光，这是一种怎样的感觉？或者想象自己是一只四条腿的骡鹿，正在悠闲地咀嚼植物，然后突然停下来，伸长脖子倾听，把巨大的耳朵转向某种陌生的声音，这又是一种什么感觉？通过像另一种植物或动物那样体验世界，儿童会产生一种充满"他者"的地方感，每一个他者都有自己特定的倾向，扮演特定的角色。通过这种指导方式，美得到了揭示，真被发现了，善自内心累积起来。

那么郊狼所扮演的傻瓜和小丑角色呢？这些当然也有用武之地。模仿乌鸦的叫声或是像熊一样走路或许可以激发儿童从大自然体验中寻找意义的需求。模仿各种事物——哪怕你的模仿与模仿对象只有少许相似之处——可以调动大脑不同区域的参与，从而让这次经历更加难忘。如果你觉得气氛变得太严肃了，可以试着躲在灌木丛中，等孩子经过时突然跳出来，以便让他们重新活跃起来。（当我还是孩子的时候，我父亲曾多次这样做，而且总是能取得很好的效果。）与大自然的联系必须是很有趣的。

如果没有这一基本要素，儿童很快就会失去兴趣。所以，你要拓展自己的极限，努力成为捣蛋鬼郊狼的人类化身！

在后面的章节中，我们将进一步探讨郊狼的花招。眼下你的工具箱里已经有了一些新的指导工具，所以现在该去了解宏大理念所蕴藏的力量了，我们就从万物的普遍联系这一概念开始谈起吧。

培养野孩子的诀窍 3

密切关注儿童与大自然的互动，让他们带着你走。根据孩子的具体兴趣为他们量身定制体验和问题，这是激发他们对大自然世界的热情的最佳途径。

 自然指导技巧

去外面漫游

领着一些孩子，一起走进大自然中。花至少一段时间，让他们像忍者那样，缓慢而静悄悄地行动，看看他们能看到什么，听到什么，嗅到什么。提醒他们，如果他们弄出来的声音太大，动物就会跑掉。看看你（和他们）在这种隐身模式下能发现什么样的奥秘，或者说有什么东西能引起他们的兴趣。然后就这些东西向他们提问。（它摸上去是什么感觉？它有特别的气味吗？你能看到多少种颜色？为什么你认为它的形状是那样的？）答案正确与否并不重要，目标是利用你的自然指导技能去延伸感官和激发好奇心。你一定要对让你觉得最有趣的发现表现出自己的热情。考虑将你们看到的最酷的东西列一份清单，或是给它们拍照。然后，和孩子一起回顾清单或照片，看看你能否通过挑战孩子的理解极限来提高他们的参与度。如果孩子真的想寻找答案，你们完全可以在电脑上寻找答案。最重要的是，在外面要玩得开心！

开始蹲点观察

找一个毗邻某个大自然（或半自然）环境的地方，你可以待在那里进行观察。选择一个离你很近的地方，比如后院、庭院或是附近的公园，这样就能很容易到达那里。定期前往你的观察点，最好每天一次或至少每周几次，然后安静地待在那里，运用你的所有感官进行观察。如果可能的话，待上 30～40 分钟，哪怕只待 5 分钟也比不去要好得多。注意倾听鸟类和其他动物发出的声音，在你的大自然日记中用笔记和图画跟踪记录你的观察结果。如果你身边的孩子超过 7 岁，就鼓励他们也这么做。经常改变观察时间，享受早晨、中午和晚上的时光，看看你的观察点有什么变化。最终，你将比其他所有人都更了解宇宙中的这个小角落。只要稍具耐心，任何人都可以学会当地的"鸟语"，这是一种理解本地动物的叫声及动作含义的后天技能。我已经断断续续蹲点观察了很多年，我发现，当我抽出时间这么做的时候，我变得更快乐、更放松。对于青少年和成年人来说，可能找不到比这更好的方法来加深与大自然的联系了。你很快就会发现这项活动改变了你对自己生活之地的体验方式。要了解更多信息，请参阅乔恩·扬的两部著作：《知更鸟知道什么》和《郊狼指导手册：与大自然建立联系》（第 2 版）。

打开感官和扩展意识

无论是漫游、蹲点观察，还是仅仅在大自然中徜徉，充分打开你的感官、向周围的一切事物扩展你的意识都是很重要的。你要鼓励和你在一起的孩子也这样做。首先，玩"鹿耳朵"和"猫头鹰眼睛"的游戏。鹿有着惊人的听觉，部分原因在于它们的耳朵非常大，能够捕捉到最微弱的声音。试着让孩子（或成年人）把手放在耳朵后面，然后注意自己听到的声音有什么不同。让他们找出他们能听到的最远的声音，并数一数他们能识别多少种不同的声音。同样，猫头鹰有着惊人的视力（和听觉）。这一次，让孩子不要拼命盯着某一处看，这样他们就可以在多个方向上看到尽可能多的东西。让他们直视前方，然后将张开的手从脑袋后面向前移动，看看手是从哪个点开始进入他们的视野的。他们能看到的最遥远的东西是什么？然后，在接下来的户外活动中，偶尔停下来提醒孩子运用他们的"鹿耳朵"和"猫头鹰眼睛"。导师的作用就是不断推动孩子的感官领域向外拓展，帮助他们去看、去听、去嗅、去感觉、去触摸我们身边的日常大自然。

成为一名潜行者

打开感官的最好方法之一就是试着完全不出声音地行动，有人称之为"潜行"。孩子们喜欢玩"踢罐子躲猫猫"这样的潜行游戏。在参加为期 1 周的"指导艺术"工作坊时，我学到了一个叫作"消防员"的游戏。让一群孩子（或成年人）站成一圈，其中一个人扮演消防员的角色，蒙着眼睛坐在圆圈的中心。在他的面前有一顶帽子，里面放着一串碰到就会叮当作响的钥匙。然后，活动领头人会一次指向两三个人，要他们试着潜入圈内，在不让人听见的情况下从帽子里偷走钥匙。如果消防员听到"潜行者"的声音并且成功地指向他，那么这个人就得回到圆圈边上等待下一轮游戏。但是，消防员必须指向特定的地方（而不是朝着一个大概的区域挥手）。你可以只允许他指"空"7～10 次，以确保他真正专注于声音。要想提高难度，你们可以从长满青草的地方挪到地上有更多树枝、枯叶的地方。这种的变化会迫使潜行者像狐狸那样行走，先小心翼翼地选好每一个落脚点，再把身体的重量放到脚上。

提问

导师扮演的最重要的角色之一就是提问者。孩子的户外活动结束后，问他们发生了什么事情。他们看到了什么？听到了什么？感觉到了什么？他们当天有什么故事要讲？要确保你的大部分问题都很容易回答，尤其是在刚开始的时候，这样才能让孩子建立信心。然后试着提几个难度稍高的问题，促使孩子进行认真的思考，并拓展他们的知识及体验范围。如果你碰巧注意到有一只特别的鸟儿在唱歌，不妨问问孩子是否注意到它了。如果你觉得孩子真的被迷住了，就抛出一个谜团——它恰好超出了孩子的知识范围，而你或许没有答案。接着，不时地重新提起这个谜团，看看孩子在这个问题上有没有取得进展。你也可以考虑和孩子一起寻找答案。这项活动不需要花费太多时间，通常几分钟就可以完成。

另一个策略是从一个有生命的东西开始，比如一棵树。提一些问题，追溯这棵树在那个地方生长所必须经历的所有步骤以及需要获得的所有成分。所以，举例来说，你的问题可能会诱导孩子去揭示云彩（提供水）和土壤（提供养分）的作用。之后，考虑激发孩子感恩的态度，感谢帮助这棵树生长的许多"合作伙伴"，包括太阳、雨水、土壤以及先前的无数代树木。你可以就任何食物展开同样的提问流程。在这里，最重要的是要养成提问的习惯。除了介绍相关的经验教训，充当一名提问者说明了你有多么重视大自然和儿童的体验。

第 4 章

与万物相联系

地方本位学习

> 当我们试图单独挑出任何一样东西时，我们都会
> 发现它与宇宙中的其他一切事物勾连在一起。
>
> ——约翰·穆尔（John Muir）

　　现在人们很喜欢谈论"生命之网"这个概念，意指任何地点的所有生物都通过太阳能和可循环物质的流动而相互联系。橡树吸收阳光，甲虫吃橡树叶，知更鸟吃甲虫，鹰吃知更鸟。然后，所有这些生物的残骸最终都会被一群微小生物分解，补充土壤的养分，培育出未来的一代代橡树。在任何一个给定的地方，这种"生命循环"都与无数其他生命的循环交织在一起，创造出支撑我们和所有其他生物的网络。将这一概念放大到行星的尺度上（这部分得归功于气候变化科学的普及），我们现在将地球生物圈视为一个单一的实体——一个单一的网络。发生在赤道地区的巴西亚马孙

雨林的温室气体排放会对北极的海冰及北极熊产生重大影响。

"生命之网"是一个强大的隐喻，但也有其局限性。特别是"网"的思维，它让我们延续了一种错误观点，即大自然就在外面的某个地方，按照人类出现之前的方式运转着（尽管现在的物种数量可能比人类出现前要少）。按照这一观点，我们人类是独立存在的，安居在我们的技术化城市里，而大自然则被放逐到了野外。

一个在西方人的思维中最无法割舍、最根深蒂固的观念就是，自我是独立于皮囊而存在的——将人类比作孤立的、静态的机器。当我们将身体以外的世界进行外化之后，我们会倾向于苦苦思索如何延迟自己的死期以及如何保护自我。然而，这种根深蒂固的孤立观念纯粹是幻觉，我们与"外部"世界从未中断的交流就证明了这一点。

从哪一刻开始，你摄入的最后一口空气、一口水或一口食物不再是外部世界的一部分而成了你的一部分？究竟是从哪一刻起，你呼出去的气体和排泄物不再是你的一部分了？我们的皮肤屏障是可渗透的膜，以至于自身就像漩涡一样，很难分辨出"你"在哪里结束，而世界的其余部分又是在哪里开始。借助阳光所提供的能量，生命将无生命的岩石转化为营养物质，这些营养物质依次通过植物、食草动物和食肉动物，最后被分解并返回到无生命的土壤中，重新开始循环。我们体内的新陈代谢与地球的新陈代谢紧密交织在一起，不断用从外界摄取的物质来更换细胞。

你可能会反驳说："好吧，当然了，一切都会随着时间的推移而改变。但是，**在任何特定的时刻**，我仍然可以把自己与所有其他生命分开。"

这可不一定。事实上，构成"你"的并不只是一种生命形式，或者说，一个自我，而是很多个。光是你的口腔中就居住着 700 多种细菌。你的皮肤和睫毛上同样充满了微生物，而你的肠道中也有一大群类似的细菌助手。尽管一个健康的身体中仍然会保留几个无菌区，例如大脑、脊髓和血流，但是据目前估计，你生理学上的自我拥有大约 10 万亿个人体细胞和大约 100 万亿个细菌细胞。换句话说，**在任何特定的时刻**，你的身体大约有 90% 的部分是非人类的，居住在那里的生命形式比目前生活在地球上的总人口还要多，甚至超过了银河系中恒星的数量！现在你可能极度想去洗个长长的热水澡，但是请记住，我们完全依赖于这支浩浩荡荡、不断变化的细菌大军来提供各种"服务"——从阻止入侵者到将食物转化为可利用的营养物质。

因此，如果我们在不断地与外界交换物质，如果我们每个人都是一个由**数以万亿计**的、在很大程度上是由共生的生命形式组成的行走中的菌群，那么我们心目中的那个独立的自我到底是什么呢？你更像是一种两足菌群或超级有机体，而不是孤立的存在。从隐喻的角度说，依照当前的偏见，把你的身体视为一台机器，这不仅不准确，而且很消极。我们每个人都更像一个漩涡，一个在一条已经流淌了数十亿年的浩瀚之河中出现的短暂而不断变化的能量聚集体。你不仅仅是通过生命之网与大自然相联系，更是与它**交织**在一起，通过你的皮肤、呼吸、食物以及你的体表和体内无数的微生物与自然界保持着持续不断的交流。

我们的目标是通过思想和身体把人与大自然联系起来。很多时候，环境教育者和其他致力于让人类与大自然建立联系的人把绝大多数精力放在了对理念和信息的分享上，重点强调植物和生物的名称。但是，正如我们已经看到的，真正的大自然联系只能在被纳入强烈体验的前提下才能蓬勃发展。就像爱上一个人通常需要与这个人共度时光一样，爱上大自然也是基于能够感觉到的接触。

话虽如此，理念对大自然联系也是必不可少、不容忽视的。特别是那些宏大的理念，它们可以创造出一个框架或支架，让较小的理念依附在上面。这种从整体到局部的方法——先建立大的理念框架，然后填补缺失的部分，已经被证明在传达意义和促进理解方面比传统的从局部到整体的方法更为成功，尽管后者仍然主导着我们的教育。

那么，什么是宏大理念？我想谈两个宏大理念，它们都强调了一种与众不同的联系。第一个宏大理念是，任何事物与其他一切事物无时无刻不交织在一起。这是被放大的生态学，是生命之网，也是本章的主题。第二个宏大理念是通过时间建立的联系，即进化——我们找不到更确切的词汇了。我们将在下一章中深入探讨该理念。

如果儿童从小就获得了丰富的大自然经验，他们就很可能凭直觉与大自然建立深刻的联系。我在本书导言中描述的童年早期认识蝌蚪的经历就是其中一例。然而，如果没有来自成年人世界的支持，这种理解就将转瞬即逝。那么，孩子长大后会发生什么呢？为什么他们往往会失去这种联系感，甚至走到与大自然断绝联系的地步？这至少部分归咎于西方文明中问题最大的制度之一：学校教育。如果方法得当，正规教育可以逐步加深我们对大自然的理解和情感，培育我们每个人内心中的那个野孩子。然而，今天占主导地位的教育形式往往制造着适得其反的效果，使我们与人类以外的世界日益疏远。

驯化儿童

科学是人类为解开大自然的奥秘所做的努力。然而，具有讽刺意味的是，我在上学期间并未能将大自然与科学等同起来。对我来说，大自然更像动词，而非名词，更像愉快的丛林探险，而非静坐着学习。与此同时，科学课是一种久坐的室内活动，其间穿插着定期的测验和作业，而这些测验和作业又被细分为若干部分，如导言、方法和结论。我学了无数遍水循环知识，却没有一次站在户外，让西北海岸的漫漫细雨浸润自己。

虽然我有幸受教于一些杰出的老师（谢谢你们，史密斯太太和邓肯先生），但是总的来说，科学课无聊到令人思想麻木，并且生生切断了人与现实世界的联系。因此，我完全可以说，我幼年时对大自然的热爱能够在上完公立学校后得以延续，与其说是得益于课堂经验，不如说是劫后余生。一想到如果我的父母没有激发我对大自然的兴趣，我的人生会有什么不同，我就感到不寒而栗——我肯定无法成长为一名科学家或教育家。

我的经历绝非独一无二。我们目前的教育体制远不能培养出有内在野性的孩子，相反，它倾向于非常高效地扼杀这种野性的天分。

请尝试以下这个思维实验。假如你的任务是为儿童们设计一个理想的学习环境，那么你认为你最终会不会选择四面有墙的房间，要求学生长时间安静地坐在里面，在每次持续一个小时的课上被动吸收大量事实、忍受无休无止的测验，以期获得好的成绩？不管你的回答是什么，我敢肯定，很少会有孩子投票支持这样的制度。

那么，我们为什么要强迫一代又一代的孩子忍受这种功能失调的教育模式呢？剖析公共教育体系的历史和现状远远超出了本书的范围，而且，关于这个话题，许多作者都有著述，并且比我写得更出色。尽管如此，我的一些观点或许有助于帮助大家进行判断。

美国教育制度的起源可以追溯到其殖民地时期的清教文化。对于新英格兰的加尔文主义殖民者来说，学校的目的是灌输道德和宗教价值观。在加尔文主义世界观中，人类生来就有原罪，而原罪的具象即为未被驯服的自然界。用环保主义者保罗·谢泼德（Paul Shepard）的话来说，"西方人最显著的标识就是对地球力量的不信任，而这种不信任最终集中在了人类内心不可驯服的野性上"。

经常被吹捧为美国教育体系之父的霍瑞思·曼（Horace Mann）生活在工业革命时期。尽管他认为学校教育是保护民主价值观而非清教徒价值观的手段，但他的关注重点仍然是控制而非自由，是驯化而非野性。在1849年的一篇文章中，曼写道："那些思想和心灵经受过教育的训练和管教的人能够控制自己的激情。"曼出力创建的马萨诸塞州学校体系后来成了全国的典范。

但是，在那以后，美国的制度化教育不是已经发生了根本性的改变吗？当然，公平地说，教育并不是一成不变的。长期以来，"教育改革"的说法在美国文化界和政界可以说是经久不衰，然而，我们的制度根基依然被相对完整地保存至今。任何局外人都很容易得出结论：我们的教育尚未走上正途——恐怕他们并没有说错。

简而言之，我们的教育制度的起源产生了恒久不灭的影响，它的初始基因被一代又一代地继承下来，却似乎很少有人注意到这一点。尽管我接下来的话听上去可能过于严厉了，但是，如今北美的公共教育仍然十分倾向于控制、服从和自我约束，远远没做到参与、激励和赋权。

曾经两次当选纽约州年度教师的约翰·盖托（John Gatto）这样描述道：

> 美国学校教育的秘密在于它的教学不遵循儿童的个体学习规律，而且它本就不以此为宗旨。学校教育是为了服务于一种隐蔽的指令经济（command economy）和一个分层日益严重的社会秩序；它不是为孩子和家庭的利益而设计的，不会考虑这些人对自身需求的定义……创始、创造、实干、反思、自由联想、享受隐私——这一切正是学校教育结构所要严加防范的。

今天，公立学校的大部分精力都集中在数学和阅读教学上，而科学、社会研究和其他学科则很少受到重视。然而，即使在我们的优先领域，我们也步履维艰。2013 年度的"全美成绩单"显示，59% 的四年级学生和 66% 的八年级学生的数学成绩低于熟练程度；在阅读方面，四年级和八年级都有 66% 的学生成绩低于熟练程度。今天，我们常听人们谈论 STEM（科学、技术、工程和数学），但是 STEM 的倡导者基本上会无视与以大自然为中心的户外学习（见下文）相关的重要研究成果，而只关注与工程、技术和物理科学更为密切相关的室内研究。

与 20 世纪大部分时间的情况一样，我们目前依然透过追名逐利的职场价值观来看待和评价教育改革，培养学生成功地进入消费社会，也就是说，"向上流动"。尽管我们很清楚我们今天所面临的环境灾难，以及"消费者"角色在加快我们走向灾难的步伐方面所起到的根本性作用，但是教育（K-16）[⊖]的组织方式却依然对此熟视无睹、安之若素。

近期的教育改革瞄准了教学绩效，把责任推到了教育工作者身上。除了极少数的例外，我所认识的公立学校的教育工作者都渴望能改变孩子们的生活，让他们参与创造性的探索，激励他们追求伟大理想。是的，我们的学校需要更多的优秀教师，但教师却和学生一样，被牢牢困在当前的体制中，往往被迫进行应试教学或是另谋职业。用于创造性学习的教学时间被缩到最短，更不用说关注学生个体、因材施教了，学习变得愈发以被动存储而非主动参与为主了。

我们可以考虑效仿芬兰的做法。众所周知，芬兰在全球教育评估中的排名一直数一数二。芬兰人已经把教师变成了一种名利兼收的职业，类似于医生。随着工资和职业标准的大幅提高，最优秀的人才才会被雇用，并在获得资格证书前后接受适当的培训。芬兰与美国的教育制度在其他基本方面也有很大不同，尤其体现在芬兰人从童年早期开始就非常注重体验式教育，将其中大部分安排在户外进行。关于这一点我们稍后再谈。

然而，除了教学和考试之外，我们目前教育体系最大的问题也许在于它与日常生活缺乏相关性。旧金山和休斯敦绝大多数教室里的日常课程都可以与纽约、托莱多或新奥尔良的课程自由交换。除了有朝一日能挣够钱过上"好日子"的利己性（而且常常遥不可及）希望之外，学生在学校学到的大部分东西与他们在校园外的生活几乎或完全没有任何关系。当课堂学习与真实世界脱节时，我们应该对于学生荒废学业甚至辍学感到惊讶吗？

当然，我在这里只是泛泛而论。今天，美国和全世界成千上万的优秀

⊖　在美国，K-16 指从学前班一直到获得大学本科学历的教育阶段。——译者注

教师都在努力吸引学生，激励他们追求梦想。同样，成千上万的学校也在采用十分特别的、通常"更为野性"的学习方法，为自然导师提供了大量经验。现在我们亟须研究这些成功的榜样，对我们的教育体系进行脱胎换骨的变革，包括停止对考试无休无止的强调，以便让教师们解放出来，探索其他学习模式。

地方本位学习

现在，让我们退一步，想象一个全新的、真正以学生为中心的学习环境应该具有一些什么样的特质。这样的环境应该重视学生的自主性和个性，通过特长和兴趣建设来驱动好奇心。它会通过大量主动的、来自真实世界的体验来培养（而不是扼杀）灵感和参与性，而且这些体验有很多来自课堂之外。它的重点应该放在基于美、真、善等基本价值观的性格发展上。而且，如果能取得成功，这一系统将唤起一种深层次的、不断反弹的好奇心，而这种好奇心会反过来转化为对学习的终身热爱。

值得注意的是，最近教育界内部兴起的一场势头强劲的运动体现了所有这些特质。到目前为止，这场运动的各个派系之间虽有联系，但形式迥异，而且名称也千差万别，包括地方本位教育、体验式教育、环境教育、可持续性教育以及探险式学习等。那些继承了施泰纳⊖和蒙台梭利⊜理念传统的学校长期处于该运动的前沿。尽管前文中列出的各种方法并不总是完全一致（例如，一些体验式教育学校并不关注当地的大自然），但这些差异与共性相比是微不足道的。它们的共性包括体验式、探究式、注重实际操作、基于项目、通常在户外进行的学习，而且会将反思置于学

⊖　鲁道夫·施泰纳（Rudolf Steiner），奥地利哲学家、教育家，创办了以注重身心和谐发展的教育理念著称的华德福学校。——译者注
⊜　玛利娅·蒙台梭利（Maria Montessori），意大利幼儿教育家，蒙台梭利教育法的创始人，倡导针对儿童的学习特点设计教育环境。——译者注

习过程中。在某种程度上，由于像"环境"和"可持续性"这样的词汇承载着太多的内涵，所以我更喜欢使用一个比较中性的术语：**地方本位教育**。

最好的地方本位教育会将当地社区（包括附近的大自然和文化群体）作为全部课程的基础。无论是数学、语言艺术、科学还是社会研究，重点都被放在对真实世界的体验和整体化项目上，而社区周边就是后者的切入点。这些项目通常要求进行跨越传统学科界限的深入研究，将诸如科学、数学、艺术和语言等学科整合起来。事实证明，从当地入手是一种有效的手段，不仅有助于思想交流，而且能深化教育内涵。社区服务是此类项目的共同特征，要求学生参与诸如种植花草、清理河道、植树造林等活动，并开展回收计划。另一个重要元素是，教师和学生通常对课程设置拥有一定的控制权，可以基于共同的兴趣和合作努力一同创造课程内容。

地方本位学习绝非视野狭隘，而是要利用对当地地貌景观的直接体验来引导更大规模的探索。在接触有关消失的亚马孙雨林的书籍和视频之前，最好先了解并近距离体验一下本地的橡树林或冷杉林。即使课程话题涉及某个遥远地方的历史事件（例如越南战争），以自己所在的社区作为起点也是可能的（例如采访越战老兵）。这里的理论根据是，主动学习需要第一手经验，而这通常当然只能在当地区域内获得。

与目前占主导地位的事业至上（"为赚钱而学习"）教育模式不同，地方本位教育以社区、可持续性和美等价值观为基础，促进了一种根本性的转变。如果我们想要恢复与大自然的纽带，保护地球生态和经济的持久生命力，就必须实现这种根本性转变。那些富有创新精神的教育工作者一再证明，从历史和数学，到阅读和科学，当地环境可以为几乎任何话题的交流提供一种引人入胜的语境。

美国中小学在世界上排名约第二十位。[一]它们正倾向于设置越来越多的课时，而这些课时是通过延长在校时间和减少午餐及课间休息时间积攒起来的。相比之下，在排名很高的芬兰，教育者倾向于更短的上课时间和更多的玩耍时间。这些玩耍大多发生在户外的大自然环境中，甚至会在寒冷的斯堪的纳维亚冬季进行。事实上，除了常规的课间休息外，孩子们还经常在两节课之间获得 15 分钟的户外玩耍时间！此外，芬兰人还给予他们的教师以更大的独立性来教授课程。

目前，对幼童们户外学习和玩耍的重视也通过"森林幼儿园"的形式推广起来。这种幼儿园起源于欧洲，如今正在北美和世界其他地方迅速兴起。即使是在自然资源相对贫乏、人口十分稠密的城市，这种森林学校也占有一席之地。这种学校面向 3 ～ 6 岁的儿童，鼓励他们全年在户外环境中玩耍和学习。他们的玩具不是商品玩具，而基本上是由天然的、随时可以获得的"零散部件"组成。如果你由此把他们想象成一群可怜的孩子，在严寒中瑟瑟发抖，或是成天围着烂泥转，那我劝你再多想想。所有研究报告都表明，儿童会在户外环境中茁壮成长。这种环境也有助于增强免疫系统、改善生理机能，如提高身体的平衡性和灵活性。与人们的直觉相反，森林学校里的孩子闯祸的频率较低，部分原因在于他们通过在不同的环境中活动学会了评估风险并增强了自信心。

在传统上，教育强调三项技能：阅读、写作和数学，因为它们为学生提供了在各种情况下都有用的基本工具。然而，如果用四面围墙的教室及住宅把孩子与当地的大自然环境隔离开来，他们就会错过四季更迭、鸟鸣和暴风雨的意义和美。他们会忽视人造环境的丑陋，对日益恶化的大自然栖息地视而不见。

欧柏林学院（Oberlin College）环境研究教授大卫·奥尔（David Orr）

曾写道："所有的教育都是环境教育。……通过在教育中被包含的或是被排除的内容，学生懂得了他们是或不是自然界的一部分。"奥尔要表达的关键点是，如果不将环境作为学校教育的一部分，那么教育就会传递出一个没有言明却再清晰不过的信息：环境并不重要。通过让学习扎根于当地，学生将开始了解他们所在的地方过去是如何形成的，今天是如何运作的，以及它在未来的繁荣发展需要些什么。

体验式的、地方本位的学习理念绝不是一项最近的创新。早在 1938 年，它就在著名哲学家和心理学家约翰·杜威（John Dewey）具有里程碑意义的著作《经验与教育》（*Experience and Education*）中得到了提倡。后来，大卫·索贝尔（David Sobel）和其他体验式学习的倡导者也提出了强有力的论据来支持地方本位教育。如今，多项研究表明，以该理念贯彻的对社区参与性及持久的大自然联系感的培养能够全面提高学业成绩。一项为期 9 年的对地方本位教育的调查研究——包括对 12 个州的 100 所城市、郊区和农村学校的师生进行的数千次调查和访谈——得出了以下结论：

> 研究结果是明确的：地方本位教育促进了学生与地方的联系，在学校和社区之间建立了充满活力的伙伴关系。它能提高学生成绩，并增强环境、社会和经济活力。简言之，地方本位教育能够帮助学生通过了解他们的居住地并在自家后院和社区中采取相关行动来学会关爱世界。

索贝尔的座右铭之一是"四年级之前不要谈论悲剧"。我们经常在孩子还没有机会接触自然界时就向他们传授关于气候变化、物种灭绝和栖息地消失的知识。这样做的结果往往不是增强了参与意识，而是制造了疏远感，让儿童对未来感到极其失落和悲观。所以，在把我们这个时代的危机强加给孩子们之前，应该先让他们与大自然缔结一种情感纽带。一旦他们开始关心大自然，保护意识就会随之而来。当然，这个时代充满了不断流动的、由媒体驱动的信息，所以大多数幼儿都会对关于气候变化和其他环境危机的信息有所耳闻。我们可以将这种情况与围绕校园枪击事件的媒体狂热报道进行比较，在这里，我们的任务是诚实地说明情况，而不是助长恐惧。

地方本位学习是一种强大的教育方法，它的时代已经到来。它不仅仅是学校老师的事务。要想让它深入人心，父母、看护者和非正式教育者都必须接受这种革命性的方法。接触过地方本位教育的工作者通常会承认它的价值和潜力。然而，目前存在的若干障碍——缺乏意识、对科学和当地大自然的知识极其贫乏、应试学习的惯性、班级规模以及缺乏教师职业发展资源——都阻碍了该方法的广泛应用。

美国目前的教育制度根深蒂固，地方管控是通过学区来进行的。有鉴于此，对学校教育进行彻底改革尚需要花上很多年时间。然而，我们可以先迈出关键的第一步，也就是大幅增加户外学习和自由玩耍的时间，并将校园作为一种学习环境。如果你是家长，你可以考虑通过家长教师联谊会（PTA）或其他途径要求在课程中加入更多地方元素、延长孩子在学校户外场地中的活动时间，以及增加在大自然环境中进行的实地体验式学习。说到底，只有通过在不同环境中的大量实例确凿地证明，这种学习模式在促进儿童的整体学业表现和健康成长方面超越了较为传统的学校教育时，我们的教育制度才会发生持久性的变化。

最后，值得注意的是，从户外学习中受益的不仅仅是孩子，老师也是赢家。英国伦敦国王学院（KCL）进行的一项研究表明，户外教学可以增强教育者的信心和热情，并孕育出更具创新性的教学策略。此外，教师可能是一种压力很大的职业，所以任何能在上学日减轻这种压力的事情都只会带来积极的效果。大自然环境，哪怕只是校园里的一棵树或是一座园圃，都可以产生令人平静的生理效果，从而同时提高师生对校园事务的参与积极性。而说到学校园圃……

食物是大自然的一部分

　　10 年前，伯克利的约翰·穆尔小学的午餐跟全国大多数学校一样，主要由经过长途运输的、高热量且油腻的加工包装食品构成，毫无特色。2005 年，在成为伯克利学校午餐新方案的试点学校之后，一切都改变了。现在，每个年级的孩子都有固定时间在园圃里劳动，而且都学会了做饭。食物垃圾被分类归置到三个垃圾箱中：绿色垃圾箱里装堆肥垃圾，灰色垃圾箱里装可回收垃圾，镀锌垃圾箱里装填埋垃圾。（与过去相比，只有一小部分垃圾最终被扔进填埋垃圾箱里。）午餐不再仅仅是被吃下去的食物，而成了课程的一部分。

　　学校园圃是一种令人赞叹的、发展迅速的事物，其中蔬菜园是最受欢迎的。体验式学习包括预备土壤、播种、照料植物、收获蔬菜，以及将废物制成堆肥以备新的生长循环。孩子们会了解到团队合作的力量和成果。在约翰·穆尔小学这样的学校里，学生可以探索烹饪的奇妙之处，并享用时令菜肴。如果你的孩子不爱吃辣椒和黄瓜，那就让他们去做园艺。自己种菜的孩子远比自己不种菜的孩子更乐意吃这些蔬菜。而且，在孩子的生命早期培养其健康的饮食习惯也是遏制肥胖潮的最有效的方法之一。

　　园圃也为采用地方本位的、将科学作为整体研究看待的学习方式提供了大量机会，因为它强调了万物之间的相互关系。看着你种下的种子萌发出土并在你的照料下变成美味的食物，这再美妙不过了。每一座园圃本身都是一座小型自然栖息地，里面到处都是植物、食草动物（如蛞蝓和草食性昆虫）、各种掠食动物（如蜘蛛和鸟类），以及所有那些缓缓蠕行的分解者（蚯蚓等土壤中的小生物）。它们为循环流动的生命之网提供了强大的第一手观察资料。你可以花一整天时间讲述分解有机物的微生物是如何进行回收利用工作的，但其产生的效果远远抵不上将手插进堆肥感受那热气腾腾的两秒钟！

对于我们大多数人而言，将食物视为大自然的一部分的想法似乎很陌生。这并不奇怪，因为我们获得食物的体验已经被限制到了在商店里买包装食物的水准。园圃拥有近乎神奇的力量，能够揭开让我们与大自然疏离的帘幕。如果将它们放在适当的背景下，我们就可以从更大的、系统的角度看待大自然，把人类视为其不可分割的组成部分。这也是从园圃向各种相关主题的直接飞跃，其中包括环境健康、水资源保护、转基因生物，以及工业化食品体系。

同样令人印象深刻的是富有创意的教育工作者所发明的在学校园圃里教授各种科目的手段。学生通过计算特定地块内种子的数量和间距或是通过确定所需的肥料分量来学习数学；通过调查原住民在欧洲人到来之前种植的植物种类来进行社会学研究。不断变化的园圃景观为撰写语言艺术报告、短篇小说、诗歌和博客提供了丰富的素材。学生们还会探索新的艺术创作形式，例如版画和延时摄影。一些小学教师已经做到让整个学年的课程都扎根于校园园圃中。

具有革命性的"从农场到学校"项目正在利用学校园圃提供富有营养的食物，并将更多的当地农场食物投放到学校餐厅里。2001 年，美国实施了六个这样的项目。今天，它们已经遍布全美 50 个州，将 9000 多所学校整合进充满活力的生态关系网中。自然导师可以充分利用当地的食物帮助孩子们与附近的大自然建立联系。提高对我们所食用的动植物的认识有助于突出我们与其他生物之间的深层交互联系，并揭示我们的日常决策对大自然的影响。对"伯克利学校午餐"等积极方案的正式调查显示，这种基于园圃的项目也提升了学生的营养学知识及其对健康食物的偏好。

绿色学校

对校园进行更进一步的改造，让它们变成生态多样化的景观——这是住在旧金山的莎朗·丹克斯（Sharon Danks）的梦想，也是一种令人信服的主张。丹克斯去过世界上许多地方，造访了 150 所绿色学校，她特别关注这些学校如何利用学校建筑物的周边地带。后来，她撰写了《从柏油到生态系统：校园改造的设计理念》（*Asphalt to Ecosystems：Design Ideas for Schoolyard Transformation*）一书，提出了一系列令人们大为困惑的想法。

我们对于传统的校园都有一个很清晰的概念：它大部分是柏油地，其间分布着一些土地或草地，也许还有一些树林和灌木丛。幼儿园或小学的校园里还可能有一座金属攀爬架。

现在想象一下，这种基于 20 世纪 40 年代思维的老式学校场地被品种繁多的绿色植物区取代，其中包括大量的原生树木和灌木丛。雨水经落水管收集，流到地面，滋养着植物。春天，孩子们用巢箱迎接候鸟；秋天，他们在斜长树影下的秋叶间嬉戏。除了菜园之外，校园里还有一座蝴蝶园、一座专为蜂鸟准备的园地，甚至还有蜜蜂的栖息地，可以生产美味的蜂蜜。附近的池塘和湿地是蜻蜓、青蛙和水龟的家园，不过孩子们特别喜欢趴在桥上近距离观察那些色彩鲜艳的鱼类。

除了能养育野生动物之外，这类空间也有利于儿童的健康，因为它们提供了跑步和玩耍的大自然场所、舒适的独处角落以及躲避正午阳光的阴凉地。绿色的、具有大自然风貌的校园可以减少压力和不文明行为，并能促使儿童在课堂上注意力更加集中。它们还能培养儿童心智，帮助儿童与周围的世界建立联系。太阳能可以驱动池塘的水泵系统。湿地可以过滤并清洁学校产生的灰水，利用它们来支持植物生命的多样性。此外，许多攀援植物的卷须会将当地的野生动物吸引过来，从而帮助孩子了解自己所在地方的大自然运作机制，以及自己如何能为养护这个地方做出贡献。

通过强调这些联系并使其变得清晰可见，教师就能够建设起一套地方本位的、注重亲身实践的课程，在户外教室中授课。重新引入了大自然元素的景观将成为科学、美术、音乐和数学等课程的教学素材。在许多情况下，学生、教师、学校管理者和家长对校园的初步设计都拥有发言权，并参与到实际建设中。与传统的学校场地不同，在这里，各种各样的绿色植物组成了一个生机勃勃的生命体，随着季节的变换而不断变化，也随着学生们的不断投入而发生改变。

现在，你选择一下，或者更好的做法是仔细考虑一下，你希望你的孩子得到哪一个？单调乏味的 20 世纪 40 年代的校园？还是 21 世纪的绿色校园？

丹克斯和一些志同道合、富有远见的人共同创立了国际校地联盟（International School Grounds Alliance，ISGA）。在联盟的首次会议之后，来自世界各地的 34 位领导者签署了《威斯特别克校地宣言》（*Westerbeke Declaration on School Grounds*），声明：" ISGA 邀请世界各地的组织、机构和个人加入一项国际运动，以支持和促进开发有利于学生、有利于学习、有利于学校，以及有利于人类与自然界关系的校园。"

在那之后，丹克斯从她的绿色校园设计安装业务中拓展出一个分支，成立了一个新的非营利组织——美国绿色校园（Green Schoolyards America），旨在成为该运动在美国的资源中心和主要支持者。她的目标是启动一场对话，让美国民众发挥主导权，将全国各地的校园改造成欣欣向荣的大自然栖息地。我觉得这听起来是个很棒的计划！

整体性的世界

一个在科学界中最流行的观点是，大自然是由各种客体组成的，科学实践是建立在"客观性"的基础上的。我们将大自然客体化以便测量、检验和研究它，而我们的最终目的就是揭示它的秘密。大多数时候，这一过程要求将自然现象简化还原为各个组成部分。科学将大自然划分为"组块"或"学科"：地质学是对岩石的研究，昆虫学是对昆虫的研究，等等。在每一个学科领域中，科学家又进一步将他们的研究对象分解成一系列更精细的部分。例如，动物学家会从物种、有机体、细胞、基因等诸多角度来研究动物。然而，这种沿袭了数个世纪的重部分、轻整体的偏见限制了我们将大自然作为主体来加以理解的能力。

杰德 5 岁大的时候，她给一只本地红尾鵟取名叫雷迪，并且经常叫我过去看雷迪翱翔盘旋的雄姿，听它沙哑刺耳的叫声。（我一直没弄明白她是怎么辨认出这只特别的红尾鵟的，但她对自己的识别能力始终很有信心。）这只美丽矫健的猛禽使杰德对飞翔的感觉产生了好奇，而且她有时会担心雷迪下一餐能不能找到啮齿动物。

杰德这样的年轻人往往把动物看成有着独立意志和倾向的个体。但是她的科学课更倾向于把这些生物描绘成客体：红尾鵟学名 Buteo Jamaicensis，是一种地理分布广泛的大型猛禽，羽翼丰满，尾部明显而宽阔。

具有讽刺意味的是，我们对世界的科学认识并不支持这种聚焦于客体的近视。例如，可以说，生物学给我们上的最重要一课就是，地球上的所有生命，包括我们人类在内，都属于一个拥有数十亿年历史的大家庭。然而，到目前为止，这种深刻见解尚未深入人心。即使是我们这些完全接受生物进化学的人也倾向于将大自然视为有待开发利用的资源，而不是值得我们尊敬的亲人。

现在，想象在一个美丽的春天，你正漫步在森林里，一位同伴让你描述你看到了什么。你可能会先列出一些植物和动物：可能是常青树、松鼠、乌鸦、蝴蝶，不一而足。你可能会评论附近潺潺的溪流，或是光影交错的景象。但问题在于，大自然对这个问题的回答会与你完全不同。

如果我们能戴上大自然母亲的护目镜，那么呈现在我们眼前的世界将会像一个充满着流动关系的万花筒。一棵冷杉树在吸收太阳的能量，同时从下面的土壤中汲取水分。一只甲虫在啃食一片橡树叶子，尽情享用绿叶中的阳光能量。一只蝴蝶在一朵鲜花上翩翩飞舞，在觅食的同时帮助这朵鲜花繁衍出更多的花朵。一只蜘蛛在把某只长着翅膀的生物缠裹起来，以备晚些时候享用。一根腐烂的圆木在为一群食腐生物提供养料。当我们习惯于将注意力完全集中在部分上时，大自然母亲却看到无数关系交织成动态的、充满相互作用的整体，体现为持续流动的能量和循环的物质。

要将自己植根于大自然之中（而非置身于大自然之外或之上），我们就需要采取一种更接近大自然母亲的视角——一种能让生命世界恢复活力的视角。为了实现这种思想转变，我们需要接受将大自然视为主体的理念。毕竟，主体是拥有关系的，而客体则没有。这绝不是一种新视角。世界各地的原住民往往认为自身植根于充满活力的大自然景观中，到处充满了具有亲缘关系的事物。在我们努力培养健康儿童，寻找一条欣欣向荣、可持续的通往未来之路时，我们可以从这种古老的智慧中借鉴很多东西。

主体化就是内在化，以便让外部世界与我们的内部世界相互渗透。我们与各种主体所共享的关系常常会触及我们的内心，但我们的情感对客体则毫无反应。如果我们能在关系中找到自我，那么自我的边界就会变得具有渗透性和模糊性。从宠物到森林，我们中的许多人在与非人类大自然的互动中都体验过这种超越感。

但是，怎样才能对大自然实现如此宏大的主体化呢？毕竟，世界观是一种根深蒂固的存在，它们就像我们呼吸的空气，必不可少，却为人们所忽视。

部分答案或许就隐藏于科学实践的本身。西方科学的还原论传统主要聚焦于物质的本质，频频发问："它是由什么构成的？"然而，与之平行的另一种思考方法——它也存在了许多世纪，只不过通常是在不起眼的地方运作——则致力于研究模式和形式的科学。后一种方法通常被认为与列奥纳多·达·芬奇密切相关，致力于探索各种关系。但众所周知，关系是难以量化的，因此必须用映射替代。最近，模式的科学开始重新兴起，人们对生态学和地球系统等领域投入了大量关注。然而，这一切仅仅触及了事物表面，要想理解各种关系，我们还有大量的整体化工作需要完成。

就我们当前的讨论而言，更重要的是，将大自然视为主体的思维转变能够由科学教育推动。如果我们想培养孩子用这种新眼光来看世界，我们就需要助长（而不是消灭）他们从充满活力的生命角度看待大自然的固有倾向。尽管科学实践，即科学研究的实际**操作**，必须以尽可能客观的方式进行，采用不带偏见的外部观察者的眼光，但科学的**交流**和**体验**是可以同时采用客观和主观两种透镜的。

试想，如果大部分科学学习在户外进行，与自然界进行直接的、多感官的接触；试想，如果学生受到鼓励，通过了解某个地方的深层历史和生态运作方式培养起一种有意义的地方感；试想，如果导师和教育者较少强调物种名称和躯体部位的识别及功能（例如在讲解花或昆虫时），而是把重点放在所有有机体（包括我们人类在内）都是密切相互联系的感官生物这一理念上，那会怎么样呢？如果学生被要求花更多时间去了解某种植物或动物是如何在与外部世界的互动中生存的，又会怎么样呢？与目前主导课堂教学的"注重部分的科学"形成鲜明对比的是，这种"注重整体的科学"鼓励学生发现自己与自然界的深层关系。

因此，教育工作者和自然导师可以通过这条途径消除人类与大自然之间的鸿沟。科学教育与其他领域学习的结合最终可以在很大程度上实现文化历史学家托马斯·贝里（Thomas Berry）所描述的"伟大事业"，即将人类感知的世界从"客体的集合"转变为"主体的交流"。

关于自然指导工作，自然作家巴里·洛佩兹（Barry Lopez）也得出了同样的结论，以下是他撰写的优美概要：

在森林里，能最快为孩子打开的门是那扇通向最小房间的门，你只需知道每样事物的名称即可。但通向大教堂的门是以缄默慎言为标志的，需要通过以身作则的方式鼓励孩子培养敏锐的感官。如果你要开口说话，你应该说，并且最多也只能说："这一切是多么奇妙地结合在了一起呀！"——以表明从这一感悟中可以获得多么持久而强烈的和睦感。

培养野孩子的诀窍 4

从提出一个宏大的理念开始，即世间万物（包括我们人类）都是交织在一起的，然后寻找机会不时地用这一深刻的见解点燃好奇的火焰。我们是大自然的一部分，大自然也是我们的一部分！

 自然指导技巧 ○

大胆进入肥皂泡

与大自然建立联系的一个基本要素是学会将动植物及其他生命形式看作主体而非客体。据我所知，培养并保持这种态度的最好方法之一，就是德国生物学家雅各布·冯·于克斯屈尔（Jakob von Uexküll）所发明的"肥皂泡技巧"。走到户外，设想每一株植物和每一只动物都被一个肥皂泡包围着，而这个肥皂泡代表它自己的感官世界。现在，想象你可以踏入你所选中的肥皂泡中，比如说知更鸟、蚯蚓、蝴蝶或松树的。无论你选择哪个肥皂泡，你的世界都会因此改变。由于所有生物都拥有高度专门化的感官，所以在你选择的那个肥皂泡世界里，对颜色、气味、味道和声音的体验都是非常独特的，和你选择它的动机一样独特。

鼓励孩子找到他们最喜欢的动物，进入想象中的肥皂泡，去体验这个另类的世界。为了推动孩子的思维朝着正确的方向发展，你可以提这样的问题："鼻涕虫能看到东西吗？"以及"你觉得那只鸟为什么在唱歌？"在理想的情况下，这些问题可以带领孩子进入一个个谜团，激起他们更强烈的好奇心。当然，使用肥皂泡技巧时可以用到一些关于目标生物的感官世界的知识，但理解知识并非必要，想象力才是最重要的。最棒的是，通过不断添加新的知识层面，这种教学方法的适用范围会越来越广，对学龄前儿童和大学生同样有效，可谓一种绝佳的户外教育工具。

把学习带到户外

让附近的大自然成为儿童的主要学习场所之一，无论是后院、公园还是校园。教育的重点不必总是放在自然界。由于大自然能带来诸多生理上的益处，所以它是一种适合几乎任何学习类型的绝佳场所。如果你是一名家长，不妨考虑让孩子在户外做家庭作业：读书可以坐在树下完成；如果能用一根木棍在泥土或沙子上演算，数学作业也会变得更加有趣。

如果你是一名教师，不管你教的是什么科目，试着去户外上课。如果你对地方本位的教学策略不熟悉的话，可以考虑与其他老师合作以获得支持。起初，带着一个班级的学生去户外也许会让人感到心神不宁，但你很可能会发现这给你的教学带来了全新的维度，孩子们变得更加投入，就连你自己也变得更加投入！仅仅是置身于大自然中，甚至只是坐在一棵树下，你就能够展示大自然的价值。为了达到这一目的，你可以在网上找到许多很棒的教师指南。

任何一位自然导师都可以展开一项与大自然相关的简单活动：让孩子们尽可能找出大自然中万物相互关联的例子。刚开始的时候，你可以列举一个明显的例子，比如一棵橡树从太阳那里获取能量。挑战在于思考某个有机体所扮演的角色：太阳能攫取者、植食者、肉食者或分解者。所有这些角色都是通过生物与自然界其他部分的相互作用来定义的。某些关系，比如掠食者和猎物之间的关系，是竞争性的。另一些关系则是协作性的，例如蜜蜂给花朵授粉。鸟栖息在树上构成了一种动物和植物的关系，而蚯蚓在土壤中穿行则形成了土地与动物的配对。如果某种关系性质不明，也无须担心，先把它放在一边，继续研究下一个即可。

把大自然中的各个主体想象成演员，它们参与的这部长期的戏剧每天都在我们的后院、校园和公园中上演，简直无处不在。你和孩子可以成为同谋者，共同努力寻找这一切背后的故事。在这一过程中，很可能有很多当地资源可以为你们提供帮助。这种态度可以让你和孩子们用新的眼光看待世界，一定会让你惊喜万分。

别忘了核心训练

作为一名自然导师，别忘了完成你的核心任务，也就是开展核心日常活动，例如漫游、蹲点观察、讲述当天的故事，以及提问。利用这些日常活动来帮助加深对宏观图景，也就是在你们当地蓬勃发展的生命之网的认识。首先，倾听一个孩子谈论他的户外经历，然后找到一个有助于将他提升到更高意识层次的谜团。如果他谈论一只蓝鸲，就让他留意那只蓝鸲在做什么。有时，当他前往户外时，给他一个问题让他思考，比如："你认为哪些生物参与了这一带的物质循环？"你不知道答案也没关系。你只是催化剂，是共同探索者，渴望听到孩子讲述自己的发现，并且热切期盼更多发现。重点在于，要让孩子意识到宏观图景——一组把世间万物联系在一起的无形的线。孩子（以及你）所面临的挑战就是学着意识到其中的一些线。

食物就是大自然

我们中的大多数人都倾向于认为大自然是一种野生的环境，在城市环境中及其周边都很少得见。但大自然其实无处不在——在我们头顶的天空中，在我们脚下的土地上，在我们周围的所有空间里。大自然也存在于我们的内部。进入我们体内的每一口空气、水和食物都是大自然。把孩子和大自然联系起来的最有效的办法之一就是提高他们对食物的意识。你可以在孩子的帮助下开辟一个菜园，接下来就等着看他们爱上吃自己种的蔬菜吧。如果你负担得起额外的开支，不妨将你的家人变成一群本土膳食主义者，主要食用从农贸市场等地购买的本地的、有机的食物。每天晚餐前花一点儿时间，和家人一起感谢即将被吃下去以维持你们身体机能的动植物。在我们的快节奏生活中，我们会匆匆忙忙地吃完饭，很少停下来考虑我们所消耗的食物的来源，甚至无视它们的味道。与大自然建立联系始于意识，而健康的食物不失为一个奇妙的开始。

参观一座本地农场

带孩子去参观附近的一座运营中的农场，这样他们就可以看到作为食物（来源）被种植或饲养的植物、猪、鸡和奶牛。越来越多的农场主开始定期组织参观活动，骄傲地展示他们的工作。也有越来越多的农场正朝着可持续发展的方向迈进，避免对植物使用有害杀虫剂或对动物使用非治疗性抗生素。在许多情况下，农业和畜牧业都与周边生态系统进行了巧妙的整合。动物食用在农场上种植的饲料，其粪便成为氮肥来源，用以帮助维持作物生长。可持续发展的农场通过这种方式保护了生物多样性，培育出健康的生态系统。如今，许多农场都提供几小时或一整天的志愿工作机会，或是为游客提供自己采摘水果和蔬菜的机会，让儿童和成年人得以亲身体验仅仅在一个世纪以前还为大多数人所深深熟悉的东西。

　　一旦你们参观过一座本地的农场，就定期把那里生产的食物买回家，并提醒孩子这些食物是从哪里来的。关于参观的记忆将改变他们对食物的看法，并使餐前感恩仪式变得更有感染力。

第 5 章

宇宙树上的母亲们

挖掘故事意识

人是我们所说的"宇宙"这个整体的一部分，是受时空限制的一部分。他体验他自己，自己的思想和感觉，认为自己独立于其他事物——这是他的意识所产生的某种视觉错觉。这种错觉对我们而言是一种牢狱，把我们禁锢在个人欲望和对若干最亲近者的钟爱之情中。我们的任务必须是把我们的同情心范围扩大到能够容纳所有生灵和充满魅力的整个大自然，从而将自己从这座牢狱中解放出来。

——阿尔伯特·爱因斯坦

愉快的眩晕感！几分钟前，海边的山顶还像是一种不可动摇的支撑物。但是现在，随着最后一缕阳光滑落到地平线下，眼前的景象突然开始起伏，向天空倾斜。地心引力的束缚似乎被切断，我感到自己正摇摇欲坠地坐在某个翻滚着的庞然大物上。我用一只手支撑住自己，试图捕捉那种令人眩晕的感觉，就像人们企图做一个清明梦一样。我瞥了一眼杰德，发现她此刻也跟我一样，正晕头转向、双目圆睁，这令我感到很激动。

我们都知道，我们的行星地球是围绕着恒星太阳旋转的，而太阳是我们所在的银河系中众多恒星集合的一分子。然而，尽管自诩拥有这些知识，但是**在内心深处**，我们都觉得自己生活在平坦的大地上，与哈勃（Hubble）、伽利略（Galileo）和哥白尼（Copernicus）之前的无数代人没有什么不同。否则，为什么我们会继续谈论日出日落，并在体验它们之时身体反应强烈至此？出现这种持续的错误感知并不奇怪，因为作为大脑发达、直立行走的猿类，人的感官——包括本体感觉（对身体动作的意识）——已经在陆地上数百万年的进化过程中发展出了适应机制。更重要的是，伟大的科学见解往往是非直观的。努力想象自己生活在一个正以每小时 11 万公里的速度绕着一颗恒星急速运行的巨大球状岩石的一侧，这可不是一件容易的事！

然而，正如我和杰德所做的那样，唤起对这一现实的奇妙体验是可能的。我们只需前往一个可以观看日落的地方——那里最好有广阔的地平线，晴天是最佳时机。等你的思绪平静下来之后，提醒自己，太阳虽然看上去很小，但实际上比地球大一百万倍。接下来，把地球想象成在同一个轨道平面上旋转的几颗行星中的第三颗，而所有这些行星都被正中央那颗恒星的巨大引力所锚定。最后，就在圆圆的太阳开始消失时，想象自己正坐在一个巨大的、球形世界的一侧，它正旋转着离开它的恒星邻居。哇！也许是有生以来第一次，你也能体验到作为一个地球人生活在一个行星群中的感觉。当繁星闪烁的天幕渐渐展开时，试着找回这种意识，届时你很可能真切地体验到一种在宇宙中移动甚至坠落的感觉。

现在，几分钟前那座感觉上摇摇欲坠、似乎要把我和杰德抛进大海里的岩石小丘再一次牢牢地锚定在北美海岸上。在遥远的南方，旧金山开始熠熠生辉。在更远的地方，点点星光好似针尖穿透了我们头顶上方越来越昏暗的穹顶，成百上千个太阳取代了我们附近的那位太阳邻居。我和杰德看着一群土耳其秃鹰开始盘旋下降，最后落在一棵桉树上，准备过夜。终于，我们站了起来，下山回家。我们仍然沉浸在刚才的宇宙遐思所带来的影响之中，这似乎是向杰德讲述宇宙中最宏大的故事的最佳时机。

故事的力量

最好的故事是字字珠玑的无价之宝，拥有创造、维系和改变世界的力量。为什么每天有数以亿计的人读小说、看电视，以及为了坐在昏暗的电影院里而排队？为了故事。精心打造的故事能让我们的感官活跃起来。它们充满了惊奇感和神秘感，把我们带到遥远的地方和时代，让我们能透过他者的眼睛去看世界。这个"他者"可能是人，也可能是动物；可能是真实的，也可能是幻想出来的。故事在我们的生活中几乎无所不在：在夜晚的大部分时间里，它们趁我们做梦的时候侵入我们的大脑，在白天则趁着我们做白日梦的时候做同样的事情。作家乔纳森·歌德夏（Jonathan Gottschall）认为，故事是人类这种"会讲故事的动物"的最具定义性但也最不被理解的特征之一。

在第 3 章中，我们讨论了诱导儿童讲述大自然故事的重要性，因为它是一种提升意义感和学习能力的手段。现在，我们要进行思维反转，将你自己——自然导师——视为讲故事的人。如果顺利，讲故事能提供在导师**指导**下的**体验**，增进**理解**，涵盖 EMU 的所有三个元素。

在我们这个充斥着孤立信息碎片的数字世界里，人们很容易忘记，作为一个物种，我们是在故事中发展壮大的。过去的几千年相对于人类的漫长历史不过是弹指一瞬，而就在这段时间里，口口相传的故事不仅是分享信息的主要手段，更是分享意义、价值观以及在宇宙中的位置感的主要方式。对于我们的口头文化祖先来说，故事是感情丰富的百科全书，是几百年甚至几千年来积累的实用知识和智慧的宝库。代代相传的神话传说指导人们如何在一个特定的地方生活：何时、何地、猎捕什么，以及猎捕多少；要寻找何种植物，避开何种植物；在持续干旱的时候，可以在哪里找到水源。

在传统上，故事都是在户外讲述的，这能提供一种多感官体验。长者被赋予讲故事者的特殊地位。科学家兼作家贾里德·戴蒙德（Jared Diamond）指出："在狩猎采集时代，哪怕是仅仅一位 70 岁以上的老人所拥有的知识也可能决定整个氏族会生存下去还是会饿死。"口头故事在文化上等同于基因，它们保存了维系群体长久存在所必需的信息。因此，讲述故事能对我们产生近乎神奇的效果就不足为奇了。网络空间不是实际空间，它似乎无处不在，又似乎无影无踪，与此相比，口头文化天生就是具有地方性的。

最好的故事不仅能帮助我们生存下去，而且能帮助我们安居下来，从地点和时间的角度来说都是如此。我们从讲故事的人那里了解到我们与其他生物以及地球本身的亲缘关系，并认识到我们行动的涟漪会如何在未来产生连锁效应。对于口头文化来说，故事也是与大地建立联系的一种主要手段。当地的动植物成为故事中的主角和对手。当地景观中的几乎所有生物和地点——啁啾的小鸟、潺潺的溪流或是和煦的微风——都在故事中获得感觉并且被赋予说话的能力。一旦将一个故事熟记在心，那么偶然邂逅的动物邻居，或者只是步行经过的当地某个地标，就都会让人想起相关叙事和其中蕴含的实际经验教训。通过这种方式，故事可以为我们独一无二的生活环境注入生命，并赋予它们深刻的意义。

相反，如果讲故事的人变得沉默，那么大地也会变得沉默，它的意义也会随之消散。用作家大卫·亚伯兰（David Abram）的话来说：

当口头文化衰退时，拥有读写能力的头脑就会迷失方向，忘记自己始终对身体和生生不息的大地有所亏欠。当故事不再在树林里或河流边被讲述，当大地不再作为一种充满生气、富有表达力的力量被嘹亮的声音加以尊崇，人类的感官就不再与周围的地貌相调谐。我们再也感受不到我们所在地方的特有的脉搏，我们再也听不到，也不再会回应这片大地发出的无数雄辩的声音。技术头脑变得日益盲目和失聪，日益脱离感官世界的影响，于是开始踩踏大地。

当然，从白雪公主到哈利·波特，儿童仍然会被故事深深吸引。尽管这些故事通常发生在离我们的家很远的地方，但是其中许多发生在大自然中。故事中会出现野生动物，有些是真实的，另一些则是虚构的。除了具有迷人的魅力之外，这些故事能帮助孩子理解和欣赏自然界，以及人类在其中扮演的角色。至少在从前是这样的。最近一篇关于70年来获奖儿童绘本的评论文章显示，有关自然界和野生动物的插图以及人类与这两者互动的插图数量在迅速而稳定地下降。看来，在现代文化中，就连文学作品也不再像从前那样将儿童与大自然联系在一起了。越来越多的儿童故事不再涉及野外事物。或许现在已经到了恢复自然界的时候了，就从我们称之为家的地方开始。

* * *

我转向杰德，用一种夸张的方式开始了我的讲述。"很久以前，久到数十亿年前，宇宙在一个叫作'创世大爆炸'的巨大爆炸中诞生。最初，宇宙的温度超级高，有几万亿摄氏度，而且它被塞进了一个很小的空间，比一粒尘埃还小。"（为了制造效果，我向她展示了我攥在手掌里的一粒沙子。）"随着体积变大，宇宙的温度也在降低。一开始，宇宙是一个很简单的地方，没有恒星，没有行星，也没有生命。"

"最先出现的是恒星，它们诞生于巨大的氢气云中。这些氢气云的一部分在重力作用下坍缩成巨大的球体。随着这些氢球越缩越小，它们的温度也变得越来越高，直到突然间，它们的内部被点燃，开始燃烧，发出令人难以置信的亮光。当初那团简单的气体云现在拥有成千上万个熠熠生辉的太阳，这些就是新诞生的恒星。它们和其他恒星聚集形成巨大的、螺旋状的恒星群，被称为星系。我们的母星系是银河系，它在我们看来就像是一条横跨夜空的薄薄的光纱。但是把望远镜对准那层光纱，你就会发现那上面布满了恒星。

"虽然恒星很简单，只是巨大的、炽热的气态球体罢了，但它们与人类有很多共同之处。它们会诞生，有寿命，会死亡。它们大小不同，而且和你一样，随着年龄的增长，会经历许多变化。不过，恒星和人类之间的一个主要区别在于死亡方式的不同。非常庞大的恒星会在一种叫作超新星爆发的巨大爆炸中轰然熄灭。一颗超新星的光芒就可以盖过它的母星系中其他所有数十亿颗恒星！"

拥抱内心的讲故事者

我们为什么要讲述大自然的故事？因为它们会让孩子渴望成为自己故事中的主角。作为一名自然导师，一只善于诱导的郊狼，你用语言塑造的意象可以帮助孩子走到他们的世界边缘，想象自己勇敢地超越边界，比如说，能迅速抓住一只蜥蜴，或是能悄无声息地碰到一只鹿。故事也具有同样的诱导力量，可以用有意义的、令人难忘的方式传达信息，而不至于给人以任何说教的感觉。毫无疑问，故事是吸引年轻人的思维和深化他们与大自然的联系的最有效的工具之一。

杰德从很小的时候起就很喜欢听我讲述户外冒险故事，会让我一遍又一遍地复述她最喜欢的部分。其中一些故事发生在遥远的土地上：在肯尼亚与鬣狗近距离接触，以及在印度近距离遭遇鳄鱼。另一些故事来自我的童年：一只熊闯进我们在不列颠哥伦比亚省的营地里漫步，以及在阿尔伯塔省一大群野牛狂奔着向我袭来。还有一些故事则更为平凡：在傍晚散步时欣赏壮观的日落；或是捉到一只蜥蜴，然后抚摸它的腹部让它放松下来。

故事的范围很重要。如果所有故事都发生在遥远的地方，或者仅仅是讲述英雄的壮举，那么儿童就很可能得出这样的结论：这种事情都是发生在别人身上的。因此，一定要将宏大的冒险故事与日常遭遇生动地结合起来，此外，还要添加一些能拓展知识边界的故事。

在哪里可以找到引人入胜的大自然故事？——所有地方。你可以从探究自己的经历开始。你小时候去户外玩过吗？如果是的话，肯定有过下列情况：你曾在野外过夜，你曾直视过野兽的眼睛，你曾在某个自然景观中迷过路，或者你曾躲在灌木丛中感觉到肾上腺素大量分泌。你和家人有过远足、野营或钓鱼的经历吗？这些都是讲故事的极好素材。亲身经历的故事之所以富有感染力，正因为它们是真实的，它们来自你——讲故事的人。

另一个绝佳的故事来源是传统的自然题材的神话和故事。我在加拿大长大，所以特别喜欢北美原住民民族的故事。我最喜欢的故事之一是一个海达族神话，讲的是乌鸦精灵创造了世界。这些故事也可以来自亚马孙人、波兰人、日本人、凯尔特人，或是其他族群。几乎所有传统故事都体现了人与大自然的联系。你不妨在自己的祖先文化中寻找故事。

在浩瀚且不断涌现的以成年人为目标读者的描写大自然的作品中，你也可以找到大量灵感。有些作品是虚构的，如华莱士·斯泰格纳（Wallace Stegner）和约翰·斯坦贝克（John Steinbeck）的作品。其他一些作品则是由博物学家撰写的，如亨利·戴维·梭罗、爱德华·艾比（Edward Abbey）、法利·莫瓦特（Farley Mowat）、特丽·坦佩斯·威廉斯（Terry

Tempest Williams）、巴里·洛佩兹、斯科特·罗素·桑德斯（Scott Russell Sanders）以及彼得·马修森（Peter Matthiessen）。

　　最后，你可以从大自然中寻找灵感。就在你家大门之外，每天都有很多值得作为故事讲述的事件发生：鸟筑巢，花朵开放，蚂蚁搬家。除此之外，你还可以在书籍、纪录片和新闻快讯中留意小趣闻，它们可能关于西丛鸦的智力、黄石公园的火山史，或是章鱼的摄食习性。互联网每天都会以醒目的方式报道能够揭示自然界某条线索的新发现，所有这些都为你提供了变着花样讲故事的机会。

　　把自己视为讲故事者似乎很奇怪，但我敢打赌你一定讲过很多故事。人人都会讲故事。在大多数时候，你讲的故事可能相对简单——或是偶尔朗读童话故事，或是为朋友们模仿一个电影场景，但有时候你也可能会冒险讲更大主题的故事。如果给你的孩子或是一群孩子讲故事令你畏惧，那你要记住了，你是天生擅长此道的。人类自诞生始就在分享故事。最棒的是，儿童（以及成年人）都觉得故事很迷人，所以你的努力很可能会得到他们的赞赏，而且他们会热情地请求你再多讲一些。

　　讲故事需要一些技巧，有些你可能已经知道了。如果你是从零开始编故事，那就从"搭建舞台"开始。这个地方看上去、闻上去、听上去、感觉起来是什么样的？故事发生在什么时辰？这里是森林、海滩还是山顶？细节很重要。你用文字描绘的画面越生动，故事的意象就越具有"黏附力"，几个星期或几个月后，它会在你最不经意的时候回到你的脑海中。

　　要拓展自己的边界。娴熟的讲故事者擅长变化（郊狼精灵又回来了），能够化身为不同的角色。很可能，你越是放飞自我，让自己自由而放松，你就会取得越好的效果。所以，你不妨通过动作和手势让自己的身体投入故事中：像海狸一样走路，或者模仿白杨树叶的颤动。总之，越生动、越惟妙惟肖，就越好。

　　如果所有这一切听起来都大大超出了你的舒适区，那就从嗓音的变化开始吧——在激动人心的地方说得又快又响亮，在充满悬疑的地方说得沉静而缓慢。在讲述有多个人物的故事时，赋予每个角色以不同的声音。记住，静悄悄的停顿可以产生很棒的效果：如果你的听众注意力开始涣散，或者你即将讲到关键点时，就可以用它来吸引注意力。幽默对孩子和成年人来说也都是必不可少的。观众在哈哈大笑时最为专注。找到自己的风格并不断磨炼它。如果你一直注意观察，那么你很快就会看到能够吸引听众注意力并激发他们想象力的事物。

* * *

我弯腰捡起一块砂岩，递给杰德，然后接着往下说。

"在那些最早形成的恒星的内部深处，氢燃烧后转化为越来越重的物质，如氦、碳、氧和铁。当巨大的恒星以超新星的形式爆炸时，所有这些重物质被炸散到周围的空间，形成更多的气体云和尘埃云。最终，所有那些来自超新星的隆隆冲击波触发了更多薄雾状星云的坍缩，形成新的恒星。

"剩余的那些围绕着新诞生的太阳旋转的重物质就变成了行星家族。我们的太阳属于后来形成的恒星之一。在它诞生时有八颗行星环绕它运行——从地球和火星这样的岩石小星球到木星和土星这样的气态巨星。在银河系和其他星系中，还有亿万个太阳系，还有亿万颗行星在围绕着亿万颗恒星运行。所以说，恒星孕育出了行星。而所有构成行星的物质，从你手中的石头到整个地球，都是在燃烧的恒星内部创造出来的！"

杰德小心翼翼地捏着那块"恒星的尘埃"，眼睛瞪得圆溜溜的，就好像它还会烫手一样。

"当地球诞生时，"我接着说，"它是炽热的，到处都是沸腾的熔岩。那时候地球上没有任何生命，甚至都没有陆地和海洋。经过数百万年的时间，地表变冷，形成了一层薄薄的地壳。想想热苹果派是什么样的，你就明白了。接着，地球的岩石外壳分裂成巨大的板块，四处漂移，相互碰撞。你我现在站立的地方是恐龙时代在水下形成的岩石。地壳的这一块，包括你手中拿着的那块石头，是在南面靠近赤道的区域形成的。千百万年来，这片陆地缓慢地向北移动，速度就和你指甲的生长速度差不多。最后，它在墨西哥附近撞上了北美洲，并被推向北面。随后，它一点点地上升到我们今天所在的旧金山湾附近，在此期间引发了许多地震。"

杰德紧紧攥住那块岩石，低声说："太酷了。"

宏观故事

最具震撼力的故事是各种宇宙起源论，它们是解释世界起源和秩序的文化叙事。纵观人类历史，几乎所有文化都通过这种叙事植根于本土——从海达文化中乌鸦带来光明的故事到基督教的创世纪故事。当今的原住民民族及大多数宗教传统信徒的生活中都被注入了这样或那样的宇宙起源论。相比之下，今天生活在西方社会中的大多数人都体现了一种不正常的历史现象，即生存在一种没有宇宙起源论的状态中。这种缺失导致我们中间的许多人缺乏较大的意义感和目的感，从而加剧了人与大自然的关系失调，而这正是可持续性危机的核心问题。

然而，在过去的几十年里，科学界诞生了一个既令人震惊又令人惊艳的关于我们的深时⊖历史的描述。它有各种称呼，包括"宇宙故事""进化史诗""伟大故事""新故事"或"大历史"。这一宏大叙事有可能把人类统一起来，让我们同时植根于脚下土地的时间尺度之中。从这一更广阔的视角来看，进化的含义远不止是达尔文、自然选择，以及一长串不断变化的物种。它不啻为一个宇宙故事，涵盖了从最初的大爆炸直到此刻的一

⊖　deep time，是一个地质时间术语，指地球演化的漫长时间尺度。——译者注

切。这一传奇完全不会导向一种孤独凄凉的观点，即宇宙是一片浩瀚无垠、死气沉沉的空间，相反，它描绘了一幅动态的、正在形成的统一体的图景，一个我们深深植根于其中的创造性宇宙。进化史诗从几乎所有科学研究领域获取信息，它也许是科学的最大贡献，因为它让我们得以直接领略自己从哪里来，以及这一切意味着什么。

尽管进化史诗无疑是一个创世故事，但它并不是一种真正的文化宇宙起源论。相反，这段以科学为基础的传奇提供了一种框架，可以塑造出一系列不同的宇宙起源论，且各自受到特定的历史、文化、精神和生态语境的影响。事实上，这个"宏观故事"可以被无休止地融入各种解释和信仰，可以有造物主（诸神），也可以没有。神学家约翰·豪特（John Haught）是这样阐述的：

> 达尔文赐予我们一种关于生命的描述，当我们在更大的宇宙进化史诗语境中看待它时，它的深邃、美丽和悲怆感染力使我们重新接触到神圣事物的本初现实和一个具有非凡意义的宇宙。

托马斯·贝里和布莱恩·斯威姆（Brian Swimme）曾极具说服力地指出，这个故事必须成为重新定义人与大自然关系的核心要素。然而，几十年过去了，这个宏观故事在西方文化中依然踪迹难寻，科学家、哲学家、教育工作者、环境保护主义者和精神修行者一概对它视而不见。我们有机会接触到迄今为止最缜密、最全面的宇宙故事，却没有利用它来引导我们的生命轨迹，这是为什么呢？

那些在夜空中熠熠生辉的遥远恒星是我们失散已久的亲人，它们和我们都是从早期恒星的子宫里诞生的。与我们共享这颗蓝绿色星球的无数有机体——从红杉到蜣螂——则与我们有着更近的血缘，因为我们都是微生物祖先的后代。此外，与水、空气和岩石一起，地球上的生命以一种天衣无缝的方式共同进化成一个单一的、不断变化的实体，许多人现在称之为盖亚[⊖]（Gaia）。这一故事的最新章节将生活在今天的 70 亿人类追溯到一小群非洲人身上，他们的后代在过去的 7 万年里分布到了全球。"科学时代"始于人类努力设法解决一个令人困惑的概念：地球不是宇宙的中心。而在眼下这个时刻，我们则应该开始接受另一个非直观的科学理念了（尽管与许多传统智慧不谋而合）：我们是一座非常古老而富有创造力的宇宙的后代。

卡尔·萨根（Carl Sagan）说得很对。我们是恒星物质，是由在恒星熔炉中锻造形成的物质组成的。但真正的故事——宏观故事——比这还要深入许多。我们也是地球物质，由来自地壳的物质组成。我们还是生命物质，身上的每一个细胞都是古老细菌融合的产物。人类和所有其他动物之所以能存续至今，都仰仗时间尺度上一系列越来越错综复杂的融合，每一次融合都要依赖它的前身：原子结合形成更重的元素；重元素键合形成化合物；化合物啮合形成细菌细胞；缺少细胞核的细胞凝聚形成有核细胞；有核细胞结合形成多细胞生命。这种联合化与多样化、融合与增殖的重复性模式对宇宙的创造力至关重要。海星不可能先于细菌出现，水不可能先于氧元素出现。所有这些创造性合作关系以及更多的合作关系仍然在我们的身体内共存。从某种意义上说，我们是宇宙杂交物种。

"宇宙是由故事，而非原子构成的。"诗人穆里尔·鲁凯瑟（Muriel Rukeyser）如是写道，以强调叙事的力量。为什么进化史诗在教育和人类文化中普遍占据中心地位？因为这一宏大传奇涵盖了我们对不断演变的宇宙的最佳理解；因为将我们拥有共同祖先的理念内在化有助于我们和大自然以及我们称之为家的地方重新建立联系；还因为这个故事处于深时的关键时刻，为人类的自我定位提供了一个指南针。只有当进化史诗最终在我们的全部文化形式中被表达出来——不仅仅在科学中，而且在诗歌、歌

⊖ 英国科学家 James E. Lovelock 于 1972 年提出的地理学假说，认为地球就像一个超级有机体（盖亚），能够进行自我规划与控制。——译者注

曲、雕刻和舞蹈中——我们才能开始真正理解，作为一个单一的、不断演化的宇宙的一部分，这意味着什么。只有在那个时候，我们才会不再将大自然视为供我们剥削的资源，而是将之视为值得我们产生同情和共鸣的亲人。作为一名自然导师，你只需通过讲故事就可以履行自己的职责。

宇宙学家布莱恩·斯威姆用很简单的一句话总结了数十亿年间的全部故事："你把氢气放在那里，别去管它，它自己就会变成玫瑰花丛、长颈鹿和人类。"

* * *

到达海滩后，我和杰德赤脚踩进了拍岸的海浪中，冰冷的泡沫在我们的腿上和脚上翻腾。我弯下腰去，用手掬起一捧海水，问："你觉得现在我手中捧着多少生物？"

"数百万个。"她猜测道。

"数亿个。"我慢吞吞地回答，"海洋里到处都是非常小的微生物。"

杰德也掬起一捧海水，目不转睛地盯着看，指望能发现一大群细菌。

"生命起源于海洋，"我接着说，"是由地壳中的物质构成的。最早的生命形式全都是细菌，它们全都是由单个细胞构成的。信不信由你，在过去40亿年的大部分时间里，地球上的所有生命都是极微小的单细胞生命。但是这些早期的细菌非常了不起。它们找到办法做各种事情，比如呼吸氧气以及从太阳那里获取能量。"

我从浮在水面上的杂乱废物中拎起一根长长的、像鞭子一样的东西。

"数亿年后，一些能吸收阳光的细菌开始相互融合，成为具有许多细胞的生物。它们的后代孕育出了类似于这根巨藻的海草，也孕育出了陆地植物。"

我们继续沿着海滩往下走，杰德一只手攥着她的石头，另一只手拖着那根巨藻。穿过红杉溪之后，我们停下来拜访一些熟悉的海边邻居。天色越来越暗，看不清太多东西，于是我鼓励杰德轻轻触摸附着在岩石上的丰富的生物：紫贻贝厚厚的脊状外壳，赭色海星布满颗粒的触手，鹅颈藤壶坚韧的"脖子"，以及有着不规则纹理的玉黍螺壳上的小小旋涡。一个巨大的、黏糊糊的绿海葵激起了杰德兴高采烈的尖叫。在碎浪的嘈杂声中，我们能够听到岩蟹快速爬行的声音。

"除了能够采集太阳能量的生命之外，其他种类的生命学会了通过吃掉对方来吸收太阳的能量。它们是远古祖先，有朝一日会孕育出动物，包括在这些岩石上生活的海星、贻贝和藤壶。最后，鱼类也出现了，成为海洋中的顶级掠食者。法拉隆群岛附近的大白鲨，以及每年沿着红杉溪奋力逆流而上的银鲑，都是那些原始鱼类的直系后代。几百万年以后，这些古老鱼类中的部分成员想方设法地适应陆地生活，先是变成了两栖动物，很久以后又变成了爬行动物。在那些长着鳞片的爬行动物中，有一些变成了恐龙，就在这片北美洲海岸上迈着沉重的步伐游荡。在那些恐龙中，又有一些长出了羽毛，然后生出了翅膀，我们将它们现存的后代称为'鸟类'。所以，当你我蹲守在后院中学习鸟语时，我们其实是在学习一种在数百万年前被发明出来的恐龙语言！"

第二个宏大理念

在上一章中，我们探讨了生态学，即万物间相互联系的重要性，并把它作为大自然联系中的一个宏大理念。我们要讨论的第二个宏大理念则是进化论，即"万物皆有亲缘关系"的理念。在我看来，意义、目标和归属感与我们在任何特定时刻所处的位置没有太大关系，这没有我们曾经在哪里以及正要去哪里重要。所以，大自然学习的核心或许需要围绕着一对轴心——生态学和进化论，即宏大理念的组合来进行。在通过生态学的现世快照观察到的横向联系之外，进化论为我们提供了纵向的、体现在深时中的变化根源。生态学关注的是**大自然在特定时刻的运作方式**，而进化论则关注**大自然是如何形成的**。

当我们运用多种感官对之进行直接感知和思考时，这些宏大理念以及科学中最抽象的见解会变得更加令人难以忘怀和充满意义。对大自然的深刻理解必须通过我们的眼睛、耳朵、鼻子、毛孔以及头脑来吸收。正如玛利娅·蒙台梭利、鲁道夫·施泰纳、约翰·杜威等 20 世纪早期的教育先驱们所深知的，意义必须由学习者通过直接参与来积极构建；学习者不应被视为信息的容器。在这一过程中，故事可以成为教育者非常得力的盟友。

但是，如果生态学和进化论是大自然联系的核心宏大理念，那么我们该如何编织宏观故事呢？这个故事涉及无数个星系、恒星和行星，也包含了由我们当地的河流、岩石、蜘蛛和树木所组成的微妙网络。毕竟，前者探讨的是最宏大的时空尺度，而后者则关注身边最熟悉的事物。

奇怪的是，这个问题只对西方人有意义。对全世界大多数原住民民族来说，宇宙和地方之间没有分界线；所有人都是同一个群体、同一个故事的一部分。他们的宇宙起源传奇描述了形态各异的当地居民，其中包括乌鸦精灵、智慧的大山、换生灵蝴蝶。效仿这种做法对我们大有裨益。

幸运的是，潜在的故事主角比比皆是。当地的大山、沙漠或石灰岩板可以成为讲述地球和太阳系故事的特殊切入点。一棵雄伟的橡树或一片菜园可能有助于陈说细菌利用太阳能的传奇。一个箭头或手机都是分享进化史诗中人类篇章的理想触发器。人们可以围坐在户外的篝火旁讲述宏观故事，就好像原住民讲故事者几千年来所做的那样。单单是沿着山路边走边聊也没问题。

关键在于，宇宙进化史诗中的所有重大造物——恒星、行星、细菌、植物、动物，以及人类文明——都仍然在以这样或那样的形式出现在所有地方。关于这个宏观故事或是其中某些部分的每一次讲述，不仅可以根据当地的大自然情况加以调整，还可以根据听众的年龄和知识基础量身定制。事实上，任何人都可以构建自己的宏观故事版本，选择对自己最有意义的当地事物和主题。

任何事物的故事都可以在任何地方讲述。

不管你是否决定讲述宏观故事，你都要找到一些能够帮助孩子认识到事物在空间和时间上相互联系的故事。你可能决定只回顾 1400 年或 140 年，而不是 140 亿年的历史。不管怎样，你要运用叙事的魔力来分享信息，讲述你们所在的地方是如何形成和变化的。记住，讲故事者是你作为一名自然导师所要扮演的最重要的角色之一，你要勇敢向前，担当起这个角色。

* * *

我坐到一块被海水冲到岸边的浮木上，杰德立刻爬到我的膝上。我们快到家了，故事就要结束了。

"大约在 13 000 年前，当人类第一次来到这里时，这个地方看起来就像今天非洲的塞伦盖蒂草原，有很多巨大的食草动物。猛犸象、乳齿象、巨型地懒、马、骆驼和野牛都在海岸附近游荡。这里还有很多大型食肉动物：狮子、狼、刀齿虎和巨熊。时值冰河时代，气候十分寒冷，地球上的很多水域都冻成了冰，导致海平面下降。在那个时候，从我们现在坐的地方到 30 多公里外的法拉隆群岛之间有一片草原。那里到处都是动物。想象一下从这里走到法拉隆群岛，而且还要留意大象和刀齿虎！

"在大型哺乳动物灭绝、海洋面积再次变大之后，海岸米沃克人来到了这里。他们在这里生活了数千年，与狼、灰熊和秃鹰共享橡树林和草原。米沃克人会猎杀骡鹿、捕捉鲑鱼、磨碎橡子以及编织篮子。到了 19 世纪，葡萄牙移民在这个美丽的地方定居下来，他们也捕捉鲑鱼，也在这片土地上耕作。今天，你和我很幸运，能够和山猫、臭鼬和红尾鵟分享这个地方。在我们之后还会出现很多其他动物的。

　　"这个故事的奥秘就是，宇宙的旅程就是**你的**旅程。你并不仅仅是你妈妈的后代，你还是你的祖母，以及在此之前，你的曾祖母和高祖母的后代。而在那之前很久，还有一长串由哺乳动物的、爬行动物的以及两栖动物的一代代母亲组成的延绵不断的链条。我们还要衷心感激我们的鱼类母亲、无数海洋生物，以及在更久远的年代里孕育了它们的细菌。地球母亲孕育了第一个生命，伟大的宇宙母亲孕育了第一批恒星。你可以想象一棵巨大的家族树，每一根树枝都是一个不同的祖先。在这棵宇宙树上，从最高的枝梢到最深的根须，一路向下都是母亲！没有她们，你我就不会出现在这里，地球上所有其他神奇的生物也不会出现在这里。

　　"最重要的是，旅程远未结束。所有现存的动植物，包括我们，都是这一旅程的一部分，而且没有人能确切地说出一切会如何发展。所以你可以对宇宙的未来产生巨大的影响。这太棒了，对吗？"

　　杰德缓缓地点点头，停顿了一下，然后咧嘴笑了起来。"快，爸爸，"她激动地喊道，冲上台阶，蹦蹦跳跳地将我往回家的方向拽，手里还攥着石头和巨藻，"我们一定得把这些告诉妈妈！"

培养野孩子的诀窍 5

　　我们周围的一切不仅通过能量和物质的生态流相互联系，还通过时间长河中的关系流相互联系。我们被亲属包围着，大家都在一个宏大的、尚未完成的故事中紧密相连。理解和体验这个故事有助于培养与大自然的深层次联系。

自然指导技巧 ○

大自然故事时间

尽管大自然可能正在慢慢从儿童读物中消失，但是你仍然可以找到许多讲述非人类角色故事的书籍。你们当地的图书馆一定会有很多适合任何年龄段的读物。对儿童阅读能力的最重要的预测指标之一就是他们的父母是否每天为他们朗读。所以你应该用童话等充满神奇景观和生物的故事来丰富孩子的想象力。培养幼童时，要记住爱因斯坦的训诫："如果你想让你的孩子变聪明，就给他们读童话故事。如果你想让他们变得更聪明，就给他们读更多的童话故事。"动物故事特别有助于培养孩子对其他生物的同情心。在指导小学阶段的儿童时，试着寻找那些获得凯迪克大奖或凯迪克银奖的书籍。我很喜欢由拜尔德·贝勒（Byrd Baylor）撰写的《另一种倾听方式》（*The Other Way to Listen*）等书。适合十几岁青少年阅读的大自然书籍相对较少，但是你仍然可以在互联网上搜索到许多选择。

原住民故事

从你居住地的原住民民间传说中寻找故事。这些故事常常以当地的大自然为基础，包括植物、动物和地形。它们往往会讲述令人难忘的故事，比如特定的动物是如何获得它们的名称的，一些植物有什么药用价值，以及一些地方为什么被认为是神圣的。它们通常体现了一种与大自然联系深厚的精神，将人类完全植根于生命之网中。W.T. 拉尼德（W. T. Larned）撰写的《北美印第安人故事》（*North American Indian Tales*）就是一个例子。你可以考虑用这样的故事作为切入点，去了解在欧洲人到来之前生活在你所在地区的原住民民族。

创造自己的故事

每隔一段时间，把故事书放在一边，恢复以当地大自然为基础的、愉悦感官的讲故事艺术。用你的整个身体和声音回答问题：那些冷杉树是从哪里来的？它们为什么长得这么高？谁住在我们当地的池塘里？它们在那里住了多久了？为什么郊狼和兔子在上一次冰河时代中幸存下来了，而猛犸象和刃齿虎却消失了？你们当地的图书馆、自然历史博物馆或自然教育中心将很乐意为你提供必要的素材。你的目标是让附近的大自然显得充满活力，通过讲故事赋予它生命。这正是原住民民族几千年来一直在做的事，无论他们生活在哪里。如果你讲述这样的故事，哪怕只是每隔一段时间讲一次，你和孩子就都会开始以一种不同寻常的方式理解和体验你们的居住地。

走向宇宙

了解宏观故事的基本知识，并且向身边的孩子讲述它。在篝火旁讲故事是最好的，但任何其他地方也都可以。（以"在很久、很久、很久以前……"作为开头。）有好几本非常棒的儿童读物都是关于这个主题的，其中包括詹妮弗·摩根（Jennifer Morgan）的一部精彩的四卷本：通过将宏观故事植根于当地事物——可以是植物、动物、溪流和山丘——的自然历史中，使其生动起来。就连一座花园也可以成为一个用来讲述这个庞大到令人难以置信的故事的绝佳基础。如果讲述整个故事似乎太过令人生畏，那就把它分成几个较短的故事。乌鸦或知更鸟是讲述恐龙进化为鸟类的故事的绝佳切入点。夜幕刚刚降临时那只呱呱叫的青蛙在提醒人类回想起自己从水生过渡到陆生的历史。最重要的是要将我们今天的世界与我们是如何进化至此的古老故事联系起来。随着时间的推移，孩子会开始明白，一切事物的故事其实都是他们自己的故事，他们会起到决定故事结局的作用。

让大自然学习成为一种体验过程

思考如何将故事和户外体验结合起来，以传达科学和大自然的各个方面，将抽象的观点转化为有感而发。例如，走到外面的星空下，讲述所有动物，包括人类在内，都是由星尘构成的。尝试进行本章开始部分介绍的观察日落活动。在指导青少年时，可以去一座森林里，告诉他们为什么他们与树木有大约 1/4 的基因是一样的。（答案：因为在远古时代我们和树木有着共同的祖先。）如果你是一名科学教师，就考虑走出教室，在现实世界中传授重要概念。水，土壤，昆虫，云彩，鸟类，岩石——它们都在那里，等待着参与你的下一节课。考虑举办一个"众生大会"，让每位参与者都扮演大自然中的一样事物。这个练习将客体转化为主体，可以成为一种与地方建立情感联系的强大工具。

| 第三部分 |

生命阶段

HOW TO RAISE

A WILD CHILD

第 6 章

爱玩耍的科学家

指导幼童

> 在一个孩童的眼中，世界上没有七大奇迹，而是
> 有七百万奇迹。
>
> ——沃尔特·史崔提夫（Walt Streightiff）

自从蕾切尔·卡森那部改变了世界的名作《寂静的春天》问世以来，半个多世纪已经过去了。不幸的是，卡森没能亲睹随后发生的革命。这场革命影响深远，带来了环境保护运动、美国国家环保局的设立、对各种杀虫剂的禁令以及地球日。因此，毫不奇怪，对大多数人来说，蕾切尔·卡森这个名字会让他们想起一位热忱的活动家，她勇敢地与化工公司对抗，以捍卫人类和环境健康。

然而，这位谦逊的女性还是一位杰出的自然作家——如卡森的传记作者琳达·李尔（Linda Lear）所言，她是英语世界中最优秀的自然作家

之一，十分热衷于培养儿童的好奇心。如果你是海洋爱好者，却没有读过《海洋传》(*The Sea Around Us*) 或《海之滨》(*The Edge of the Sea*)，那就是你的损失了。我最喜欢的卡森的作品是她于 1956 年创作的一篇散文《激发孩子的好奇心》(*Help Your Child to Wonder*)。在文中，她清晰地阐述了培养儿童与大自然的深层联系的愿景。她的建议很简单：**在至少一位成人导师的陪伴下，去野外获得丰富的户外体验。**

公众对这篇文章的反应十分积极，以至于卡森决定写一本"好奇心之书"，然而她的梦想最终未能实现。首先，撰写《寂静的春天》占去了她的精力；其次，不久之后，她就因罹患乳腺癌而英年早逝。尽管如此，卡森关于好奇心的散文始终那么深刻而抒情，展现着大自然联系的原初力量，这一点特别反映在她对自己与小侄子罗杰的共同经历的刻画中。

她的论点在第一段中即得到体现，那是一段意象丰富的描述：

那是一个暴风雨来袭的秋夜，我的侄子罗杰当时差不多 20 个月大。在风雨交加的黑暗中，我把他裹在毯子里带到海滩上。在那里，就在我们堪堪能视物的地方，滔天巨浪发出阵阵轰鸣，隐约可见一些白色的形状，澎湃着，怒吼着，向我们抛来大把大把的泡沫。我们俩一起在纯粹的快乐中哈哈大笑——他，一个小宝宝，初会狂野喧嚣的大海；我则带着半辈子的对大海的热爱尽情感受。但我认为，在这个狂野的夜晚，面对浩瀚、咆哮的大海，我们感受到了一种相同的紧张刺激。

这段文字回答了可能已经在你的脑海中闪过的问题：我们应该从什么年龄开始建立与大自然的联系？自然指导应该从什么时候开始？答案是，自出生那一刻起，甚至在出生之前。我成年以后，母亲告诉我，当我还在她子宫里的时候，我们全家外出露营过，后来那个地方成了我在全世界最喜欢的地方——不列颠哥伦比亚省温哥华岛西海岸托菲诺附近的长滩。或许是太平洋的汹涌海浪给还在娘胎中的我留下了强烈的印象。

一位名叫"沼泽"朱迪的莫霍克人老者曾经告诉乔恩·扬，在她的文化中，母亲通常会把哭泣的婴儿抱到外面，指着远处的某样东西对着他们低语。待在户外的大自然环境中似乎能打破烦躁的魔咒，让婴儿平静下来。我发现，这个办法对较大的孩子也很奏效。

在本章中，我们将聚焦于 2 ～ 6 岁的儿童，探讨童年早期的大自然联系重点。蕾切尔·卡森告诫导师们：必须克服说教的冲动，努力成为共同冒险者。如果成年人能采取儿童的视角，就能取得最佳效果。通过这种方式，孩子成为老师，使成年人得以通过幼小的眼睛见证一个充满奇迹的世界。卡森进一步强调，情感比理解更为重要。她说："如果事实是日后产生知识和智慧的种子，那么情感和感官印象就是种子生长所必不可少的肥沃土壤。"

对体验和指导的双重强调体现了 EMU 中的 E 和 M。一种强烈且持久的好奇感通常是在丰富的体验中产生的，而这些体验中又有很多是通过在户外与富有同情心的成年人为伴获得的。

我们不能忽视 EMU 的第三个要素——理解（U）。我指的不是理解事实，例如动物的名称或花朵的各个部位。如果幼童想寻求此类信息（的确有很多幼童喜欢这样做），那就太好了，你不妨告诉他们一些。然而更好的做法是，和他们一起提问，一起寻找答案。但是，不要让事实阻碍体验，因为幼童很可能在体验中获得最深刻的理解，而这种理解方式我们目前才刚刚开始了解。最近的研究发现让我们能够以全新的方式一窥幼童的内心，其中一些结论至少可以说是令人诧异的。

爱玩耍的科学家

我们倾向于把孩子看作我们自己的缩小版：笨拙、具有高度依赖性，需要成长和成熟。直到最近，这种观点都是普通大众和专业心理学家的一致看法。例如，著名发展心理学家让·皮亚杰（Jean Piaget）就认为，学龄前儿童的思维是非理性和不合逻辑的，与科学思维截然相反。不奇怪，这种认为儿童是"训练中的成年人"的观点对于育儿、教育和政策都产生了巨大的连锁反应。

但是，这种观点准确吗？过去 20 年间的研究描绘了一幅截然不同的图景，表明我们严重低估了幼童的天赋。

心理学家艾莉森·戈普尼克（Alison Gopnik）是持这一新观点的前沿人物之一。我们在第 2 章中提到过，小孩比成年人更善于在大脑中构建事物间的相互联系。所有那些额外的网络使幼童能够以惊人的速度建立新的联系，而这种能力会通过他们思考和体验世界的方式得到增强。

戈普尼克的研究表明，婴儿和幼童往往会表现出广泛而分散的注意力，从而产生她所说的"灯笼意识"。如果你的最大需求是探索和吸收尽可能多的世事经验，那么这种分散型注意力是很有用的。想象一个爬来爬去的婴儿，他会飞快地从一个填充动物玩具爬到地板上的一团毛絮边，然后再爬到桌腿边，他的注意力持续时间似乎就跟一只小飞虫的差不多。

相比之下，成年人的注意力导向往往要狭窄得多。比如，当你读书时，往往会处于"聚光灯意识"型的心理状态中。聚光灯式思维往往由目的驱动，意识的光束会牢牢聚焦在某个特定主题上，灯笼式思维则将光明洒向四方，照亮范围广泛的主题。

因此，从一种非常实际的意义上讲，孩子的注意持续时间并不短暂，只是注意范围更为广阔而已。如果你依然无法想象一名幼童的灯笼意识的话，戈普尼克是这样描述的："这就像喝了三杯双份意式浓缩咖啡后第一次在巴黎谈恋爱。"

"儿童并不是有缺陷的成年人。"她说，"他们并非原始状态的成年人，正在逐渐达到我们的完美度和复杂度。相反，儿童和成年人是不同形式的智人。"她把人类比作蝴蝶，有着迥异的成长阶段，且每一个成长阶段就其自身而言都是高度成功的。然而，在我们人类这里，儿童才是蝴蝶，从一件事物飞到另一件事物上，而成年人则在扮演毛毛虫的角色，坚定不移地推进有着明确目标的任务。

尽管少儿的思维在本质上是分散型的，但其中一大部分具有惊人的科学性。学龄前儿童能够从数据中学习，并对因果关系做出准确的推断。他们会就周围的世界构建理论，并且很容易提出假设并通过做实验来进行检验。你会问，这不可能吧？

徐绯（Xu Fei）和瓦什蒂·加西亚（Vashti Garcia）做过一项新颖独特的实验，其目的听上去有点让人匪夷所思：确定 8 个月大的婴儿是否具有概率统计意识。由于研究对象不会说话，所以两位心理学家测量了"注视时间"，这是基于婴儿对意外事件注视时间较长这一发现。首先，成人实验者给婴儿们看一个装着红球和白球的盒子。在一组试验中，盒子里主要装着红球，只有少数几个白球，而在另一组试验中，情况恰恰相反。

接着，这名成年人闭上眼睛，从盒子里取出若干个球作为样本。如果该样本是随机的，我们就会预期这些球代表了盒子里球的分布情况（例如，取出的红球比较多就意味着盒子里大多是红球）。但在一些试验中，成年人耍了小小的花招，从红球占大多数的盒子里取出的主要是白球。婴儿能够看出样本与预期的分布情况相符合或不匹配，他们倾向于花更长时间注视不符合预期的样本。换句话说，他们对这种低概率的结果感到惊讶。是的，就连婴儿也有一种概率统计的意识！

加利福尼亚大学伯克利分校的戈普尼克"婴儿实验室"进行了类似的巧妙研究，旨在揭示婴儿和幼童的思维能力。科学研究的一个重要方面是借鉴其他科学家的理念和发现。因此，婴儿实验室小组决定测试学龄前儿童的观察学习能力。他们进行了一项研究，让 4 岁的孩子观察成人实验者操纵一个蓝色的橡胶球。一开始，实验者就告诉孩子们这个玩具能播放音乐，但她不知道具体该怎么操作。然后，实验者对这个球尝试了滚动、摇晃和敲打等各种动作。这些动作中的一些激活了音乐（由实验者远程控制），另一些则没有。当孩子们最终拿到球时，他们往往会只模仿那些激活音乐的动作，这表明他们具有观察学习技能。

第二种实验使用了一种叫作"布利吉"的游戏。在实验中，孩子们会玩一堆形状各异的积木，他们被告知只有少部分积木是布利吉，而且他们无法单纯通过外观来判断哪些积木是布利吉，相反，他们得通过将积木放在"布利吉探测器"上来确定它是不是布利吉。如果探测器播放音乐，他们就找到了一个布利吉；如果没有，那就不是布利吉。当然了，世界上其实并不存在"布利吉"这种东西，成人实验者只需打开藏在桌子下面的开关就可以让探测器播放音乐。

在一次试验中，成人实验者在探测器上放了一块立方体积木，探测器没有反应。然后，立方体被一个圆柱体取代，探测器开始发光并播放音乐。最后，圆柱体被取下来，实验者将立方体和圆柱体都放在探测器上，此时音乐和灯光再次被触发。这时，实验者请孩子让音乐停下来。年仅两岁的儿童已经比较善于评估因果关系，他们推断出圆柱体是布利吉，把它取下来就可以关闭机器。

考虑到孩子们的年龄，这是一个相当不错的发现，但还算不上惊天动地。作为成年人，我们每天都会使用类似的"非此即彼"的推理方式。

然而，在第三种实验中，戈普尼克和她的同事们改变、升级了设置，唤起了"彼此兼具"的推理方式。现在，只有两个布利吉同时被放在探测器上才会暴露身份，这时，即使添加了第三个非布利吉物体，它也会触发探测器。在这个实验中，四五岁的儿童推断因果关系的能力始终优于加利福尼亚大学伯克利分校的本科生。孩子们玩得很开心，毫不费力地提出新假设，并通过加减积木来检验假设。看起来，成年人更倾向于"非此即彼"的推理方式，而缺乏这种倾向的儿童则在学习能力方面表现得更为灵活和开放。

我们曾无数次看到，一个孩子没完没了地摆弄某样东西，可以是圆珠笔，也可以是石头，通过摆弄来测试其性能。实验性观察可以包括刮挠、摩擦、撞击、踢、扔和舔。同样，堆沙堡也是一项伟大的物理实验。在沙塔倒塌之前，你能把它堆到多高？如果你让墙壁变厚或薄一些，或是在沙子中掺入更多或更少的水，会发生什么？儿童会密切观察、调整、创新，并向周围的人学习。看来，我们都是天生的科学家，为了更好地理解这个世界而进行观察和实验。

儿童是如何展开对世界本质的研究的？当然是通过玩耍！玩耍是童年的标志，是童年存在的理由。从严格意义上说，孩子是在欲望的驱使下玩耍的。但这是为什么呢？为什么年轻人有通过玩耍了解世界的强烈欲望？目前，我们只能进行猜测，但我的个人观点与一支不断壮大的科学家队伍的不谋而合。

正如第 2 章中讨论过的，我们在展现灵活性和创造力方面远远超过了其他动物。这反过来又使我们拥有无与伦比的适应力和改变力。我们借助硕大的脑部努力了解自身所处的环境，想象其他的环境，并将这些想象中的世界变成现实。神经科学家用"可塑性"这个词来指代我们根据经验做出改变的非凡能力。

我们爱玩耍的小科学家正是在这里登场的。童年是这样一个生命阶段：我们的大脑会适应我们对自己的一切发现。我们在这个年龄会用想象力探索各种可能性，而不仅仅是有用的可能性。这种探索大部分是通过玩耍进行的。正如一直被人们引用的爱因斯坦曾经说过的："玩耍是研究的最高形式。"简言之，童年的任务就是通过玩耍去体验、学习和想象世界。成年则是把所有那些经验、知识和想象力运用和发挥出来的时候。戈普尼克将这种基于年龄的分工总结如下：

儿童和成年人之间有一种进化性质的分工。儿童是人类的研发部门——

负责天马行空、灵感乍现。成年人是生产和销售部门。儿童做出发现，我们付诸实践。儿童推出无数个新点子，大部分是没用的，我们从中挑选三四个好主意并加以实现。

如果这一观点是正确的，则正是在进化中形成的漫长童年（见第 2 章），以及童年时期顽皮的、蝴蝶般忙碌的探索，使我们的人类祖先能够适应他们所处的任何环境。如果是这样的话，那么我们就要深深感谢历史上的无数代儿童（以及成年人）让我们作为一个物种取得了无与伦比的成功。从非常实际的意义上讲，是玩耍让我们成为人类。

什么是玩耍？它为何如此重要

我们大多数人早已忘记玩耍究竟是什么感觉了。我指的是自由玩耍，实实在在的玩耍，由孩子们发起和主导，并经常发生在户外。在溪流中筑坝，建造临时堡垒和巢穴，用沙墙阻挡潮水，建造微型房屋或城市；前一分钟是消防员，下一分钟是人猿泰山，紧接着是超人——这些都会在真实的玩耍中发生。心理学家告诉我们，真正的玩耍是自发的，由儿童自由选择，在他们的主导下进行。玩耍活动由内心驱动，没有外在的目标和奖励。

如果你已经超过 35 岁或 40 岁了，那么你的童年很可能充满了这种自由随意、生气勃勃的玩耍，而且不仅仅是发生在周末。同样，当你回顾那些充满嬉戏的岁月时，你很可能会满怀深情。

然而，我们如今往往把玩耍看作微不足道的事情、一种让孩子"消耗精力"的发泄方式。从这个角度出发，校园里配置了游戏场地和攀岩设施，让孩子们摆脱过于旺盛的精力，从而能静心学习。根据这种观点，学习仅仅是在教室里发生的重要事情，尤其是指成年人与学生们分享信息。

因此，更严苛的学业要求导致许多学校削减或取消课间休息和体育课也就不足为奇了。

然而，最近的研究，包括前文中总结的研究，都证明这种观点是错误的。对一个孩子而言，玩耍是一件很严肃的事情，而且**玩耍实际上是幼童的最佳学习途径**。一位儿童心理学家甚至把两者等同起来：玩耍等于学习。

事实上，玩耍的益处远远超出了学习本身。另外，越来越多的研究都指出了玩耍在儿童的情感、精神和社交发展中的重要性。玩耍最重要的好处是增强创造力和想象力，二者都会在自由玩耍的影响下蓬勃发展。儿童善于探索想象的可能性、联想到其他选择，并努力使之成为现实。

此外，玩耍还有益于身体发育，促进骨骼、肌肉、感官和大脑的生长。在圆木上行走和爬树能增强运动能力和平衡感。万花筒般的景象、声音、气味、质地和味道能促进感官技能的发展，特别是在户外。摆弄玩具、搭建临时堡垒和在水中的石头上跳跃能够微调运动技能。大脑会扩展容量并形成复杂的神经通路，作为对嬉戏经历的回应。美国儿科学会（American Academy of Pediatrics，AAP）建议每天进行 60 分钟无组织的自由玩耍，以支持儿童的身体、心理和情感健康。

最后，我们千万不能忘记玩耍带来的最重要的社交益处。下次你去操场的时候，要留意幼童们第一次见面时的情形。你很快就会发现，对他们而言，名字并不重要。（然而，有趣的是，年龄很重要。"我 4 岁。你多大了？"）刚认识没几分钟的小孩子们会很自然地开始玩耍，通常是玩规则灵活、富有想象力的游戏。通过玩耍，儿童学会了如何社交——交朋友、合作、解决冲突，以及从失败中振作起来。

我们现在知道，童年的经历对大脑的化学物质组成和发育有着直接而持久的影响。所以，成年人完全能够通过让儿童获得不同的经验来引导其大脑的成长方向，这个说法绝不是夸张。因此，我们更加有理由去仔细选择那些经验，了解哪些可能有害，哪些可能有益。

神经科学中最深刻和最令人不安的发现之一就是，婴儿期大脑的化学物质组成与成年期心理之间有着直接联系。事实证明，成年人的成功并不是由基因决定的，准确地说，它主要取决于生命的最初几年，那时大脑正在迅速成长和转化。事实上，有害的压力——例如身体或情感上的虐待——远比智商更有助于预测一个人日后的成功（或失败）。

好吧，我们已经知道儿童不需要什么了。那么，要成长为健康的成年人，他们究竟需要什么呢？当然，他们需要成年人给他们喂食、穿衣、提供保护。他们需要大量的爱和养育，这样才能与至少一位家长缔结牢固的亲情纽带。他们需要有一个或多个成年人花足够多的时间和他们在一起，和他们说话，为他们朗读书籍。但同样的，幼儿期的孩子每天都需要大量的无组织玩耍时间，让他们尽情发挥想象力，探索周围的世界。因此，尤其是在幼儿期，如果儿童能够获得适当的体验和指导（E 和 M），那么理解——EMU 中的 U——就会自然而然地发生。

在大自然中玩耍

几年前，《连线》（*Wired*）杂志发表了一篇题为《有史以来最棒的五个玩具》的文章。鉴于该杂志的性质，读者们特别惊讶地发现，这份榜单上竟然没有高科技游戏，而是依排名列出了树枝、盒子、绳子、硬纸板筒以及泥巴。所有这些玩具有什么共同点？它们全都符合"零散部件"的要求，即全都没有特定的功能。换句话说，这种玩具的用途几乎是无限的，只受限于儿童的想象力。

比如说高居榜首的玩具——树枝。2008 年，它登上了美国玩具名人堂。树枝在尺寸、形状、颜色、质地和重量上千差万别。事实上，没有两根树枝是完全相同的。你可以用树枝在沙子、雪地或泥土上画有趣的图案。你可以让树枝在你的手上保持平衡。你也可以挂着树枝走路。树枝可以被轻松地变成魔杖、权杖、望远镜、鱼竿、铲子，当然了，还有剑（或者是更高科技版本的光剑）。一堆树枝——或者最好是圆木——是绝佳的建筑材料，可以用来建造巍峨的高塔、椅子、房屋和藏身之处。大树枝让孩子有机会检验自己的力量。我总是会快乐地回忆起小时候拖着巨大的枝条走在小路上的场景。（妈妈："斯科特，把那东西放下来！"爸爸："哦，琼，就让孩子玩得开心点儿吧。"）

如果一想到你年幼的孩子在玩树枝，你的心里就会发出强烈的警报，那么制定一些简单的规则就足够了，比如棍子不许碰到人，也不许敲到任何东西。

现在，将具有多种用途的树枝与填充动物玩具、布娃娃、战士模型以及玩具汽车等标准玩具进行比较。当孩子玩耍时，一只填充玩具小狗、狮子或海獭通常会表现出与其物种相吻合的行为。同样，布娃娃和战士模型的行为会更像人类（尽管有时会具有超自然能力），而玩具汽车和火车则充当交通工具。我并不想暗示这些深受欢迎的传统玩具不好，只想表明，我们可以并且应该用更具开放性的零散部件对它们进行加强。

比起室内的零散部件来，户外的零散部件要远为丰富多样。室内的人造零散部件为数不多，常见的就是细绳、盒子和硬纸板筒。相比之下，在户外，树枝和泥土的周围到处是开放式的、随手可得的物体。石头种类繁多，从巨石到石块再到鹅卵石，可以发挥无限的作用。植物材料也多种多样：除了树枝可能还有树叶、树皮、松果、花、果实、种子和橡子。此外，户外地形千变万化，通常具有树木、草地和水等典型的大自然要素，以及被树根、岩石、山丘和灌木丛遮挡形成的不平坦地形。再加上鸟类、昆虫、蚯蚓和其他小生物的存在，以及它们产生的副产品——壳、巢穴、足迹，等等——这样你就拥有了一个真正引人入胜的玩耍空间，很难找到比这里更好的地方了。

在大自然中玩耍零散部件为什么很重要？因为它为大脑和身体生长提供了燃料。自 1980 年以来，美国儿童的肥胖率几乎增加了两倍，目前徘徊在 17% 左右。美国疾病预防控制中心（Centers for Disease Control, CDC）将户外玩耍视为对抗这一令人不安的趋势的重要策略。粗大运动技能得益于操纵大型物体，如攀爬岩石，而涉及不规则小物体的玩耍则可以提高精细运动技能。在大自然中玩耍能够强壮肌肉和骨骼。户外活动给孩子提供了如今正为许多城市儿童所缺的常规剂量的维生素 D。最近的研究表明，由于户外玩耍需要在远近之间转换视线，所以这大大降低了儿童日后患近视的概率。户外玩耍能鼓励创造力和想象力的自由发挥，促进感官意识和协作。那些零散部件为儿童创造了对事物进行命名、分类和安排的无限机会。毫不奇怪的是，在大自然环境中玩耍也提高了儿童长大后热衷于环境保护工作的可能性。

通过这种开放式的在大自然中的玩耍，学习能力也会得到加强。当孩子构筑物体时，他们甚至会在不知情的情况下训练自己的数学和科学技能。那些零散部件经常被计算，甚至被用作货币。顽皮的小科学家通过向水中扔石头或是将石头滚下木板收集到重要的物理知识（例如，了解到滚石的速度会随着木板角度的增加而增加）。孩子还能通过装饰和布置自然界的物体来微调他们的审美感觉。因此，乍看显得琐碎无聊的玩耍行为其实往往是一种在资源无比丰富的环境中进行的学习活动。

这里有一个简单的实验。给孩子一桶大小、形状和颜色各异的石头。你多半很快就会发现，他们的玩法是无穷无尽的。孩子会滚动、堆叠、排列、掩埋、清洗、整理和藏匿这些石头。他们会把石头扔到水中和烂泥里，会把它们变成卡车、城堡或恐龙。如果受到鼓励，他们还会很高兴地给石头涂上颜料或是用它们制作各种艺术品。这些石头远比芭比娃娃和玩具卡车更能激发充满丰富多彩的想象力的玩耍方式。这种动手操作的亲身体验（也就是 EMU 中的 E）对建立与大自然的联系至关重要。

　　读到这里，你可能会说："是的，这一切听起来都很棒。可我的孩子们就是更喜欢待在家里玩电子游戏！"你甚至可能有过如下令人沮丧的经历：满怀兴奋地带孩子们到户外去，为的是让他们"融入大自然中"，结果他们却嚷嚷说太无聊，要求回家，家里有电视机和平板电脑在等着他们。我发现，尽管这种反应在学龄前儿童中很少见，但在童年中期的儿童中十分常见，尤其是那些花大量时间待在屏幕前、户外玩耍经验极少的孩子。在这种情况下，你可能首先需要拿出创意、遵循郊狼之道，设计一些活动来热身。这些活动可以是安静的，比如绘画；也可以比较活跃，比如玩捉迷藏之类的游戏。一旦获得了一些在大自然中消磨时光的经验，大多数儿童都会选择在外面跑来跑去，沉浸在充满想象力的玩耍中。毫无疑问，我小时候更喜欢户外时光，我猜你也一样。

泥土是有益的

　　"但是等等！"我已经听到下一个反对声了，"如果我们听任蹒跚学步的孩子在外面玩耍，他们就会弄得浑身脏兮兮的，而且可能会在玩的过程中吃掉那些零散部件。"由于害怕孩子弄脏、摔倒、噎住、感染"细菌"或是遭遇别的什么有害后果，我们的自然倾向是立即进行干预。但是，你要学会克制自己。除非真的有生命危险，不然就让孩子去自由探索。要注意你的表情和肢体语言。孩子往往会映射你的内心状态，无论是恐惧还是平静。所以，如果你担心或害怕，他们也会担心或害怕的。

　　说到泥土和细菌，孩子们似乎都需要遵循一种自然的、健康的生活习惯。但你可能听说过"卫生假说"，该观点认为，比起那些经常接触土壤微生物和其他不为人注意的生物的儿童，在过度消毒环境中长大的儿童更容易出现过敏和哮喘问题。这一观点近年来得到了非常大的支持。玛丽·鲁布什（Mary Ruebush）在其著作《为何泥土是有益的：五种让细菌成为朋友的方法》(*Why Dirt Is Good: 5 Ways to Make Germs Your Friends*)中较为全面地总结了这一观点。鲁布什认为,泥土吃得最多的孩子获得的益处最大,因为他的免疫系统会变得非常强大。我们的免疫系统是在生命的第一年内建立起来的。因此,早期接触一批潜在的过敏原是往后过上更健康生活的最可靠的途径之一。鲁布什还引用证据表明,在泥土中玩耍可以降低压力水平,降低患上肠易激综合征等肠道疾病的概率,同时还能提高专注力、扩大注意力的范围。

最近的另一项研究也表明,越脏越好。赫尔辛基大学的伊尔卡·汉斯基(Ilkka Hanski)和他的同事们对过敏症进行了一项有趣的调查,将居住在被大自然区域环抱的社区中的青少年与居住在由混凝土和修剪整齐的草坪构成的社区中的青少年进行了比较。他们发现,那些居住在更接近大自然的环境中、能接触到更多种类的本地植物的人,自身会被种类更为广泛的微生物所覆盖,比那些生活在消毒程度更高的环境中的同龄人更不容易出现过敏症。所以,就让孩子走出去,把自己弄得脏兮兮吧!

此外,请记住,联系大自然是一种接触性运动。待在修剪整齐的绿地边缘、眺望绿油油的原野,和真正置身野外、弄得一身泥泞是不可同日而语的。任何时候,只要有可能,就给孩子们充分体验后者的机会,并且让他们怂恿你本人也加入游戏!

大自然游乐场

亚当·比恩斯托克(Adam Bienenstock)是"在大自然中玩耍"理念的热忱倡导者。他个性十分鲜明,脑袋光秃秃的,脸上永远挂着微笑,散发出一种既专注又愉悦的独特气质,活像一位投身于理想的佛陀。

比恩斯托克正在通过自己的公司——位于安大略省邓达斯市的比恩斯

托克游乐场——执行一项使命。他的目标很大胆，就是要用圆木、巨石、树木、小路和连绵起伏的山丘所构成的玩耍空间——完全植根于当地的大自然环境中——取代传统的玩耍区域。他从 160 公里的范围内采购大部分材料。他认为游乐场是将社区与附近大自然联系起来的最佳方式之一。对此我再同意不过了。

作为一项尝试，比恩斯托克曾要求多伦多市长把城里一座最糟糕的、已经被所有人放弃的公园交给他，然后由他将它改造成一座大自然游乐场。市长同意了，给了他一座街角小公园，光顾那里的更多是静脉吸毒者而非附近的居民。比恩斯托克的团队移除了破旧的游乐设施，几乎将整个地方夷为平地。然后，他们给那里配置了各种各样的自然元素，包括一片片树丛、可以在上面行走的圆木、用木头制作的乐器、点缀着舒适长凳的小径以及大小不一的巨石。人们很快就做出了反应。随着公园的复兴，附近的居民又回来了，负面元素也在事实上消失了。一年之内，邻近地区的房价飙升了 20%。我们前去参观时看到，母亲们正坐在长椅上舒适地聊天，而她们的孩子则在快乐地跑来跑去，探索新奇事物和做游戏。

大自然游乐场的美好之处在于它能够直接激发儿童的热情。在由金属和塑料构筑的传统玩耍空间里，玩什么是由设计师决定的：先是荡来荡去，然后从滑梯上溜下去。其结果往往是引起竞争，孩子们为了谁可以做什么而争吵，然后就是沮丧和流泪。大自然游乐区恰恰相反，在这里，一切由孩子说了算。当孩子用触手可及的零散部件发明各种游戏时，想象力被激发了。研究表明，他们之间的互动也趋向于更具合作性，霸凌行为大大减少。如果有树冠的话，破坏和攻击行为也会减少。随着参与度的提高，每一次玩耍的时间也会变长，大约是老式游乐设备使用时间的三倍。

比恩斯托克集团等公司设计的游戏空间是对我们加深与大自然联系的

目标的回归。其设计不仅旨在调动五种标准感官积极参与，还旨在帮助激发好奇心和地方感。用于沉思的地方需要安静，但在运动时，孩子会提高他们的平衡性、敏捷性、粗大及精细运动技能，从而也会在精神上更加投入。想想看，在等间距的攀爬架和在一棵树的树枝间攀爬所要求的注意力水平是大不相同的。

　　大自然游乐场的成本与传统游乐场差不多，它也能锻炼儿童进行合理的冒险，专家们都说孩子需要冒险精神，但家长通常会因为害怕孩子受伤而对此严加防范。想象一下，一名幼童爬上一座标准的攀爬架，紧张的母亲会张开双臂站在下面。现在，用一堆大小不一的圆石代替刚才的画面。年龄较小的孩子只能爬到比较小的圆石上，但是年龄较大的孩子拥有较大的体型和较强的体力，可以登上更大的圆石，并安全地在圆石间跳跃，最终回到地面。这种被比恩斯托克称为"渐进式挑战"的方法，让儿童只在他们的能力范围内冒险。这一说法有统计数据支持，数据显示，骨折等"灾难性伤害"在大自然游乐场的发生率只占传统操场的一小部分。简言之，大自然游乐区域为所有孩子提供了一个学习掌握困难的身体动作的安全场所。

　　一场建造大自然玩耍空间的运动正在兴起。比恩斯托克游乐场公司与其志同道合的伙伴们正接到众多有意向者的来电。最近，美国国家野生动物联合会（National Wildlife Federation）和北卡罗来纳州立大学的大自然学习倡议会（Natural Learning Initiative）合作开展了"大自然玩耍和学习的区域指南项目"（Natural Play & Learning Area Guidelines Project），为设计、建造和管理大自然玩耍环境制定了指导方针。

　　现在，想象一下，如果每一座学校、公园、动物园、植物园和博物馆都配置了大自然游乐场（更不用说住宅后院了），那会怎么样？其结果就是，几乎每家每户的孩子都可以在轻松的步行范围内找到安全的、在大自然中玩耍的地点。我们将在最后一章继续谈论这个梦想。

指导目标

在杰德4～7岁的时候，我有时会和她一起步行2公里左右前往我们位于太平洋海岸1号公路旁的邮箱。通常，我会选择一个接近黄昏的时间和一条避开公路的路线，绕道穿过穆尔海滩。我们一路上难免会磨磨蹭蹭，捡起一些浮木碎片。在此期间，西面被落日余晖照亮的天空会从焦橙色逐步加深为深锈色。杰德会在岩石间爬上跳下，随着时光的推移，她挑选的岩石也越来越大。当我们带着几封信或许还有一两个小包裹回家时，微弱的星光已经穿透了天幕。

对我来说，取邮件只是一个"诡计"，一种让我和杰德与奇妙的户外环境建立联系的"狡猾伎俩"。通常，我们不会说太多话，更愿意潜心感受暮光渗入我们的身体。在这些迷你冒险之旅中，我最喜欢的部分不是握住她的小手的感觉，而是看到那些一天的活动刚刚开始的动物们——突然俯冲下来的蝙蝠狼吞虎咽地吃着昆虫自助餐；一只谷仓里的猫头鹰飞出来准备在夜间猎杀啮齿动物；一只灰狐从我们身边跑过，不知道要去哪里。对我和杰德来说，这感觉就像是在参与一轮大换班：像我们这样的昼行性动物准备去睡觉了，而夜行性动物则来打卡上班。换岗时间到！交班，轮到你了！

我发现，傍晚出门还有其他意想不到的好处。幼童往往不敢冒险进入漆黑的夜色中，但只要让他们经历一次从白天到傍晚的过渡，恐惧就会减轻。此外，正如蕾切尔和罗杰所发现的那样，夜晚有一种无形的力量，一种原始的感觉，经过成千上万年与"暗之子民"的亲密接触，这种感觉已在我们的心中根深蒂固。在我的陪伴下，这些取邮件的散步活动帮助杰德适应了晚上身处户外的感觉。也许，最重要的是，通过步行而不是开车，我是在以身作则地表达我对大自然的重视和感激之情。我没有说任何话，杰德就得到了这样一个信息：自然界很重要，它是我们的一部分，我们也是它的一部分。

幼童就像狼崽一样，他们渴望到外面去冒险，却不能离爸爸妈妈太远。他们一心在自家附近探索和拓展边界，但是会经常跑回家，以获得一些安全感。作为一名自然导师，关键是要让孩子们在大自然环境中——后院、海滩、树林、沙漠、小溪、公园——待上充足的时间，在那里他们可以尽情摆弄所有零散部件，直到精疲力竭。当他们把随便某样东西拿来让你看时，你要表现出兴趣，除此之外，你就只管让孩子们自由游荡，运用他们的所有感官进行探索。对孩子来说，最终收获将是一次奇妙的体验，他在这个过程中深化了与你和大自然的纽带。

在这一阶段，我们的主要目标之一是建立同理心。在谈论树木和动物时，要把它们作为令人惊叹的生命形式——每一种动植物的构造都是为了发挥在那个地方的作用，每一种动植物都有着独一无二的体验世界的方式。通过阅读动物故事来满足孩子对语言和大自然的渴望。鼓励他们想象成为一只鸟或一棵树的感觉，并将之表演出来。如果你愿意的话，就加入他们，像树一样高高地站着，或者像鹰一样"飞翔"。记住，这种模仿是培养与大自然的联系和建立同理心的极有效的方式。

蕾切尔·卡森强调了成年人导师作为共谋者的作用：用行动和语言并重的方式来传达大自然的价值，无所顾忌地沉湎于和孩子一起待在户外的体验。她的另一句名言最好地表达了幼童指导工作的精髓：

> 如果一名儿童想保持他与生俱来的好奇心……他需要至少一位能够分享这种好奇心的成年人陪伴，与他一起重新发现我们这个世界的乐趣、刺激和谜团。

你要成为这样的成年人。你只需通过与儿童分享在大自然中的经历，就可以给他的生活带来巨大改变，并在这一过程中找到自己的快乐。成为一个野孩子的道路始于当一个好奇的孩子。好奇心能够加深联系，伴随着更深层次联系而来的是同理心，然后是关心。随着时间的推移，关心最终会变成爱。

培养野孩子的诀窍 6

或许，担任儿童在幼儿阶段的自然导师既是最简单的事情也是最困难的事情。简单地说，就是把孩子带到外面，然后为他们让路，让他们尽情地玩！

 自然指导技巧

自由玩耍规则

自然指导的基本规则之一是让儿童满足自己与生俱来的渴望。儿童渴望玩耍，这是他们的本性。所以，在生活中给孩子留出一些固定的时间，让他们参与到无组织的玩耍中去，将其中一部分时间放在户外。在这里，"无组织"意味着没有成人的指导或监督。鼓励孩子创造他们自己的富有想象力的游戏和活动，最好能使用现成的大自然元素，比如水、树枝、泥土和石头等零散部件。你可以随意收集一些此类零散部件，但更好的做法是让孩子去收集。较大的部件，比如粗大的树枝，可以用来搭建临时建筑，例如堡垒或桥梁。较小的部件则可以用于几乎无限多样化的活动。将目标定为每天进行1小时的户外自由玩耍，然后看看这对孩子有什么影响。急剧增加的海量证据表明，这种在大自然中的玩耍对于他们的生理、心理、情感和社交发展以及他们的日常健康都至关重要。而且，他们会为此爱你的！

联系大自然是一项接触性运动

如今存在一种过于常见的现象，即儿童与大自然的接触受到一种"可观看而不可触碰"的指令支配。由于感到我们必须不惜一切代价保护大自然和我们的孩子，所以我们往往采取这种绝对弊大于利的做法。联系大自然依赖于第一手的、多感官的接触。这是些混乱而脏兮兮的工作——采摘树叶和花朵、掀翻岩石、抓住蠕动的虫子、在池塘里踩水玩。如果缺乏这样的体验，儿童的成长过程将是贫瘠的，他们不太可能喜爱大自然环境，更不用说保护它了。所以，你应该放松管制，为你身边的孩子提供一些亲身实践型的大自然体验。当孩子想爬树、扔石头或踏入泥塘中时，不要总是对他们说"不"，而是要深吸一口气，给予鼓励。不要过于担心泥土和刮痕。衣服和身体可以洗干净，伤口也可以愈合。

大多数时候，孩子并不需要被教导如何与大自然建立联系。这种联系深埋在他们的基因里。与其把联系大自然看作需要教给幼童的东西，真正关键性的做法是把他们带到外面去，让他们做顺其自然的事情！至少，偶尔要找一个比较野性的地方，让孩子可以离开现成的道路，"另辟蹊径"地走上一程。尽可能多地给予他们自行探索的空间。随着孩子日渐长大，你尤其需要这么做。

释放虫子

在儿童的帮助下，养成用杯子和卡片捕捉进入你们家中或教室里的昆虫和蜘蛛的习惯。最好使用透明的塑料杯，这样你们就可以先观察这些小动物，然后把它们放到外面去。我和杰德多年来一直在家里这样做，这促使她更仔细地观察各种"虫子"。这种活动的潜台词（如果你愿意的话也可以直接说出来）是：这些多腿动物中的每一只都是一个拥有自己生活的个体，一个值得我们帮助的生命。如果孩子表现出强烈的兴趣，你可以和他们一起弄清楚你们捉到的是哪种动物，但鉴定本身并不重要。或者，你们也可以决定牺牲一些个体，把它们钉在卡片上，然后保存在大自然收藏室中以备将来观察。是的，我理解拯救与杀戮之间存在尖锐矛盾，但是在进行后者时可以采取一种能够向儿童展示所有生命的价值和重要性的方式。如果就连杀死昆虫都让你感到不适，那么另一个选择就是收集死虫子钉在卡片上，以充实孩子的大自然展台。

夜间冒险

正如蕾切尔·卡森和她的侄子所发现的那样，无论你是什么年龄，沉浸在夜间户外的大自然环境中都会让你感受到一种强大的力量。在黑暗中，海滩、沙漠、森林甚至住家附近的公园都给人一种完全不同的印象。而且，当然了，太阳下山后也会有不同的生物出现。所以，假如你能找到一个安全的地方，那就寻找机会带孩子进行夜间冒险，哪怕只是在街区附近散步或是在后院安静地待上一会儿。仔细观察他们，看看他们的兴趣（和恐惧）指向哪里。做真实的自己，敞开心扉，重新点燃那孩童般的好奇心，追寻他们的激情和你自己的激情。如果你带头展示这种全神贯注的嬉戏态度，孩子就会感到更安全，并且会效仿你。最终结果将是你们俩都会产生越来越强烈的好奇感。

如果你住在城里，那就每隔一段时间逃离城市环境，去体验真正的黑暗的天空：最棒的试金石之一就是能否看到银河——那条横跨天际的闪耀的星光带。躺在繁星闪烁的夜空下，尤其是在那些一年一度的流星雨来临的时刻，世上几乎没有比这更震撼心灵的体验了。

添加一些零散部件

无论你是老师、家长、祖父母，还是其他类型的看护人，你都应该给孩子的玩耍空间添加一些零散部件。无论是校园、后院还是庭院，添加一些岩石、圆木、水和树枝之类的大自然元素都可能改变户外玩耍体验。我见过一些令人称奇的场所，在那些地方，孩子可以拿到一些长长的、类似于竹竿的树枝，用来搭建类似于印第安人的圆锥形帐篷的结构。当然，如果你们去当地的公园，很可能会有大量零散部件在那里等着你们。我们的目标是让孩子的想象力和身体自由地发挥和创造。你完全可以坐下来，让孩子们来当主持人。如果你非得参与其中，那你一定要跟随他们而不是领导他们。记住，要想让自由玩耍实现真正意义上的自由，就必须让孩子说了算。

第 7 章

能力大爆发的年龄

指导童年中期的儿童

想让特别的地方对孩子产生魔法般的效果，就
要允许他们做一些攀爬和损坏的事情。他们需要能
自由地爬树，到处乱糟蹋，捕捉各种东西，把自己
弄得湿漉漉的——最重要的是，可以去没路的地方
乱窜。

——罗伯特·迈克尔·派尔

伟大的博物学家、英国广播公司野生动物节目主持人大卫·爱登堡
爵士（David Attenborough）经常被问到："你是怎么开始对动物产生兴趣
的？"他的回答永远是一句反问："你到底是怎么对它们失去兴趣的？"

大卫爵士想说的是，几乎所有儿童都对动物和大自然有着一种强烈的
迷恋。证据就在于，他们有不计其数的与动物有关的游戏、服装、玩具、

毛绒玩偶、书籍，以及关于世界各地动物的电影，从《狮子王》到《快乐的大脚》（*Happy Feet*）。动物园、自然博物馆、水族馆等场馆的年度游客人数是另一项强大的指标。这些机构的游客以带着幼童的家庭为主，每年在北美的累计参观人数超过了所有职业体育赛事的现场观赛总人数。

对于幼童而言，将动物视为有思维、有情感的个体——作为主体而非客体——是再自然不过的做法。这种非人类的"他者"的存在极具吸引力，影响着孩子们如何看待自己以及自己在世界中的地位。请回想一下我的女儿杰德以及她和本地红尾鵟雷迪之间的关系。

不幸的是，像爱登堡这样对动物满怀热情的成年人为数太少了。大多数儿童进入童年中期时都对动物和大自然充满了疑问和好奇，然而，在进入青春期后，同样是这些孩子，他们有极大可能已经"成长脱离"热爱动物的阶段了，对大自然的热情也将消失殆尽。我们认为这种转变是一种成熟的标志，其前提是一个心照不宣的假设，即儿童对野生动物及整个大自然的情感依恋是幼稚的，在某种意义上是一种妄想症。到四年级时，有 1/3 的男孩和女孩已经对科学失去兴趣，这很可能并不是巧合。到了八年级时，该数字上升到了接近 50%。

在童年中期那些关键的岁月中究竟发生了什么？对自然界的兴趣下降是否是成熟的必然结果——也许与大脑发育及对社会领域的兴趣提高有关？或者说，这种脱离大自然的行为是不是由文化趋势推动的？有没有一种可能，即儿童中常见的对动物和大自然的热情是健康状态，而我们成年人才是妄想症患者，是多年来对抗性条件作用的受害者？

我们倾向于把幼儿期和青春期与身心方面的爆发性转变联系在一起。在幼儿期，幼儿学会走路和说话。在青春期，身体的成熟与青少年对同龄人和性的着迷联系在一起。相比之下，6 ～ 11 岁的童年中期通常被认为

○　counter-conditioning，指通过强化不相容的或对抗性的反应以削弱或消除不良行为习惯的过程。——译者注

是一段快乐、平静的时期，对父母和老师而言都是一段令人喜悦的时光。

然而，神经科学和其他领域最近的研究结果表明，童年中期并不是静止不变的。在那些天使般纯真可爱的笑靥背后，大脑正在经历巨大的变化，产生了令人震惊的新能力。当一些新的突触连接被建立起来时，也有数以百亿计的其他突触被密集地剪断。比较粗壮的路径得到巩固和扩展，比较细弱的路径则被边缘化或切断。这种情况导致的后果就是，大脑经历了一次重大重组，使不同区域间的交流变得更加有效。

总的来说，童年中期的大脑保留了童年早期的一些灵活性，但却变得足够有条理，能够努力思考宏大的抽象理念。这时，真正的逻辑和推理已经成为可能，所以学习上会发生重大飞跃。儿童越来越有能力克服自己的自我中心倾向，真正从别人的角度看问题。他们也能反省自己的成功和失败。当大脑经历了这些新的改进，对冲动的控制得到了极大的提升，注意力、短期记忆和未来规划能力将随之大为改善。

当然，此时也会发生生理变化。肌肉和骨骼会变宽变长，从而使身体变得更苗条，更具运动能力。粗大运动技能会发生飞跃，孩子越来越擅长跑步、跳跃、平衡、投掷和攀爬。精细运动技能也遵循相同的发展趋势，从剪切和粘贴到绘图和上色。在这个年龄段，儿童终于能够系鞋带、用牙线剔牙，以及弹奏乐器了。

童年中期常常被称为理性的年龄，指儿童新近获得了抽象思维能力。然而，在我看来，这一人生阶段更适合被概括为技能大爆发的年龄。有生以来第一次，日趋成熟的思维和身体使孩子能够完成以前不可能完成的壮举。伴随这些新能力而生的，是一种展示自身技能的深切渴望。这种渴望是如此强烈，以至于那些认为自己在学业、社交和其他领域（例如体育或音乐）缺乏能力的儿童，很容易变得抑郁并产生孤独感。在童年中期的这几年中，学习技能并获得他人认可是一条最基本的内在指令。

因此，并不奇怪，全世界的儿童都是在介于幼儿和青少年之间的人生阶段首次被安派做各种工作的（尽管这在当今的北美和欧洲并不常见）。照看婴儿、提水、捕鱼、种植、收割、烹饪，这些都已经完全是该阶段儿童力所能及的事情了。

所以，从表面上看，儿童对动物和大自然失去兴趣并没有明显的身心成长方面的理由。相反，我们天生就有一种理解和把握我们所在世界的内在动力。我们的大脑和身体经过细致调整，能够在整个童年时期帮助我们完成生命过程中的这一必要任务。有成千上万的成年人（包括我自己在内）支持这一说法，他们始终保持着童年时代的对大自然的热爱。此外，还有许多原住民社会，对它们而言，深刻、持久、发自内心的与大自然的联系仍然是一种文化规范。

不，这道难题的答案存在于人的身体之外。西方文化中有一种特别的东西，倾向于扼杀人与大自然的联系。第 4 章中概述的学校教育的驯化倾向无疑是问题的一部分。但同样至关重要的事实是，儿童越来越难以获得通过独立漫游来汲取大自然魅力的机会了。

以爱好为杠杆

在杰德过 8 岁生日时，我和托妮请旧金山湾区的自然艺术家扎克·派恩（Zach Pine）来参加我们在穆尔海滩的活动，并邀请了大约 30 名儿童和成年人前来庆祝。扎克是一个了不起的家伙，他选择放弃医学生涯，追求一种截然不同的爱好——用艺术把各个年龄段的人与大自然联系起来。除了他的自然艺术工作室之外，他还在学校、公园、博物馆等公共场所设立"与大自然共同创造"的亲身实践区。在扎克看来，他用自己的大自然工作所带来的治愈效果不亚于当医生所能做的。而且，虽然扎克和其他自然艺术家显然拥有高超的技能，但是初学者并不需要有过往经验。任何人都可以成为自然艺术家！

那是一个美丽的夏末清晨，大海正处于低潮期，60 厘米高的海浪懒洋洋地拍打着海滩。扎克首先鼓励孩子们去四面八方收集原材料，也就是零散部件。大家兴高采烈地跑开，在残骸杂物中到处翻找。几分钟后，他们回来了，带着大把的蟹壳、石块、树枝、羽毛，还有长长的巨藻。接下来，他把孩子们分成若干工作小组，教他们各种技能，比如堆石头（这里的窍门是，相邻的两层之间至少得有三个接触点）和用沙子制作近乎完美的球体（这里的关键是，要使用半湿的沙子，然后把沙球一次又一次地抛向空中）。

大多数孩子都是杰德在学校和当地社区的朋友，正好完全处在童年中期。我注意到，比较年幼的弟弟妹妹们倾向于逗留在父母的附近，不断地寻求肯定。与此同时，杰德和她的朋友们则分散到各个地方，要么单干，要么两个人搭档，完全忘记了爸爸妈妈的存在。我看到一些孩子自发地在呈波浪形排列的石头和沙球中巧妙地编排 2 米长的海藻。另一些孩子则用木头、沙子或岩石搭建神龛，在上面摆放精心排列的羽毛和蟹壳。我很快就明白了，自然艺术充分利用了童年中期对获得新技能的热情。此外，它还提供了同侪联系和协作的机会，使开放式创造成为可能。

事实证明，扎克的热情极具感染力。大多数成年人一开始对此很冷淡，但很快就投入进来，努力掌握岩石堆积或沙球制作技能。最终，大家通力合作，进行最后的润色。该艺术作品群的中央是一座 3 米宽的"祝杰德生日快乐"心形雕塑，用沙球、贝壳、石头、海藻和羽毛装点得美轮美奂。大约 90 分钟后，我爬上附近的一座小山丘，以便从上方好好地俯瞰一下。当我转身审视创作现场时，我简直喘不过气来。这群人已经把一大片荒凉的北加州海滩变成了一座壮观的自然艺术展馆！后来，我们坐下来吃了一顿美味的野餐，同时欣赏着我们的作品。不断上涨的潮水开始慢慢地、坚定地收复它的地盘，为下一批艺术家将画布冲刷干净。

童年中期最大的渴望之一是获得一定程度的自由和独立。这一阶段的孩子觉得自己必须将新发现的能力加以运用，去体验新的领域：地理的、社会的、情感的和智力的。对于一个蹒跚学步的孩子来说，一座有几丛灌木和一些泥土的后院可能已经具有足够的野性了，但对于处在童年中期的少儿来说，野性可能意味着沿着一条两岸有树林的城市溪流行进。先前那种待在温馨的"爸爸妈妈安全室"里的渴望被一种破门而出、探索新领域的渴望所取代，而且通常不需要成年人的陪伴。

然而，尽管壮观的荒野环境会对年轻人产生最大的影响（正如我们将在下一章中看到的那样），但是在童年中期，附近的大自然仍然是关键元素。处在这个阶段的孩子会寻求与当地的、熟悉的事物建立联系，无论是一块空地，还是小溪的河床。在理想的情况下，探索这个地方时没有成年人指导，甚至没有成年人在场，孩子可以在这里扎根并培养与之深厚的联系感。对当年的我来说，这个地方就是森林，也就是本书引言中描述的我在不列颠哥伦比亚省温哥华市的家附近的次生林保护区。

熟悉的事物和平凡的事物具有不可低估的力量。罗伯特·迈克尔·派尔是这样说的：

> 我们通过与某一特定地域的近距离亲密接触学会了对地球做出反应……我们需要认识到改变事物的魔力就发生在不起眼的地方……每个人都有或者应该有一条时常探访的沟渠。因为只有沟渠——以及田野、树林、峡谷——才能教会我们足够关心大自然。

因此，对这个年龄段的孩子进行自然指导的一个重要元素就是放松控制，让他们有自由和机会找到属于自己的地方，并经常光顾那里。

在童年中期，儿童的玩耍往往更具激烈性和竞争性，越来越注重考验身体极限。"踢罐子躲猫猫"这样的游戏、足球和篮球等团队运动都会让他们上瘾。同时，在童年中期，孩子会开始鼓起勇气从事不熟悉的、通常是危险的活动，如滑板、冲浪、攀岩和浮潜等。

对于这个年龄段的孩子而言，最经典的活动曾是建造一座堡垒（今天已经很少有这种情况了），最好是在某个秘密的地方，无法被成年人窥探到。为什么建造堡垒会有如此大的吸引力？因为它体现了童年中期的核心渴望：自主权、能力，以及脱离成年人。

幸运的是，这种表现自身能力的欲望也会延伸到家庭生活中。在童年中期的某个时刻，大多数孩子都会从无视家务活——不管是叠衣服还是修剪草坪——转变为愿意参与其中。郊狼式导师可以通过分配户外任务和赋予儿童独立完成任务的责任来激发这种渴望。效仿我们的狩猎采集祖先，为孩子寻找采集的机会，浆果、樱桃、李子和苹果都是不错的选择。如果方便的话，前往当地的自摘自采农场。（大多数孩子都会乐意帮你在超市里"觅食"，寻找购物清单上的商品，虽然这不是最深层次的大自然联系方式。杰德一直很喜欢这项活动。）

在你们当地，还有哪些大自然元素是孩子想收集或捕捉的？这些选择可能包括橡子或石头、蜥蜴或青蛙。许多儿童已经学会了凭借纯粹的速度抓住蜥蜴，或是通过更聪明的方法，如用一根长长的草叶做一个"套索"。激励儿童去做一些收集和捕捉工作，然后回来讲述其经过。这些探险活动的内容可以是抓拍照片而不是捕捉生物。关键是让孩子走出去进行收集，这样他们就能带回来一些东西。这些挑战为讲述当天的故事贡献了极好的素材，同时也为你这位自然导师在理解和体验之间灵活发挥提供了很多途径。

让人有点哭笑不得的是，尽管童年中期的孩子渴望从父母那里获得某种程度的独立，但他们也将父母视为榜样和向导。

最近，我和两位户外活动爱好者进行了一次谈话，其中一位是狂热的飞蝇钓鱼者，另一位是大型动物狩猎人和成就卓著的动物雕塑家。两个人都声称他们的孩子已经与大自然建立了牢固的纽带。当我问他们是怎么做的时候，钓鱼者谈到了带孩子们出去露营和钓鱼，鼓励他们加强对周围环境的认识。他在一定程度上是通过提问来达到这一目的的：鱼以哪些飞虫为食？山雀的歌声在不同的季节是如何变化的？鱼喜欢在一天中的什么时候聚集在河流的什么地方？

与此同时，动物雕塑家则愉快地分享了女儿陪他长途跋涉去观察野生动物的故事。他也会提问题：鹿走路时腿是怎么动的？当它开始跑步时会有什么变化？成年麋鹿的身材比例和肌肉与幼年麋鹿的有何不同？她显然会仔细倾听，并且学会了如何注意这些细节。如今，她会独自去野外旅行，近距离研究狼和其他动物，以便为自己的艺术创作收集细节信息。

这里的关键点是，这两个男人在追求自己的户外爱好时都带着自己的孩子。当孩子感觉到那种对能力的渴望，便会开始深入了解这些爱好，在不知不觉中利用它们加深自己与大自然的联系。这里的经验教训是，虽然密切观察儿童的个人兴趣并予以支持很重要，但作为一名自然导师，你也需要对自己的兴趣保持真诚的态度。与儿童分享这些经历终将巩固他们与大自然之间的纽带。他们会喜欢做让你感兴趣的那些事情吗？也许会，也许不会。我建议你不要太过卖力地敦促他们，因为他们自己会想出答案的。但孩子会被你的热情激励，与大自然缔结更牢固的纽带，在这个过程中，他们也许会在一种或多种户外活动中培养出专业技能。

所以，不管你是父母、祖父母、老师还是保姆，你的大自然爱好是什么？观鸟？山地自行车？绘画？不管是什么，想想看你能如何利用它来诱导孩子的欲望，加深他们与大自然的联系。如果你还没有任何大自然爱好或兴趣活动，那就考虑找一个。大多数这样的活动——包括钓鱼、打猎、园艺、采蘑菇、登山和观鸟——都需要学习一套可以终生提高的技能。换言之，它们涉及各种能力，正是有可能吸引童年中期的儿童积极参与的事情。

这也是孩子第一次拥有足够的条件开始进行每日蹲点观察（见第 3 章）的年龄。考虑一下从你的孩子开始，每天花几分钟时间，或者至少一周几次，去同一个大自然环境中，仅仅是倾听、观察和分享你们的经历。或者，如果你只是喜欢在公园里散步或是去附近的大自然区域徒步旅行，你可以通过鼓励孩子打开他们的感官来利用这项活动，也许还可以在途中收集或捕捉一些东西。

对于 6 ～ 12 岁的孩子来说，你的问题可以提得更为抽象、更具探索性和突破性，远远超出几年前的那些问题。这里存在的最大机会就是利用你以及儿童对大自然的爱好，把孩子带到户外，提高他们的意识，并加深他们与大自然的联系。

狂喜时刻

回想你的童年，回忆一个对你来说极其有意义的地方。如果你愿意的话，不妨闭上眼睛，冥想在那个地方度过的一个难忘的时刻。想象各种细节：眼前的景象、气味、声音，无论你是独自一人还是和别人在一起。请你暂时放下其他东西，照我说的做……

好，你记忆中的那个地方在室内还是在室外？如果你是出生于 1946 年至 1965 年间的婴儿潮一代，那么你很可能会选择一个大自然元素丰富的户外环境。而且你很可能会想象自己正处在童年中期的某个年纪，沉浸在一个让你觉得颇为不可思议的地方。

在丰富的大自然接触中长大的最后一代人中就包括了像我这样的婴儿潮一代。然而，在我的众多演讲中，当我指导大家做相同的练习时，我发现绝大多数出生于 20 世纪 60 年代末和 70 年代的人仍然会选择一个户外环境。大自然非常善于以令人难忘的方式激发我们的情感。

至于童年中期，该人生阶段的经历具有会给人留下深刻印象的特质。人类学家伊迪丝·科布（Edith Cobb）在检视 300 位"天才"——其中包括科学家、艺术家、发明家和作家——的自传时发现了一种很明显的趋势：他们中的大多数人都强调自己在青少年时期的这一中间阶段曾有过强烈的大自然体验。

有一个特殊时期，即……童年中期，大约从五六岁持续到 11 或 12 岁——介于幼儿期动物般的挣扎努力和青春期的各种风暴之间。在此期间，自然界以某种极易激起情感共鸣的方式被体验，使儿童产生了某种与自然过程的深刻的关联感。

据这些作家说，他们的记忆之旅主要就是重返人生早期的这一中间阶段，为的是在生命源头恢复创造的力量和冲动。……在这些记忆中，儿童似乎体验到一种断裂感、一种对自己独一无二的独立性及身份的意识，同时他们也体验到一种延续感、一种与作为过程而存在的大自然重新建立起来的关系。

科罗拉多大学博尔德分校的路易丝·查拉批评了科布的一些方法，并修正了她的一些结论。查拉基于自己的研究成果强调了这样一个事实：不仅仅是天才，任何人都可以在自然界中获得这种超然的体验，而且这种经历可以激发创造力。她还区分出不同程度或深度的体验，并强调了"狂喜之地"的作用。

查拉所说的"狂喜"（ecstatic）一词可以追溯到它最初的希腊语源头，意思是"突出的"或"立于我们自身之外的"。她强调，出现这种狂喜的时刻和地点是很微妙的，它高度取决于初始条件，其关键要素包括自由、发现，以及多种感官的运用（当我回顾我在导言中描述的满满一靴子蝌蚪的经历时，我发现我的所有感官都产生了共鸣）。然而，野生大自然并不是必要条件，许多此类具有强大影响力的时刻都发生在城市大自然中。而且，和我的青蛙池探险一样，并非所有这些经历都发生在童年中期。

肯尼斯·克拉克（Kenneth Clark）在他的《文明的轨迹》（*Civilization: A Personal View*）一书中很好地描述了深度大自然体验的力量和精

神实质：

完全沉浸——这就是对大自然的热爱长期以来被接受为一种虔诚信仰的根本原因所在。我们可以通过这种方式失去自己在整体中的身份，从而获得一种更强烈的存在意识。

查拉从她的研究中得出结论，狂喜时刻是一种罕见而影响力持久的天赐礼物，能给我们带来充满意义的回忆和一种平静的意识内核，让我们理解人类是深深植根于大自然中的。她补充说，至少对一些人而言，狂喜时刻也有助于培养其富有创造性的性格。谁不希望自己的孩子拥有这样的体验呢？

被软禁在室内的人生

今天，对大自然的体验虽然还不至于落到在灭绝的边缘摇摇欲坠的程度，但肯定处于困境之中。日程表排得太满的孩子没有时间去体验大自然。处于过度保护之下的孩子被关在室内，接受持续的监视。此外，在电子屏幕前花费过多时间的孩子会选择由他人创造的虚拟世界。许多儿童同时符合这三种情况：日程表排得太满、被过度保护，以及在电子屏幕前花费过多时间——他们实际上过着被"软禁"的生活。

受"直升机家长"和"虎妈"这样的贬义标签所累，爸爸和（尤其是）妈妈们经常因为最近发生的上述转变而备受指责。然而，家长同样值得我们同情和理解。上一代人见证了我们在童年观和育儿观方面的文化变革，而这一变革则导致了难以抵抗的强大新潮流。

事实上，几乎所有父母都希望自己的孩子能得到最好的，而且他们会为此不遗余力。累死累活的父母为自己的孩子寻找最好的学校。有经济实力的父母则大把大把地掏钱，支付私立学校、学业辅导老师、校外音乐课、运动队和夏令营的费用。当然了，在这中间他们还要经常充当司机，接送孩子上学放学、观看似乎遍地开花的周末足球赛、参加玩伴聚会、去朋友家过夜。

类似的趋势也体现在过度保护儿童方面。玩伴聚会，即由成年人精心安排的持续几个小时的儿童聚会（不幸的是，它通常很少涉及真正的玩耍），是最近才由反对冒险活动的家长们发明出来的。在 20 年前，根本就不需要什么玩伴聚会。在我们大多数人的孩提时代，如果需要找人一起玩，我们只需步行或骑自行车去朋友家敲门，或者直接去附近转转，因为其他孩子已经在那里玩了。今天，那些让孩子步行上学或是傍晚和周末让孩子在附近闲逛的家长都有可能被贴上不负责任或是更糟的标签。一个无人照看的孩子在社区周边闲逛很可能会导致旁人报警。

所以，难怪孩子们的生活被安排得满满的，几乎没有时间去……呃，当一名小孩子。

害怕让我们的孩子处于无人看管状态并不是北美独有的现象。在欧洲和澳大利亚进行的几项研究发现，可接受的儿童自主活动范围半径已经急剧缩小。根据英国的一份报告，在过去的四代人中，该半径已经缩小超过90%。该报告重点描述了发生在一个家庭中的故事，对比了曾祖父（8 岁时可以在无人看管的情况下最多走到离家 10 公里的地方）和如今的 8 岁曾孙（活动半径限制在 300 米左右）所体验到的自由。

尽管统计数据并不支持今天的孩子更容易被陌生人绑架这一观点，但父母的恐惧却是非常真切的。理查德·洛夫写道："我们的恐惧是否常常接近于非理性状态？当然是的。没人敢说育儿行为本身是完全理性的。如果是的话，人类就会让科学家来抚养大家的孩子，在实验室里进行，与对照组一起。"

在《大西洋月刊》（The Atlantic）最近一篇题为《被过度保护的孩子》（The Overprotected Kid）的文章中，汉娜·罗辛（Hanna Rosin）描述了我们这个时代的一个巨大悖论。作为父母，我们中的许多人比以往任何时候都忙，父母都要工作且工作时间比以往更长的家庭已经非常普遍。然而，母亲和父亲花在孩子身上的时间却比以往任何时候都多。这是怎么做到的？

答案就是，当我们的孩子不在学校时，他们几乎一直处于监督之下。罗辛写道："我女儿大约 10 岁时，我丈夫突然意识到，在她的一生中，她在不受成年人监督的情况下度过的时间大概不超过 10 分钟。10 年间不到 10 分钟。"罗辛的女儿绝不是个例。如今，对儿童的持续照管是一种常态（尽管常常让人感到不舒服）。这可不是一种能让人进入狂喜的大自然时刻的秘诀。

我从亲身经历中了解到与这些潮流做斗争是什么感觉。杰德现在已经进入青少年期。作为一名小学生，她的家庭作业比我和妻子在她这个年纪的要多得多。我们向杰德的老师表达了我们的担忧，却没有得到多少同情。"家长们希望我们布置这么多作业。"我们被告知。至于课外活动，我和托妮决定让杰德选择一项体育运动和一种乐器。于是她从二年级开始学敲鼓，三年级开始上空手道班。这种音乐加武术的组合一直持续下来，极大地限制了杰德的课余自由活动时间。当她想和朋友们在一起玩时，大部分是通过玩伴聚会和在朋友家过夜来实现的，而在这些场合，成年人跟他们大多只有一墙之隔。

然而，杰德确实也花了很多时间在户外。我们很幸运，能带她出去远足、露营、在海滩上玩耍，以及参加各种大自然主题的夏令营。因此，她认为自己是一个"大自然女孩"，并且千方百计找时间待在户外。然而，这种户外活动时间很难获得，往往需要进行相当多的筹划。我很遗憾杰德未能获得更多在户外进行无组织玩耍的时间，更不用说独自一人待在户外了。

我认为，对父母来说，花点心思平衡各种风险是很重要的。在保护我们的孩子免受某些冒险行为的伤害时，我们是否在冒更大的风险？当然，如果我们总把孩子关在家里，那么他们被陌生人绑架或是被车撞的概率就可能降低。而且，是的，如果我们的孩子从不爬树，那么他们手臂或手腕骨折的概率也可能会降低。

但是做出这些选择的代价是什么呢？如果没有长时间的大自然体验，儿童会失去什么呢？我们可以用强有力的论据说明，自由玩耍可以带来许多身体、精神和情感上的益处。总是待在室内的另一个潜在害处是失去自主性。孩子需要测试自己的极限，有时这得在成年人警觉的目光之外进行。此外还有那些狂喜的、能够创造出意义的时刻；如果大自然未能成为童年不可或缺的一部分，这些时刻就可能永远不会出现。当然，没有任何头脑清醒的父母会选择让自己的孩子陷入困顿，然而，这正是我们把日程安排过满的儿童关在室内可能导致的后果。

现在仔细考虑一下。如果当前这种室内育儿趋势没有得到遏制，那么在一代人的时间之后，当人们被要求说出一个富有意义的童年地点时，他们将如何回答？如果绝大多数人都选择室内环境，我们失去的将是什么？

蜂鸟育儿法

所以，既然大多数父母都不太可能任由孩子自由自在地在外漫游，至少在可预见的未来不会这么做，那就让我们换个问题吧。我们如何才能在降低风险和控制恐惧感的同时让我们的孩子走到户外去，让他们拥有一些有意义的自主权？

以下是一些值得考虑的策略。首先，让孩子去户外的最好方法就是和他们一起出去。把家庭户外活动作为优先事项，必要时制定一个日程表。你可能会对它所产生的效果感到惊奇。EnviroMom.com 网站的共同创建人、两个孩子的母亲蕾妮·利蒙（Renee Limon）声称："当我们走出去时，我的孩子会展示出他们最好的一面。那些关于这次轮到谁先走或是下一步该做什么的琐碎争执不复存在。突然间，孩子们变得很有创造力，他们挖土、捉虫子、蹦蹦跳跳、纵情大笑。"

第二个策略是规划进行户外活动的时间。如今，孩子们的生活节奏十分疯狂，他们不太可能获得合理的大自然玩耍时间，除非你把它安排在日程表上。换言之，如果你同意户外活动时间是成长过程中不可或缺的一部分，那就把它列为优先事项，并把它插入每周的日程安排中。让你的孩子知道你正在这么做，并向他们解释为什么你认为这很重要。

考虑到当今家长的担忧，如果要让户外玩耍成为儿童生活中不可或缺的一部分，那么大部分玩耍可能都会被安排在后院、校园、庭院和公园这样的地方。幸运的是，只要加入一些大自然元素，例如圆石、树木、沙子、草地，也许外加一座花园，这些环境就可以变得相当野性，尤其是对幼童而言。简单地添加本地的野花就能吸引本地的昆虫和鸟类。这种再野化方法能够创造出各式各样的微型栖息地，非常适合让孩童投入富有想象力的玩耍中。

对于正处于童年中期，也就是我们当前讨论的焦点年龄段的孩子而言，要试着去寻找一些地方，能够让他们在距离和自由度方面拥有更多的自主性。家长可以考虑当地的公园或其他类型的开放空间。对教师而言，学校操场可以成为在大自然中玩耍的理想场所，这一点我们将在第 10 章中加以详述。

米歇尔·惠特克（Michele Whitaker）提供的策略可能是最有帮助的：试着当一名"蜂鸟家长"吧！用她的话来说："从对孩子们进行直升机式监督到完全忽视不管——我的做法可能更接近直升机式监督。事实上，我自称为蜂鸟家长。我倾向于保持一定的物理距离，任由孩子探索和解决问题，可一旦出现安全问题（这并不是经常发生），我就会拉近距离。"

　　我喜欢蜂鸟这个比喻。惠特克建议成年人注意与孩子保持物理距离，并随着孩子的逐渐长大不断退后，以提高孩子的自主性。沿着这条道路，我们可以找到办法实现我们的目标，即保障孩子安全的同时允许他们冒险和挑战极限。如果我们成功了，最终成果将是又一代在自由放养中长大的儿童。

　　但是困难之处在于，要想取得最佳效果，自然指导就不能是一种孤军奋战。由一个人扮演主要角色是可以的，但是儿童需要众多导师。

需要全社区的参与

　　如果你是一名 6 岁或 6 岁以上儿童的家长，我敢打赌，你一定亲身经历过以下场景：

　　你："今天过得怎么样？"

　　孩子："很好。"

　　你："你做了些什么？"

　　孩子："没做什么。"

　　你："哦，别这样。一定发生过什么让人兴奋的事情。"

　　孩子："没有。"

　　然后，每隔一段时间，在进行过一次此类"颇有收获"的交流之后，又有人来了——可能是姐姐、叔叔、祖父母、朋友或联邦快递员，他们问了同样的问题。突然间，你的孩子滔滔不绝地说出一连串生动活泼的故事："在体育课上，埃文被棒球棒击中脑袋，不得不被送到医院去缝针……哦，在英语课上，弗莱彻女士给我们讲了一个希腊神话故事，说的是一个叫作库克罗普斯的可怕的独眼怪物……"

　　你的第一反应可能是："什么……你把我当什么了？空气吗？"可是，

由于至少能听到孩子当天生活的一些细节，你又会有一种释然的感觉。

问题是，爸爸和妈妈并不总是合适的谈话对象，尤其是在童年中期。事实上，出于一些往往不太清晰但可能与渴望独立有关的原因，爸爸妈妈可能恰恰是错误的谈话对象。广义上的叔叔阿姨——也就是说，几乎所有喜爱你的孩子、愿意聆听你的孩子、深得你孩子信任的成年人——往往是他们的首选倾诉对象。

将这一点放在自然指导的语境中加以考虑。你可能会怀着世上最好的意图，会提出问题并试图在一次大自然远足之后让你的孩子讲述当天的故事。但如果你身为家长，那么至少在某些时候，你的努力需要获得另一位成年人的支持。所以，真正的郊狼之道也包括考虑可以找谁来帮助你完成自然导师的工作。如果没有人在脑海中出现，那就花些精力，寻找更多或许可以担当这个角色的人。

同样的因素往往也适用于孩子的冒险行为。假设你的儿子想爬到高高的树上，或者你的女儿想跳过一条湍急的小溪。作为一名家长，即使你同意他们这么做（对许多人来说，这是极不可能的事情），你也可能会在无意中导致你的孩子发生意外，因为你的神经太过紧张，你过于担心他们的安危。相对而言，充满关爱的"叔叔"或"阿姨"可能恰好可以把握谨慎看护和热情支持之间的平衡，最终让孩子取得一次激动人心的胜利，从而增强孩子的自信心。

由于童年中期的儿童往往很崇拜青少年，渴望有一天自己也能穿上那些更大的鞋子走路，所以，另一个很好的策略是将各个年龄段的孩子混合在一起。在你的家族或周围的人际网络中寻找值得信赖的青少年，他们可能愿意帮忙带着比较年幼的孩子外出探险。与流行的看法相反，青少年，尤其是那些有着丰富大自然经验的青少年，经常乐于和较年幼的孩子一起出去玩。

别忘了，祖父母及其他长辈在大自然联系中也起着至关重要的作用。首先，他们通常属于"父母之外的关爱者"，这使他们成为儿童讲述故事的绝佳对象。其次，祖父母正迅速成为唯一在童年时期有着深刻的大自然联系感的人群。他们这一代人正是理查德·洛夫所说的"林间最后的小孩"。因此祖父们和祖母们往往有很多大自然故事可以讲述，可以调动孩子的想象力，帮助他们拓展边界。"当年，在我像你这么大的时候，我们会去池塘那里，捉很多青蛙。那些滑溜溜的小跳蛙很狡猾，但我们学会比它们更狡猾，我们会悄悄地凑上前去，它们根本感觉不到我们逼近了。"

今天，奥杜邦学会（Audubon Society）、塞拉俱乐部（Sierra club）以及其他志同道合的环保组织都感到十分担忧，因为它们的会员主要是些上了年纪的人。下一代会员将从何而来？更重要的是，如果我们对大自然体验的集体记忆逐渐化为乌有，那么谁将在未来担任地球的管家？

祖父母和其他长辈们，现在轮到你们闪亮登场了。作为大自然联系的主要火炬手，你们所处的位置非常理想，可以在年轻一代如何看待自己与自然界的关系方面施加真正的影响。找一些可以与之分享你的大自然故事的孩子，通过分享，激发他们创造新的故事。我们需要借助你们的热情和智慧来孕育出下一代热爱大自然的人！

好消息是，不管你是谁，你都不应该觉得自己必须成为身边孩子唯一的自然导师。事实上，如果拥有众多处于不同年龄段的导师，孩子可能会建立起更深厚的大自然联系。比起这个来，比较麻烦的事情或许是你需要找到其他愿意并且能够提供帮助的人。

此时此刻你可能会想："好吧，这听起来是一个很棒的方法，但是在我的家族中不会起作用，而且我真的没发现有任何朋友可以担当这个角色。"在你陷入绝望的深渊并把我这本书扔进壁炉中烧掉之前，请允许我提出一个或许行得通的解决办法。

家庭大自然俱乐部

这么做的前提很简单，即让两个或两个以上的家庭定期在户外聚会，比如每月一次。让孩子们跑来跑去地玩耍，大人们则吃吃喝喝，聊大人的话题，享受在一起的时光。这听起来很有趣吧？现在已经有数千个家庭报名参加了。"儿童与自然网络"目前有大约 200 个注册家庭大自然俱乐部，该项数据在过去几年内骤增了一倍。一些俱乐部由若干家庭组成，使用诸如"高地公园护林员""泥靴子"和"危险爸爸"之类的名字，另一些俱乐部则有数百个家庭成员。

奇普（Chip）和阿什莉·多纳休（Ashley Donahue）家住弗吉尼亚州罗阿诺克市，他们想找到办法让自己的三个孩子进行户外活动。在《林间最后的小孩》一书的启发下，他们创办了一个免费的家庭大自然俱乐部：KIVA，即"冒险吧，山谷里的小孩！"（Kids in the Valley, Adventuring!）在两三篇报纸文章和一些积极口碑的支持下，它吸引了 600 多个家庭加入。该俱乐部每月出游都做些什么？徒步旅行、野餐、大自然恢复项目，只要与户外活动相关即可。遇到寒冷或下雨的天气，你猜怎么着？他们仍然会裹得厚厚实实地走出去。俱乐部只有一条规定，即出于安全和巩固家庭纽带的考虑，父母或监护人在任何时候都必须与他们的孩子待在一起。多纳休夫妇每月发送一份免费资讯，推荐适合孩子玩耍的户外目的地。

理查德·洛夫或许是家庭大自然俱乐部的最大支持者，他热切地列举了这些俱乐部的诸多优点。他指出，这些俱乐部可以由任何社区的任何家庭组成，从城市中心直到乡下田间。它们可以免费创建，会员资格是免费的（在大多数情况下），并且通常包括免费活动。大自然俱乐部能够依靠集体安全性来帮助克服恐惧，能以最小的精力投入和最少的筹划工作来组织富有吸引力的户外活动。它们让父母和其他看护者分享关于附近大自然的知识，增强所有人对大自然的了解。最后，还有最重要的动机因素：还是让我们面对现实吧，如果知道有其他家庭在等着我们，我们就更有可能踏上周末的大自然之旅。

我觉得洛夫的确说到了点子上，而我想在他的基础上添加三个额外的好处。第一，孩子往往很乐意去任何可以和其他孩子一起玩耍的地方，所以家庭俱乐部有可能让孩子摆脱电子产品带来的消沉状态，对大自然感到兴奋不已。第二，很多成年人互相帮忙照看小家伙们时，作为一名蜂鸟家长，你会更容易发展自己的才能。第三，家庭大自然俱乐部有可能发展成一个自然导师社群（包括青少年们、叔叔阿姨们和老人们），对数代人的力量善加利用，让父母不再是唯一的自然导师。其他这些导师只需提供最少的指导：问一些拓展性问题、倾听故事、分享自己的故事、帮助孩子安全地应对风险。另外，也别忘了你自己。你也需要支持，包括来自志同道合的成年人的支持，你可以和他们分享你自己培养大自然联系的故事。

洛夫憧憬着，有朝一日，这种俱乐部能成为每一个社区的常态。为了帮助实现这一梦想，他参与创立的"儿童与自然网络"提供了一个免费的在线工具包，方便你创办自己的俱乐部。几乎每天都有新的俱乐部出现，你家附近可能已经有一个了。如果没有的话，你何不自己成立一个呢？

我们如何才能力挽狂澜，阻止儿童在童年中期失去对大自然的兴趣？答案之一可能就是围绕家庭大自然俱乐部形成的社群。

培养野孩子的诀窍 7

对处于童年中期的儿童来说，要给予他们丰富的探索机会、适当的自主权以及展示能力的机会，以培养他们的大自然体验，从而激发他们对大自然的渴望。

自然指导技巧

成为蜂鸟家长

童年中期的儿童渴望在一定程度上与成年人分开，获得一些独立性。对该年龄段的儿童进行自然指导的最大挑战之一，就是通过克服时刻守着孩子的冲动来满足他们的上述需求。所以，与其当一名直升机家长，不如努力培养作为一名蜂鸟家长所需的飞行技能。这意味着你要给予孩子冒险的空间和自主权，大部分时间你都得待在外围啜饮花蜜，只有在必要时才靠近他们。如果退居后方的做法让你感到紧张，那就先从近距离开始，然后慢慢地往后退，看看感觉如何。此外也要注意观察孩子对你们之间距离的感受。随着他们年龄增长，扩大你们之间的距离也变得越来越重要，这样才能让孩子有承担一些风险、犯一些错误并应对后果的自由。我们的目标不应该是消除风险；儿童最终必须学会独立应对有风险的环境，否则，在成为青少年和成年人之后，缺乏经验的他们将面临比这严重得多的后果。如果你采取这种逐步提高自由度的方式，孩子就会变得越来越自信，越来越能干。

发挥艺术天赋

遵循扎克·派恩的做法，把你的孩子变成自然艺术家。你可以在大多数户外环境中找到必要的原材料。泥土、树枝、石头、羽毛、松果、花朵，这些都是很棒的艺术元素。年龄较小的儿童最喜欢的一个主题是用小树枝等植物材料搭建童话屋，甚至是迷你村庄。这种艺术能激发想象力，带来故事创作的灵感。另外，自然艺术也可以是宏大而华丽的，就像本章中描述的海滩艺术品。当然，你尽可以发挥你内在的艺术天赋。如果你这样做了，你很可能不需要教孩子任何东西。他们会密切注视你，模仿你的行为。在完成所有的艺术创作后，不妨把作品拍下来做个记录。孩子喜欢在回顾中发现自己的艺术能力是如何随着自己的成长而提高的。对于教师来说，可以发挥创意，考虑如何将艺术和科学交织在一起。

河流冒险

我们对野性的看法会随着年龄的增长而成熟。一个有着树木、灌木和石头的后院对学龄前儿童来说具有足够的野性。但对于6～11岁的儿童而言，与大自然的联系最好是通过在稍远环境中的野外冒险活动来培养。森林是特别棒的环境，海滩也是，而最有效、最容易接近的选项则是河流，河岸上最好是绿色植物，而不是建筑物。即便是城市区域的半野生河道，也往往是鱼类、青蛙、蝴蝶和鸟类等许多生物的栖息地。为了获取最佳效果，要鼓励孩子花时间仔细观察。如果条件允许，让他们进入水中，逆流而上，沿途进行观测。一张小网总是很有用的，可以捕捉经过的小动物。你们可以时不时玩一个游戏，让孩子们两两搭档或是分成小组，看谁数到的动植物种类最多。另外，如果条件允许，让孩子脱离成年人的直接监督和指导，放飞自我。童年中期是一个人开始探索故乡的年龄，而自主权是培养对地方的热爱之情的重要因素。

发现你自己的大自然爱好

我一直对鸟类很着迷，虽说到目前为止还没有成为一名专业的观鸟者。不过，由于我总是观看鸟类，听它们唱歌，所以我的女儿杰德多少也成了一名鸟类观察者。我个人最喜欢做的是把徒步旅行和观鸟结合起来。如果你还没有找到一项热爱的大自然活动，不妨考虑在这方面花些工夫。现实情况是，除了极少数的例外，如今大多数孩子都不会主动进入大自然，除非我们带他们过去。而且，我们还是面对现实吧：除非有什么令人信服的理由让你前往大自然，否则你是不太可能这么做的。所以，找一项活动，不管是在离家近的地方进行（比如园艺）还是在离家远的地方进行（比如钓鱼或雪鞋健行），只要可以和身边的孩子一起参与就行。除了能让你和孩子真正融入大自然中，其潜在的好处还包括加深你本人与大自然的联系，让你能亲身示范大自然的价值（以及你与大自然的联系），为讲述当天的故事提供现成的叙事来源，以及建立一种让孩子也能随着时间的推移不断完善的技能。

积极参与俱乐部活动

当今的儿童不会主动进入大自然中，最大原因或许在于我们成年人没有把它作为优先事项。让大自然成为我们的天性及生活方式的一部分，需要大多数人把它安排在我们忙碌的生活日程表中。在这里，家庭大自然俱乐部可以发挥巨大作用。它为我们提供了可以根据计划定期进行户外活动的家庭联系组。家庭大自然俱乐部使进入大自然的过程变得容易，因为小组成员分担了郊游组织工作。俱乐部为你的孩子提供了现成的儿童玩伴，以及一群可以与之互动的志同道合的成年人。看看你所在的地区是否已经有家庭大自然俱乐部了。如果没有的话，考虑创办一个。它是免费的，而且"儿童与自然网络"网站提供了一个简易工具包，可以助你起步。与其他"大自然家庭"合作的最大好处之一是，你可以即时进入一个帮助你开展自然指导工作的社群。所以，加油吧！释放群体的力量，让你的大自然联系和指导工作突飞猛进！

HOW TO RAISE
A WILD CHILD

第 8 章

社会性动物

指导青少年

毛毛虫身上没有任何东西能让你预见到它会变成
一只蝴蝶。

——R. 巴克敏斯特·富勒（R. Buckminster Fuller）

200 个成年人并肩站在一起，在一片森林空地上围成一个巨大的圆圈。这是第 3 章中介绍的在圣克鲁斯山举办的为期 1 周的"指导艺术"集训的第四天。这群成年人业已形成一个目的明确的社群，在活动之前的每一个上午都会以类似的方式聚在一起，分享各种通知并讨论当天的活动。但是此刻这个圈子却与先前的不同。

在通常的开场白结束之后，一组 10 名少年在一男一女两位 20 多岁的辅导员的陪同下进入了空地。他们衣着松垮，其中有几个又高又瘦，尚未完全发育好，其余的几个则更像小孩子，尚未迎来青春期的爆发式发育。

成年人的圈子暂时打开一个缺口，让这些少年进入，在圈子中央组成他们自己的一个更小的圈子。随后，这些成年人一同慢慢地向内靠拢，在这些孩子的外围围成密密的一圈，直到他们之间还剩下大约 1 米的距离。

一名工作人员宣布："我们现在聚在一起欢送这些年轻人，因为他们即将开始一段为期多日的荒野跋涉。"他补充说，这远不像一次背包旅行那么简单。这些年轻人正准备启程去探险，去发现自己，发现同龄人，发现群山，并在这一过程中提高自己的认识力。

他让每位少年宣布自己的旅行目的。

"我的目的是更好地了解我的同龄人。"一个女孩说。

"我的目的是拓展我的极限，并从中找到乐趣。"一名瘦高个的男孩说。

等所有少年都说完之后，成年人获得机会用话语表达对他们的支持。鼓励的声音响彻整个圈子："尽情享受这次旅行吧！""要互相照顾哦！"等等。

那些更为年幼的孩子先前一直都是旁观者，最后，他们都被邀请站到成年人和少年们之间的狭窄空地中。他们满脸笑容又十分紧张地走了进来，有些在少年们的腿间窥视，寻找自己的哥哥或姐姐。他们也获得机会分享他们的"智慧"话语。

"不要主动找死。"一个小女孩说。

"也不要把别人害死。"她的朋友补充道。

接着，少年们被告知，所有人将齐唱一首歌，引导他们踏上旅程，而且我们会一直唱到他们完全消失在视线之外。我们的确是这么做的。现在，想象一下，200 人在鼓声的伴奏下齐唱一支简短却又意味深长的歌，一遍又一遍。那种强烈的感觉简直难以言表，就像是站在一处偏僻的海滩上，听着巨浪反复冲击海岸——一言蔽之，震撼人心。

大约 1 分钟后，少年们走出圆圈，背上背包，开始向山上走去。有几个人回头挥手致意。几分钟后他们拐了个弯，消失不见了。我们继续唱了一会儿，把声音提得更高，这样他们没准儿还能听到我们。然后我们停了下来。不久之前把我们团结在一起的能量开始消散。我突然间从永恒感中回到了此时此刻，并注意到周围一些人的脸上流下了泪水。杰德站在我对面，满脸惊奇，仍然凝视着少年们在森林里消失的地方。

少年人的大脑，少年人的渴望

有时候，在成年人的口中，青少年就像是外星物种一样，或者至少是大脑被外星人暂时劫持的人类。这绝不是一种最近才出现的感想，因为长期以来，青少年一直被视为正在形成中的谜一般的事物。亚里士多德和苏格拉底为他们发出哀叹，就连莎士比亚也不例外：

> 我希望16岁和23岁之间并没有别的年龄，否则这整段时间里就让青春在睡梦中度过吧；因为在这中间所发生的事，不过是叫姑娘们养起孩子来，对长辈任意侮辱，偷东西，打架……○

神经科学家在过去的20年里才刚刚在理解青少年大脑的内部工作机制方面取得了长足的进步。不久前，人们还认为大脑的主要发育都是在生命早期完成的，最晚不迟于童年中期的早期阶段。然而，新的成像技术使我们能够拍摄活体大脑的照片和视频。这些新工具揭示，这个器官尽管在6岁时已经接近成年人大小，但是在整个青少年期和20至30岁之间仍在继续发育和变化。

一般来说，脑细胞会发生三种变化。第一，它们会大量繁殖、迅速成长，形成新的连接。第二，它们会被修剪，未使用的细胞会像玫瑰花丛中多余的枝干那样被切除。第三，它们会被隔离，表面被涂上一层叫作髓磷

○ 此段引用朱生豪译文。——译者注

脂的物质，可以提高传输的速度和效率。我们现在知道，脑细胞增殖在青春期早期达到高峰，随后修剪和隔离开始占主导地位。在这一用进废退的过程中，体验是不确定因素。被体验激活的脑细胞会被保留下来，其余的部分则会被修剪掉。

让事情变得更为复杂的是，21 世纪青少年的大脑似乎正在成为力量失衡的牺牲品，这种失衡与风险和回报有关。一方面，青春期会引发大脑内部的生理和化学变化，导致青少年高估回报的价值，尤其是与同龄人相关的社会性回报。他们花费超乎预期的精力去操心如何投射"正确"的形象，无论那是怎样的形象。这种大脑变化解释了为什么青少年有如此强烈的冒险动机，或者说觉得自己不得不冒险。你不妨回想一下青少年追求爱情和体育目标时的强烈情感。

好在大脑中有一个叫作前额叶皮层的区域，负责控制冲动、指导决策以及进行长期规划。这部分脑组织就位于额头后方，也与自我意识和防止不当行为有关。在这里，体验再次成为关键因素。当我们面对具有挑战性的决定时，前额叶皮层就会发生改变，这样我们就可以通过反复试验来磨炼我们的专业技能，并增强控制冲动的能力。

根据一个目前正日益获得支持的假说，这两个系统——一个提供强烈动机，另一个发挥抑制作用——在人类狩猎采集和农耕时代的运作更为同步。那时候，青春期的情感冲动被学徒身份和成年人指导所带来的早期丰富体验所抵消。在那些社会里，孩子在童年中期被安排从事打猎、采集、烹饪、照看孩子等工作。通过及早使用大脑的前额叶皮层，年轻人早在青春期的化学鸡尾酒发挥作用前就开始磨炼重要的、通常也是带有风险的技能，比如挥舞砍刀或照料火堆。

今天，在北美地区，大多数孩子在接受学校教育之外几乎不做任何其他事情，不仅在整个童年中期是这样，在青少年期也不例外。让青少年看护孩子和送报纸的工作似乎已经不复存在了。父母宁可强咽下一顿不新鲜的麦片加酸奶，也不愿让他们 8 岁的孩子做晚饭。对 21 世纪的年轻人来说（至少在发达国家），那种至关重要的、高度依赖体验的控制和抑制系统在青春期来临时并没有得到充分开发。因此，人们才会提出假设，认为青少年在应对风险方面准备不足，经常会做出错误决定。

加利福尼亚大学伯克利分校的一位心理学家是这样说的：青少年早在学会操作方向盘和刹车之前就已经获得了加速器。这绝对不是理想的配置。

好吧，让我们再来看看好的一面。因为有这些不断增殖的脑细胞，所以青少年非常适合学习和创新。与童年中期的儿童相比，他们的抽象思维和概念思维能力以及道德和伦理推理能力都大大增强。在生命的这一阶段，大脑首次能够理解最大的时间和空间尺度（至少达到了人类大脑力所能及的理解尺度）。虽然进化论和生态学的重大理念——包括宇宙故事以及生态系统中的物质和能量流动（见第 4 章和第 5 章）——可以并且应该在童年的早期和中期即被引入，但是我们要到青少年期才能开始理解它们的意义，理解我们在这浩瀚宇宙中的位置。

就我们所做讨论的目的而言，最重要的或许是，我们知道青少年渴望进行具有极高社会回报潜力的冒险，尤其是那些涉及同龄人的冒险。在理想情况下，这些冒险包括那些青少年之前经验最少的挑战，能够清楚地表明他们正在告别童年。自尊心、自我意识、自我认同，这些都是青少年志在必得的标靶，即使弓箭手本人往往被蒙着双眼。

那么，大自然能发挥什么作用呢？

青少年和大自然

如果你现在到外面去，让一个大的随机抽样人群对一系列在不同地点——城市、农村和荒野——拍摄的照片进行评分，那么绝大多数人都会表现出对大自然环境的强烈偏好。如果你在世界各地不同的文化群体中重复这一调查，那么即使照片中的大自然环境的得分从壮观到平凡递减，你也很可能会得到同样的结果。

在过去的 40 年里，这一发现在若干国家被重复了多次。许多人认为这种偏好是遗传性的，嵌在我们的基因中，反映了人类的祖先曾经过着与自然界亲密接触的生活。值得注意的是，人们往往对水草丰饶、点缀着一片片树木的稀树草原类型的环境表现出最强烈的偏好，因此，一些人认为，这种嗜好也是我们内在的固有倾向，是来自人类起源地非洲的进化包袱。我对后一种说法持怀疑态度，因为在过去的 7 万年里，人类一直生活在世界各地的各种环境中，而且我们现在知道，基因能够以非常快的速度进化。

让我更感兴趣的是这些研究中的另一个发现，即青少年不同于更年幼和更年长的测试对象，他们对所有类型的大自然环境的偏好都较弱。他们对郁郁葱葱的森林或山区图像的评价不高，相反，他们对充满活力的城市环境表现出更强的偏好，比如有轿车和公交车的城市街道。蕾切尔·卡普兰（Rachel Kaplan）和斯蒂芬·卡普兰（Stephen Kaplan）在研究了这些证据后得出结论：青少年的这种倾向并未明显反映出对大自然的厌恶；测试参与者的选择仍然表明了他们对大自然环境的欣赏和享受。只不过，大自然不再能对青少年产生与城市区域同样的吸引力，因为他们对于和城市同龄人互动的热情在这个时期获得了极大的提升。

这是否意味着青少年应该将大自然联系抛到脑后，让它"凉一凉"？绝非如此。野生大自然提供了绝佳环境，可供青少年与同龄人一同接受大胆却不至失控的挑战。而且，如果有其他同龄人参与的话，青少年往往会非常热衷于户外活动。

问题在于，他们并没有在大自然中花很多时间。

2012 年，一个名为 StageofLife.com 的在线博客网站调查了 4000 多名美国青少年和大学生，询问他们对大自然的态度。对于任何想在青少年中培养大自然联系的人而言，研究结果十分有助于他们弄清楚这么做需要面临的挑战。

有大约 89% 的受访者认为他们这一代人与大自然脱节。当被问到是否关心人类对大自然的影响时，有同样高比例的人回答说："是的，我非常关心。"或者"是的，我关心，但我没有积极参与。"同样是这些青少年，他们平均每周在户外活动（包括工作和运动等业余爱好）大约 4～5 个小时。他们报告称，这远远少于他们在小学阶段的户外活动时间。

调查进行的同时，网站还举办了一场作文比赛，展现了若干突出的主题。青少年们一致认为：他们和同龄人使用技术产品的时间太长；他们应该花更多时间，甚至每天花 1 小时，与大自然进行联系。他们用"平和的""简单的"之类的词汇来描述自然界，并将其与"疯狂的"数字世界进行对比。许多人追忆了生命中具有重大影响甚至改变其人生的大自然经历——有些是最近发生的，有些是多年以前发生的。他们一致认为我们应该尊重大自然，爱护大自然。

简而言之，大自然是伟大的，对我们是有益的，我们必须关爱它，但我们就是没办法经常走出去。为什么会这样？这项调查没有询问具体原因，但其他信息来源指出，家庭作业、技术产品、经验不足以及"病菌"是常见的阻碍因素。如果一个人的同龄人都是在室内进行数字"联网"的话，那么他多半也就没有什么动力去户外了。

那么，我们该如何运用郊狼指导策略，利用我们对青少年癖好的新认识帮助他们建立与大自然的联系呢？

事实上，这个年龄组的大自然方程式是非常简单明了的。只需让青少年们一起前往户外，让他们可以结伴进行精心策划的冒险活动，同时又能展示新的技能和优势。要确保他们能从成年人那里获得一定程度的自主权，同时也能得到强大的同侪支持。该方法已经被美国各地和其他地方以青少年为目标人群的"户外拓展训练"（Outward Bound）等诸多成功项目所采用。

找到你自己

1992 年 4 月 29 日，一个叫作胡安·马丁内斯（Juan Martinez）的孩子躲进了洛杉矶中南部的一个浴缸里，这时他家附近枪声此起彼伏，暴乱肆虐。若干年后，马丁内斯成了一名愤怒的九年级学生，就在他考虑加入当地的帮派谋生时，他得到了一次选择机会：被拘留数周或是加入"生态俱乐部"。尽管担心会陷在一群"闷蛋和呆瓜"中间，但他还是选择了后者。那个学年结束时，15 岁的他获得了第一次荒野体验——一次为期 2 周、令人脱胎换骨的怀俄明大提顿公园生态俱乐部之旅。马丁内斯回家后，开始热衷于让更多城市年轻人参与户外活动。他在洛杉矶参与成立了环境正义青年团学会，这是美国第一所此类学会。今天，他已成为"北面"（The North Face）品牌代言人、《国家地理》杂志（*National Geographic*）的探险家新秀，以及塞拉俱乐部基金理事会史上最年轻的成员。他还是"儿童与自然网络"的"自然领袖网络"负责人。在马丁内斯的努力下，成千上万的年轻人——其中有许多也是来自城市中心区的孩子——正在与大自然建立联系。

胡安·马丁内斯令人惊叹的经历蕴含了若干启示。首先，他是一个活生生的范例，证明与大自然建立联系可以在青少年时期开始。尽管这一切总是越早开始越好，但马丁内斯和其他许多人都表明，任何时候去做都来得及。第二个启示是，在正确的指导下，年轻人往往会成为优秀的领导者。马丁内斯很快就成为那些力图让其他年轻人与大自然建立联系的年轻领导者们的强大榜样。第三个启示是，公共服务可以成为一种强大的大自然联系形式。通过在一个特定的地方为他人和大自然而工作，我们必然会加深自己对大自然联系的认识。

"找到你在这颗星球上的位置，然后在那里坚持不懈地努力，并承担起责任。"诗人加里·斯奈德的这句话很好地总结了：公共服务是通向大自然联系的途径。事实上，用非常笼统的话来说，我们甚至可以将斯奈德的三个步骤等同于成长的三个阶段。你在童年早期找到自己的位置，在童年中期坚持不懈地努力，并在青春期承担起那个位置上的责任。然而，正如我们将要看到的，这个公式过于简单化了，部分原因在于公共服务可以在儿童早期就开始进行。

然而，授权青少年及更年幼的孩子去发现当地的问题并投入精力解决问题是一件很容易办到的事情。学校花园、再生水河流、回收项目和鱼道都是公共服务项目的范例，具有增进人们对当地大自然的理解和加深人们与当地大自然联系的潜力。

如果你是一位家长，想知道如何为孩子找到一个具有吸引力的公共服务项目，那么最佳启动方式就是直接问他："如果让你为我们的社区做点事情，你觉得你可以做些什么？"你尽可以说出你的想法，尤其可以推荐孩子做一些已经比较擅长的事情。

如果你们找不到任何能打动你们的事情，另一个很棒的策略就是寻找爱好或者至少是兴趣的交汇点。首先，试着确定孩子对大自然的兴趣点在哪里。他们看上去最喜欢鸟类、河流还是植物？如果你已经做过一段时间的自然导师，那你很可能已经知道答案了。其次，他们最关心的当地问题是什么？濒危物种？社会不公？水质？这两个问题一旦有了答案，你们就可以一起搜寻能将二者交织在一起的活动。

另一种确定合适的公共服务机会的方法是列一份当地的"机会清单"，然后亲身尝试一些听起来有趣的机会。当我们一家还住在加州时，我们家附近开展了一个旨在改善红杉溪环境状况的大型项目。红杉溪流经著名的穆尔森林国家纪念地，最后经穆尔海滩注入大海。该项目的主要目标之一是改善银鲑的溪流栖息地，因为红杉溪属于目前仍有稳定银鲑洄游的北美洲最南端的流域系统。

我和杰德与金门国家风景区管理局合作，在溪边种植接骨木和黑莓。我们每个人都得到一件背心、一顶安全帽、一副手套和一件挖掘工具。经过短暂的培训，我们拿到了幼苗，并被告知要在哪里种植它们。种植每一株幼苗时，我们都要挖一个坑，深度刚好能盖住树根。然后我们要把树苗从塑料保护膜中取出来，小心地放进坑里，再用泥土填满剩下的空隙。在一个小范围内完成约 7 棵树苗的种植任务后，我们用一些松散的树枝覆盖住幼苗，以防鹿将我们的辛勤劳动成果都吃光。从那以后，每当我和杰德漫步经过那条美丽的溪流时，都会产生由衷的自豪感。

如果你是一名教师，你或许可以先考虑那些能让学生直接在学校场地上开展的公共服务活动，例如，种植一片菜园，放置巢箱来吸引准备筑巢的鸟类，或是启动一个回收项目。而且你要考虑如何整合课程，使这些公共服务项目成为公共服务学习项目。另外，可以在校外寻找一些能为学校团体提供公共服务机会的当地组织。

如果美是以心灵为象征，真理是以大脑为象征，那么善则可以被认为是由肠道统率的领域。肠道是一个指导我们决策的道德罗盘。我们正是在青少年时期开始微调我们的道德罗盘的。尽管公共服务几乎可以在任何年龄开始，但我知道，没有比青少年公共服务学习更棒的道德培育活动了。正如甘地曾经说过的："找到自己的最好方法就是在为他者服务中迷失自己。"这里的要义是，那些所谓的"他者"超越了人类社群，涵盖了整个大自然社群。

到荒野中去

荒野为体验大自然提供了完全不同的、异常强大的机会，恰似一场深度挖掘我们情感的宏大感官盛宴。没有任何虚拟模拟可以与正面遭遇驼鹿、郊狼或冰川覆盖的崇山峻岭相媲美。我们在屏幕上看到的大自然是孤立的，几乎是虚构的。相比之下，越来越多的研究表明，荒野中的沉浸式体验不仅能唤醒感官、激发深刻的思想和感受，而且常常能带来至高无上的体验，深化与大自然的精神纽带。爱上大自然需要定期获得荒野体验吗？不需要。那么一种深厚而持久的联系需要在荒野中至少待一些时间吗？这几乎是肯定的。

许多研究检验了荒野对青少年的影响，其中最全面的一次或许是在耶鲁大学的斯蒂芬·凯勒特（Stephen Kellert）和维多利亚·德尔（Victoria Derr）的主持下进行的，研究对象包括 700 多名参与者和三大荒野探险项目提供方：户外拓展训练、国家户外领导力学校（National Outdoor Leadership School）以及学生环境保护协会（Student Conservation Association）。

如果你不熟悉这类组织，那么我可以告诉你，它们大多数都遵循类似的模式：把参与者带到一个陌生的环境中待上一到两周，设计能够拓展头脑、身体和情感边界的富有挑战性的体验项目。无论是什么活动——划独木舟、穿越峡谷或登山——参与者都要学会团队合作，在不可避免的高潮和低谷中互相支持，始终把风险管理和安全放在第一位。这些旅行的教育宗旨与其说是了解植物和动物的名字，不如说是培养个人品质。即使从这一简短描述中，你也多少能理解为什么青少年会对之做出积极反应：因为他们可以在突破极限、提高技能水平、塑造性格的挑战性活动中与同龄人互动。

凯勒特和德尔用双管齐下的方法调查了荒野项目造成的影响。首先，他们通过一系列的调查、访谈和观察，研究了青少年在经历此类项目前夕、项目刚刚结束之后以及 6 个月以后的反馈信息。其次，他们考察了更长远的效果，研究涉及那些在过去 25 年中参与过这三种荒野体验之一的成年人。

绝大多数参与者表示，参加荒野项目是他们一生中最重要的经历之一。多年以后，他们报告称，这些经历对他们的个性发展产生了连锁反应。令人惊讶的是，这种影响并没有随着时间的推移而减弱，反而似乎在不断加深，因为受访者称，这些经历增强了自信以及他们应对生活挑战的能力。66% ～ 75% 的受访者表示其自尊感、自主性、主动性、独立性、人际交往能力和解决问题的能力都会持续增长。绝大多数人声称，他们的荒野探险经历使他们更加尊重和欣赏大自然。而且，尽管这些经历的发生地点与咖啡店或超市相距甚远，但大多数人说，他们的荒野探险经历增强了他们在城市环境中的能力表现。这简直是全方位的社会效益！

参与者的反馈最能说明问题。以下仅是其中一例：

> 它给了我一种不可思议的信心。我发现了自己不曾知晓的美、力量和内心的平静……关于生活，关于我自己，我从未学到过如此多的东西，还有那些我现在仍然天天在使用的技能……它让我更加自信，更加专注，更加自立。我不仅对大自然更富有同情心，对他人也是一样……我学会了心怀尊敬、设定目标、全力以赴并超越极限。我认为这些技能对于我所做的每一件事而言都很重要，我觉得它们将助我在人生中继续取得成功。

当然，并非所有反馈都这样热情洋溢。对于那些先前毫无户外活动经验的年轻人，我们必须特别谨慎。在这种情况下，采取更为渐进式的策略往往收效最佳：可以让个体先通过徒步旅行和宿营之类的活动获得一些经验和信心。

然而，绝大多数项目参与者都给出了始终如一的积极反馈，这说明了荒野的力量。在童年早期和中期，本地的和熟悉的事物对孩子的影响力最大，但对于青少年而言，野生的和不熟悉的事物往往能激发他们深刻的共鸣。高强度的荒野之旅是关于类固醇的体验式教育，其课程不仅包括外部的大自然世界，而且涵盖了社会互动和自我的内在世界，而这正是青少年大脑苗壮成长的基础。

这里有一个警告。路易丝·查拉和维多利亚·德尔的一项研究发现，尽管青少年荒野项目确实有助于促进个人成长，但许多项目在培养对环境的认识、了解和责任感方面效果较差。因此，如果建立大自然联系是我们的一个目标，正如本书一直强调的那样，那么就必须明确地将加深这种联系的活动融入"户外拓展训练"式的项目中。

大自然母亲没有种族偏见

唐德雷·斯莫伍德惊呆了。这个瘦骨嶙峋的 8 岁男孩站在那里，张大了嘴巴，全身绷得紧紧的，而那条大鱼就在他的鱼线尽头疯狂地挣扎。"那是条白斑狗鱼！"有人喊道。不管那是什么，对唐德雷来说，最了不起的事情就是，他居然把这个大家伙从湖里拽了上来！这个湖就在他家的步行范围内，而他从来不知道丹佛还有这样的生物！

唐德雷当时住在蒙特贝洛，一个危险四伏的低收入居民区，那里主要居住着非洲裔和拉美裔美国人，今天，他依然把那里称为自己的家。在咬住那个美味的鱼饵之前，这条白斑狗鱼生活在落基山兵工厂国家野生生物保护区附近的一片湖里。

如今，唐德雷已是一名 20 岁的英俊青年，留着短发，戴着钻石耳钉，下巴上蓄着一簇山羊胡须，一边讲述自己的故事一边大笑。那天是他第一次参加 ELK 旅行。他完全不知道这个组织是干什么的，可是他姐姐坚信这次旅行对他和弟弟德韦恩来说是有好处的。所以他们就去了，有生以来第一次钓鱼，外加讨论徒步旅行和在山上露营。实在太疯狂了。据他所知，黑人从不做这些事情。

12 年后，他和德韦恩都上了大学，他们是这个大家庭中的第一代大学生。唐德雷计划主修环境科学，德韦恩则计划主修生物学。唐德雷仍然与 ELK 保持着密切的合作关系，他现在是蒙特贝洛社区的孩子们的重要导师。他认为这个组织给了他创造人生价值的渴望和信心。他的目标是将这项工作作为一种职业继续下去，让有色人种与大自然建立联系。

ELK 的全称是"儿童环境学习组织"（Environmental Learning for Kids），这是由夫妻档史黛西（Stacie）和斯科特·吉尔莫（Scott Gilmore）于 1996 年共同创立的一个组织，他们都是蒙特贝洛的居民。史黛西今天仍然是 ELK 的负责人，她为该组织取得的巨大成功感到兴奋不已。该组织在当地学校开展科学项目，以及一项为期数周的课外活动项目。这些活动向大约 180 名 5 ～ 25 岁的青少年免费开放，为招募有潜能的儿童参加全年学员项目提供了大量机会。每年，在现有成员离去的同时，会增加大约 30 名全日制学员，而这些名额的竞争非常激烈。在过去的 18 年里，超过 1000 名像唐德雷这样的幸运儿童参加了这个项目。

史黛西和斯科特都接受过生物学方面的训练。史黛西微笑着回忆起他们刚创办 ELK 时的日子。他们认为有必要让学生分门别类地了解众多事实，比如州树、州鸟、州昆虫，以及其他所有当地动植物的名称。然而，没过多久，她就意识到这种学术性的方法存在致命缺陷。他们真正的目标不是传授事实知识，而是改变行为和赋予人生以力量。而实现这一目标的途径就是与年龄段从童年中期到成年不等的志同道合者一起亲身体验大自然。吉尔莫希望 ELK 为整个社区培养这样的榜样，而不仅限于一群"小科学家"。

ELK 的孩子会做些什么？野营、远足、钓鱼、沿河漂流、攀绳梯，甚至偶尔的大型狩猎（在科罗拉多公园与野生动物管理局的关注指导下进行）。他们经常前往附近的州立和国家公园，偶尔也会去更遥远的地方，比如亚利桑那州的大峡谷和犹他州的鲍威尔湖。他们还参与各种公共服务活动，从在当地捡拾垃圾和清除入侵植物到在国家公园里修建小路和植树，不一而足。

所有这些活动的重点都被放在社区上。ELK 为孩子们提供了第二个家，在某些情况下也可能是唯一真正意义上的家，因为许多孩子的家庭环境很恶劣。就在孩子接近青春期，也许正在考虑选择某些不太理想的人生道路（如加入当地的帮派组织）时，ELK 提供了一个诱人的选择。这个项目主要强调尊重：尊重自己，尊重家庭，尊重社区，以及尊重大自然。斯科特和史黛西定期在自己的家中举办活动，地点常常是后院。孩子们知道，如果他们遇到麻烦，或是因为一些糟糕的决定而跌入谷底，他们都可以伸出手去寻求帮助。

当我问到大自然在 ELK 的集体中扮演什么角色时，史黛西和唐德雷提到了同一个词：敬畏感。他们提及在落基山国家公园里度过的一个漆黑的夜晚，聆听孩子们有生以来第一次看到流星雨时发出的惊叹声。唐德雷说，最初正是那种敬畏感吸引了他，而且它至今仍是他前进的动力。他一度很害怕到大自然中去，但今天，大自然成了"我逃离日常生活的去处"，是"一种令人谦卑的体验，让我能活在当下"。他希望能教会别人体验这种在大自然中的活在当下感。

不断蓬勃发展的让人与大自然建立联系的运动所面临的最大挑战之一是，其参与者主要是白人富裕群体。一项调查发现，在美国的国家公园里，只有约 1/5 的游客是非白人。另一项研究显示，只有约 30% 的户外活动参与者属于少数族裔，其中非洲裔美国人是参与率最低的群体。

说到人类，大自然母亲是色盲。她不会区分肤色。然而，我们人类仍在与根深蒂固的种族主义做斗争。当前人们所说的"新自然运动"必须成为所有人共同参与的运动——无论其种族背景和家庭年收入如何——否则就根本无法取得成功。在北美，随着时间的推移，人口越来越多样化，因此上述观点尤其需要引起重视。这样一来，摆在我们面前的最大挑战之一就是确保人们能平等获得各种资源，包括健康食品、安全社区、未受污染的环境、优质教育以及公园和其他绿色空间。

史黛西·吉尔莫尽职尽责，并且在这一过程中获得了许多重要的荣誉。2014 年，白宫将"变革先锋"奖项授予吉尔莫，因为她"成功召集了下一代环保主义者"。目前，ELK 正在为一个教育中心筹款，该中心将建在蒙特贝洛社区中心一片 2 万平方米的土地上，计划将这片贫瘠的土地改造成一个面向整个社区的拥有丰富大自然元素的开放空间。

在美国各地，若干其他组织正在努力让有色人种与自然界建立联系。例如，胡安·马丁内斯正在积极招揽不同种族的年轻人参与"自然领袖网络"。公共土地信托基金会（Trust for Public Land），一个全国性的非营利组织，正忙于在公共服务不完备的社区创建和振兴公园。在奥克兰，一位名叫鲁·马普（Rue Mapp）的热情洋溢的女性在主导"户外非洲"（Outdoor Afro）组织，其口号是："黑人和大自然在此相遇。"同样，在旧金山湾区，何塞·冈萨雷斯（Jose González）最近创办了"拉美户外"（Latino Outdoors）组织，目的是帮助全美公共服务不完备地区的拉美裔人群与大自然建立联系。

冈萨雷斯告诉我，他采取的方法是发问：拉美裔人群与大自然接触的方式有什么独一无二之处？我们如何才能利用现有的文化传统，从食物服饰到节日庆典，去促进与大自然的联系？举一个或许是老生常谈的例子，许多拉美裔文化人群都有在公园举办周末野餐的传统，在那里，大人们坐着聊天，孩子们则四处奔跑玩耍。所以，这里存在着某种家庭大自然俱乐部。冈萨雷斯在一些这样的野餐郊游中提供了活动项目，利用游戏等互动活动来吸引儿童（通常还有成年人）。他认为这些工作具有很大潜力，可以提高人们对当地大自然运作方式的认识，并重新定义拉美裔人群与自然界的接触方式。

我们需要更多的团体帮助有色人种与自然界建立联系。进一步推广ELK 等组织的成功项目正当其时，要让它们能够触及全美范围内所有社区的儿童。另外，尽管本章的讨论重点是青少年，但是与大自然联系的过程应该在人生中尽早启动。

成人仪式

我们可以把青春期概括为一次对意义的探索之旅：我是谁？我在这个世界上处于什么位置？属于我自己的独一无二的主张是什么？我如何才能找到它？这些都是青少年在从童年过渡到成年的过程中必须解决的令人烦恼的问题。

在许多文化中，通过仪式（rite of passage）标志着这一转折（以及其他转折）。在仪式开始时，青少年尚是一名儿童，在仪式结束时，他已经是一名成年人，准备好承担新的责任了。你可以想想看犹太传统中的成人礼，以及许多拉美国家的成人式。

大多数成人仪式包括三个步骤。首先，个体要与以往的日常生活分离。有时候，这种分离是严格意义上的，即个体真的离开了社区。在其他时候，这是象征性的，比如进行文身或剪发。然后是中间阶段，或者说是阈限阶段，在这个阶段，个体要经历某种新的体验。最后是重新融入社区，此时个体在社区的正式认可下获得一个新的角色和地位。这种体验三部曲往往会引发各种强烈的情感，其中就包括了归属感。

在人类历史的大部分时间里，这种仪式很可能是一种惯例。然而，在最近的历史时期中，尽管通过仪式被认为能够帮助人们领悟人生意义，但是它们却变得日益罕见，至少在工业化世界中是如此。由于缺少精心组织的、获得社区认可的迈入成年期的途径，青少年对冒险的渴望往往通过不太正式的、更危险的活动表达出来。加入帮派相当于现代都市版的战士入伍仪式。就连超速驾驶或服用非处方麻醉药等行为也被用来象征性地取代更为正式的仪式。

由于认识到失去通过仪式所造成的缺口，一些团体涌现出来，提供过渡年龄段的仪式性体验。在美国，由乔恩·扬创办的"荒野意识学校"（Wilderness Awareness School）传授自然指导课程，并为青少年提供通过仪式。其他组织，如总部设在加州的"编织地球"（Weaving Earth）和"通过仪式"（Rites of Passage），会提供类似的过渡体验。与此同时，科罗拉多州博尔德市的"立足地球"（Feet on the Earth）组织创立了专门针对青春期女孩的过渡典礼。在边境另一边的加拿大，"重新发现"（Rediscovery）组织以北美原住民文化传统为基础，帮助原住民和非原住民参与者与大自然建立联系并为他们举行过渡典礼。此外还有一些不太正式的形式，许多参加过"户外拓展训练"等组织举办的荒野探险活动的青少年称，这种经历就像一种变革性的通过仪式，帮助他们进入了成年期。

那么，是不是所有青少年都应该去荒野中待上 2 周，和同龄人一起体验某种具有挑战性的成人仪式呢？这种做法显然非常适合许多人，但我并不认为所有人都必须这么做。作为一名自然导师——或者最好是作为一个由自然导师组成的小社群——你（们）可以为青少年设计无须涉及真正荒野的成人仪式，不必非得参与正式项目。冲大浪，捉住一条大马林鱼，或是第一次在双黑道⊖上滑雪都可以构成影响深远的大自然体验，推动青少年迈向成年期。

一切都在于前奏和后续行动。许多人认为，独自一人在荒野中度过若干天构成了一种寻梦探索。然而，如果没有适当的训练和准备经验，在森林里待 4 天充其量也就是 4 天的露营之旅罢了。而且，如果没有人知道你去了，它就几乎算不上是通过仪式——别忘了第三阶段是重新融入社区，

⊖　Double Black Diamond，指难度极高的专家级滑雪道。——译者注

并获得一个新的身份。

因此，自然导师通常会提前好几年为被指导者做筹划——打开意识、培养技能、积累突破极限的经验。训练对于实现任何有价值的目标而言都很重要，更不用说有价值的成年期目标了。在前进的道路上，必须有挑战、挫折和小小的胜利，以推动进一步的探索和体验。随着过渡仪式的临近，无论它是正式的还是非正式的，都应该通知社区中的其他人。这可是一件大事！如果成功完成任务，青少年就将向成年迈出重要的一步，并担负新的责任。之后，要举行一次真正的社区庆祝活动，或者至少是一顿喜庆的豪华家庭晚餐。

在青春期到来之前，考虑一下，如何通过共同进行户外冒险的方式与你的儿辈、孙辈或任何其他孩子建立某种关系。如果孩子们知道大自然是接受挑战的地方，那么当青春期来临、冒险的冲动与日俱增时，他们就更有可能去大自然中冒险。大自然有助于提供一种人们非常需要的内在力量感，让人们感到自己是这个世界的一部分，虽然永远无法掌控它，却能充满自信地在其中发挥作用。

最后，对于自然导师来说，最艰难的任务之一往往是庆祝与青少年的离别和他们的独立。尽管我们知道这样做是正确的，知道这是他们人生旅程的一部分，但我们很难放手，尤其是在涉及危险的挑战时。孩子在童年中期需要一定的自主权，而这种需要在青春期达到了顶峰——这是向成年过渡的一个重要环节。所以，不要把他们抓得太紧。

情况就是这样。在这 3 章中，我们考察了儿童在童年早期、童年中期以及青春期与大自然的联系。大卫·索贝尔提供了一份概要，说明了大自然联系是如何在这 3 章所讨论的 3 个年龄组之间发生变化的：

如果说童年早期的任务是与家庭缔结纽带、培养对大自然的同理心，童年中期的任务是与地球缔结纽带，那么青春期的任务就是与自我缔结纽带，而大自然则为举行富有挑战性的通过仪式提供了环境和机会。

对此我要补充的是，与大自然的纽带可以并且应该在所有这些生命阶段得到加深。如果做得好，再加上情感联系和理解力，另一个可能在青春期出现的重要成果就是智慧，即知道什么是真实和正确的并做出合理判断的能力。

归来

现在我们回到那次"指导艺术"集训中。在少年们踏上荒野徒步之旅3天后，大约在中午时分，消息传遍了整个营地，说他们已经回来了。根据安排，要由两位成年人去迎接这些少年，然后让他们待在营地外围等着。他们重新融入社区必须像他们离开时一样具有象征和纪念意义。

少年们先前是从厨房旁边的道路上离开的，现在，这个群体中的其他人都聚集在那里。男人和男孩站在路的一边，女人和女孩站在另一边。乔恩·扬抱着吉他，开始弹奏《接骨木之歌》，接着有将近100个男人的歌声加入其中。

我们在前一天学习了这首歌。根据乔恩所说的故事，它被分为两部分赐予这个世界。前半部分被传给加州圣芭芭拉的一个男人，当时他正坐在一棵接骨木树下。另一棵接骨木树长在加拿大多伦多省，把这首歌的后半部分传给了一个女人。乔恩很幸运地遇到了这一男一女，帮助他们把两部分结合起来，将男性气质和女性气质合而为一。《接骨木之歌》没有歌词，是用深沉的、充满元音的歌声演绎的，这些声音因性别而异。在我听来，由此产生的效果很容易让人联想到南部非洲的某种用鼓和拇指琴演奏的音乐。

男人们将他们的声部唱了好几遍，每重复一遍就向女人们迈出一步，就像在唱小夜曲那样。然后女人们也加入进来，使歌声更为完美，节拍也愈发激昂。每次重复时她们也向前迈出一步，直到道路两边的男性和女性之间只留下一条大约 2 米宽的空隙或通道。

这时，少年们出现在山顶上，开始走向这一大群唱歌的人。当他们乍见这个特意为他们营造的场面时，他们的脚步略有迟疑。等到他们走近时，音乐已经达到了狂热的程度，一些歌者就像马赛族战士一样跳了起来。（好吧，我可能也稍稍跳了一会儿。）当少年们踏上这条充满节拍感的通道时，我们可以看到树叶和树枝挂在他们的头发中和背包上。当他们经过时，他们的脸上混合着自豪、敬畏和感激之情。这一次，流泪的不仅是成年人，还有那些少年人。

第二天，当我和杰德开车离开营地，返回科罗拉多州时，杰德转过身来对我说："爸爸，我想再回到这里来参加那个青少年之旅。"

"是的，"我回答，"我也是。"

培养野孩子的诀窍 8

创造机会，让青少年能够定期去野外一同进行富有挑战性的冒险活动。

 自然指导技巧 ○

为大自然腾出时间

如果不真正地在大自然中度过时光，就不可能与大自然建立有意义的联系。抽出时间去户外活动是青少年面临的最大挑战之一。你可以通过限制电子屏幕使用时间和鼓励青少年走出去来帮助他们做到这一点。你可以通过安排有趣的活动和让同龄人参与来增加筹码。这样一来，他们可以互相激励，而你也就有机会引导他们冒险了。重要的是，青少年参与的这种大自然活动往往比许多城市活动更为健康。如前文所述，家庭大自然俱乐部是一种很棒的途径，可以在青少年时期促进与大自然的联系。在你认定你的青春期孩子永远不会同意参与之前，不妨尝试一下。这类组织可以为青少年提供很棒的同龄伙伴。你甚至可能发现你的青春期孩子求着去参加下一个大自然俱乐部冒险活动！

让大自然成为首选冒险之地

你最好在孩子的童年中期，当然不要晚于青春期，考虑让大自然成为冒险的场所。为了增加你们定期走进大自然中的概率，选择一项你们热爱的活动，不管是滑雪、骑自行车还是徒步旅行。更好的做法是，试着为每个季节确定一项活动。在理想的情况下，这些活动应该具有足够的挑战性，让参与者可以随着时间的推移提高技能水平，从而培养出那种至关重要的成就感。即便你们只是喜欢露营或徒步旅行，你也可以考虑添加利用 GPS 设备进行导航或识别可食用植物的技能。不管你们选择了什么样的活动，都要尽量去荒野中待一段时间，因为荒野能有力地唤起青少年的情感。在青少年阶段的后期，要寻找机会让青少年独自或是跟能够照看他们的 20 多岁的领导者一起出去。当年轻人发现大自然环境是与同龄人进行挑战性活动的理想场所时，他们的热情可能会变得非常高！

青少年的核心日常训练

别忘了大自然联系的核心日常训练。不管你所指导的青少年是冒险新手还是老手，保持这些日常训练都是必要的，这中间包括定期的大自然体验（漫游、蹲点观察等）、讲述一天的故事，以及提问。另外，要记住，就像指导童年中期的孩子一样，有时候，父母并不是合适的提问者！所以，要试着让那些对青少年和大自然充满热情的人参与进来。如果你本人并没有兴趣与大自然建立深层联系，但你仍希望身边的青少年能拥有这种联系，那就考虑找一位导师，让他帮助孩子与大自然建立更深厚的联系。像"荒野意识学校"这样的组织或许可以帮助你在当地找到一位导师。

公共服务的力量

几乎在任何年龄段，公共服务都是一种促进与大自然联系的极佳方式，但它的作用对青少年而言尤为强大。与青少年一起寻找一个他们热爱的当地公共服务项目，即使只需要他们每个月参与一次。作为父母，如果有必要，不妨让孩子尝试若干种选择，可一旦选定一个之后，就要鼓励他们至少坚持在 1 年内为之努力。帮助他们理解他们的努力与当地环境质量之间的联系。当孩子产生懈怠之心时，要提醒他们最初做出的承诺，以及一个事实：未来的雇主往往非常重视有公共服务经历的求职者。

如果你是一名初中或高中教师，可以考虑和你的学生们一起选择一个全班都可以参与的公共服务项目，并确保将其与学校课程联系起来。他们的努力焦点可以在校园里、社区中或是附近的州立公园里。最重要的是让青少年通过公共服务看到共同努力实现目标所产生的变革力量。

准备通过仪式

我对家长的建议是，确定一项你的青春期孩子所喜爱的与大自然有关的活动，然后确定一个具体的、难以实现的目标：可以是独自在荒野中度过数日，带着大件行李乘独木舟旅行，徒步攀登某座高山的顶峰，或是种植和照料后院的花园。坚守这一目标，然后与孩子一同提高技能水平，如果可能，让同龄人参与进来，这样他们便能共同进步。如果你不喜欢野生大自然，又希望你的青春期孩子获得这些体验，那么你可以考虑找一个类似于"美国户外领导力学校"这样的组织来帮助你。

对于教师，尤其是高中高年级学生的教师而言，可以考虑添加一次年终荒野之旅。是的，这在后勤方面可能是一次重大挑战，尤其是对公立学校而言，但如果你能成功做到，那么它必将是物有所值的。或许你可以给它起个"寻梦探索"之类的名称，用这种挑战来吸引青少年。在这一年中，让他们了解需要探索的地方和他们将在旅行中进行的活动。不管你创造了什么样的通过仪式，记住一定要组织起一个共同体（比如一群家庭或同学）来见证和庆祝青少年所取得的成功。

| 第四部分 |

障碍与解决方案

HOW TO RAISE

A WILD CHILD

HOW TO RAISE
A WILD CHILD

第 9 章

危险的关系

平衡科技与大自然

我们的生活越高科技化，我们就越需要大自然。

——理查德·洛夫

"加州唧鹀！"一个郑重的声音低声喊道。小路近旁的一棵加州橡树上传来有着金属般尖锐穿透力的鸣叫声。另一个人飞快地补充道："它听上去像个失修的烟雾报警器。"这句话让我这样的观鸟新手想象到一幅难忘的画面。我们小组中的几个人在他们的智能手机屏幕上勾选了一个方框，而我则在日记本上写下一条记录，感觉自己相当老派。

"北美纹霸鹟。""黑头威森莺。""暗眼灯草鹀。""雪松太平鸟。""郝氏莺雀。"我们这支携带双筒望远镜的队伍接受了识别尽可能多鸟类物种的挑战，丰富多彩的名字一个个飞快地迸了出来。一些识别是靠眼睛看出来的，另一些则是用耳朵听出来的。我们这组人中有几位显然是很专业的观鸟者。

从四周的绿色植物中发出令人困惑的鸟类大合唱。当一种独特的、盘旋向上的啼啭声在我们右边的山谷中响起时，我回忆起在不列颠哥伦比亚省露营的童年时光，不由咧嘴微笑起来。"斯温森画眉！"两个女人异口同声地说。

当时是早上 7 点 20 分，我们的生物闪电行动才刚刚开始。"生物闪电行动"（bioblitz）是一种晚近的发明，指对一个特定区域内的生物物种进行简短（通常是 24 小时）的调查。目标区域可以像国家公园那样广袤，也可以像学校操场一样微小。比较大的行动会吸引具有真菌、微生物、鸟类、野花、昆虫、蜘蛛、哺乳动物、地衣、爬行动物、树木和两栖动物等领域专业知识的生物学家。我们这次在加州蒂尔登地区公园展开的是一次较小的行动，参与者更多是业余爱好者而不是专家，并且获得了"民间科学家"的大力帮助。除了记录物种多样性之外，生物闪电行动的目标通常还包括环境保护以及帮助人们与大自然建立联系。

这次在伯克利山举行的特别活动是由"大自然书呆子"（Nerds for Nature）团队组织的，它是位于旧金山湾区的一个非正式组织，其积极乐观的使命是"召集技术专家和环保专业人士共同打造了不起的工具，用以了解、保护和复兴自然界"。这一大自然爱好者的松散合作组织每月举办一次聚会，偶尔也会开展类似今天这样的户外活动。该组织的创始人和组织者之一丹·拉德马赫（Dan Rademacher）告诉我，"大自然书呆子"组织的成立有着明确的目标，就是吸引年轻人群走到户外去。他们似乎正在取得成功。

在四月的这个艳阳天里，活动的大部分参与者都是 30 岁及以下的年轻人，还有一大群儿童。其中一些人外表很像书呆子，戴着厚框眼镜，穿着装满各种小工具的多口袋背心。但我们大多数人看上去就像是从旧金山附近随机抽取的人类样本。尽管有一部分人显然很了解当地的大自然环境，或者至少了解其中的一部分，但大多数人似乎都是来寻开心的，为的是享受这个在美丽的大自然环境中度过周末早晨并顺带着学习一些东西的机会。

截至上午 10 点钟，我们的观鸟小组已经看到或听到了 43 只种鸟儿，在我看来，这是非常值得骄傲的。在那之后不久，我又和"池塘与溪流"小组上路了。在蒂尔登公园博物学家詹姆斯·威尔逊（James Wilson）的带领下，我们带上了长柄网、显微镜、海报、装满制冰盒的箱子、小网兜、镊子、简餐托盘以及指南手册。我们中的大多数人还带着平板电脑或智能手机。我们首先在一个大池塘前停下，詹姆斯演示了如何采集水样，并用勺子仔细地捞出在那里发现的微小生物。池塘居民中有水黾、活赤虫，甚至还有一只来回扭动的加州蝾螈。我们将每一只新识别出来的动物用照片和笔记仔细记录下来。

孩子们蹲在那里，全神贯注地听博物学家詹姆斯讲述关于另一个发现——金线虫的惊人故事。当这种微小的生物处于幼虫期时，它们经常被喝水的蚱蜢吞食。一旦进入蚱蜢体内，它们就会离开蚱蜢的肠道，开始在蚱蜢体内乱窜，以蚱蜢的血液和各种组织为食。当这些扭来扭去的寄生虫长到成年大小、有的甚至超过 30 厘米长时，它们就会感染那只不幸昆虫的大脑，最终令它身不由己地跳到最近的水体中。这时，金线虫会离开正在死去的宿主，与其他同类相遇并进行交配。

"好厉害！"一个男孩大声说。

接下来，我们前往宝石湖，那里有大约十几只西部池龟正一动不动地趴在圆木上晒太阳。我们这群人被美洲蓝凤蝶迷住了，这种蝴蝶的翅膀总体上是黑色的，上面有着闪耀的蓝色镶边。在湖边搜寻的一家人捞到了一条三刺鱼，詹姆斯巧妙地把它装进一个和鱼差不多大、装满水的透明塑料容器里。等大家给这条鱼拍好照片，所有人都欣赏过它之后，一名穿着粉色衬衫、紧身裤和小短裙的 4 岁小女孩被派去将它放回湖中。虽然她坚信这条小鱼一定更希望和她一起回家，但是经过一番温和的哄劝，她最终还是让步了，将小鱼放归大自然。

在白天，其他由博物学家带领的小组还去寻找了昆虫、真菌和哺乳动物的踪迹。在晚上，我们有机会搜寻夜间活动的生物，包括蝙蝠和猫头鹰。当天统计的物种总数为 219 个，不算太多。但是蒂尔登公园活动的主要目的是参与而不是科学。相比之下，就在前一个月，有 320 名科学家志愿者和 6000 多名参与者在金门国家风景区开展了一次大规模的生物闪电行动，捕获了超过 2300 个物种，其中有 80 个是公园内新增加的物种。这两次湾区活动的所有识别项目都通过一个名为" iNaturalist "的应用程序上传到了一个全球数据库中。通过这种方式，非专家参与者就成了"民间科学家"，能够为真正的研究收集真实的数据。

如今，生物闪电活动在美国、加拿大和欧洲正变得越来越普遍，在它们中间，有一个共同因素非常突出，即几乎无处不在的数字技术。

为数码原住民而忧惧

同处一个社会的我们很快就变成了一群"技术瘾君子"，执迷不悟地在智能手机、平板电脑、笔记本电脑和电视之间切换。在我的有生之年内，我们的信息消费量已经增长了两倍之多。想一想，大多数年轻人，即所谓的"数码原住民"，现在每天要花 7 ~ 10 个小时盯着电子屏幕看。当大多数儿童进入幼儿园时，他们已经花了超过 5000 个小时看电视——这么多时间都足够攻下一个大学学位了。

当然，我们这些 35 岁以上的"数字移民"也是不能自拔的使用者。一项对工作中的计算机用户的研究发现，人们切换视窗或查看电子邮件的频率达到每小时约 37 次之多！我们淹没在数字信息的海洋中，很少停下来考虑这种四处泛滥的技术癖对我们自己、我们的孩子或我们的社区会产生什么影响。

在屏幕前耗费大量时间对我们的大脑有什么影响？很可能你就是一名拥有大量第一手经验的数字消费者。如果是这样，那么一些近期的研究发现可能不会让你感到惊讶。对信息技术的大量消费缩短了注意力的持续时间，使我们更容易分心。经常性被打断（例如收到电子邮件和短信）可能增加压力，降低短期记忆力，使学习或执行哪怕是简单的任务都变得更加困难。大脑研究人员越来越确信，过长的屏幕使用时间会让我们变得更不耐烦、更冲动、更健忘，甚至更自恋。

更值得惊讶的或许是"多任务"迷思。事实上，除了少数"超级任务执行者"（只占人群的 3%）之外，同时使用多种技术实际上会降低效率。一项针对微软公司员工的研究发现，即使是短暂地停下来查看电子邮件也会使手头的主要任务滞后约 15 分钟。总的来说，试图同时解决多个问题时，热衷于进行多任务处理的人往往比非多任务处理者速度慢。问题似乎在于，多任务处理者将自己的大脑训练得对新信息高度敏感，因此他们很容易分心，总是在寻找下一条数字信息。

那么，数字技术对儿童会产生什么特殊影响？

使用电子媒体是导致儿童身心健康程度下降的因素之一。例如，一项研究得出结论，数字媒体消费时间每增加 1 小时，女孩产生情绪问题的风险就会增加 1 倍。与之形成对照的是，随着看电视和玩电子游戏时间的增加，男孩产生同伴交往问题的风险会提高。另一项研究报告称，那些不受父母监督玩电子游戏的孩子 7 岁时身体质量指数（BMI）往往会显著高于受到成年人更多监督的儿童。

在其撰写的《最愚蠢的一代：数码时代如何麻痹了年轻的美国人并危及我们的未来》（*The Dumbest Generation：How the Digital Age Stupefies Young Americans and Jeopardizes Our Future*）一书中，马克·鲍尔莱因（Mark Bauerlein）认为，尽管现在的年轻人指尖一点就可以打开浩瀚的知识宝库，但与历史上任何一代人相比，他们却往往更没见识、更没文化、更只顾自己。互联网并没有兑现它的承诺，即成为接入信息高速公路的"伟大资源"；对大多数数码原住民来说，它更像是一种"伟大的沟通工具"，使年轻人能够通过电子邮件、聊天软件、即时通信、博客和社交媒体网站全天候保持联系。

鲍尔莱因绝不是唯一持这种看法的人。快速搜索一下，你就会发现一批有着类似警示性标题的书籍，比如《魂不守舍：被侵蚀的注意力和即将到来的黑暗时代》（*Distracted: The Erosion of Attention and the Coming Dark Age*），以及《大脱节：在数字时代守护童年和家庭关系》（*The Big Disconnect: Protecting Childhood and Family Relationships in the Digital Age*）。越来越多的心理学家担心我们对电子产品的固恋会对儿童的自我身份认同产生影响。斯坦福大学研究员埃利亚斯·阿布贾乌德（Elias Aboujaoude）提到了由过度依赖技术导致的"自我碎裂"。一些专门研究大脑额叶的神经科学家猜测，滥用数字技术可能会妨碍青少年正常成长，"将他们冻结在青少年大脑模式中"。

另一些研究人员认为，当代年轻人对技术的大量使用正在重新定义人际关系，因为技术在削弱我们的同理心。具有讽刺意味的是，在数字时代，人与人之间的联系越紧密，我们就越可能感到孤立。正如研究人类与技术关系的专家雪莉·特克尔（Sherry Turkle）指出的，如果我们不教会儿童独处，那他们只会变得孤独。她说，我们需要珍视独处，并为我们的孩子树立独处的榜样。

就在十几年前，研究人员还认为大脑发育在成年伊始便停止了。最近的一系列研究表明，大脑在整个生命过程中都在不断地适应和变化，包括我们的老年阶段——这一现象被称为"神经可塑性"（neuroplasticity）。举一个有趣的例子，一项对藏族僧侣的研究显示，实验组在做冥想时，其大脑前额叶皮层的伽马波活动比对照组要高得多，导致前者产生更强烈的幸福感和同情心。因此，一个值得注意的事实就是，我们终其一生都在

"训练大脑"，实际上是根据我们选择从事的活动重新连接各部分神经回路。因此，我们最好认真考虑要允许哪些事物来支配我们以及我们孩子的头脑。

一些心理学家把我们对屏幕技术产品的依赖比作饮食失调。和食物一样，技术产品已经成为我们日常摄入事物的重要组成部分。就像食物上瘾者要努力限制他们对热量的摄入一样，我们必须养成习惯，控制对技术产品的摄入，并要求我们的孩子也这样做。要取得成功就必须采取深思熟虑的约束方式。美国儿科学会建议将孩子每天花在屏幕前的时间限制在 2 小时以内（不到他们当前每天实际消耗时间的 1/4）。对于两岁以下的儿童，美国儿科学会建议根本不要让他们接触电子屏幕。

对于围绕技术产品消费传出的一些可怕预言，我始终持怀疑态度。毕竟，我们这代人观看《欢乐时光》（*Happy Days*）和《吉利根岛》（*Gilligan's Island*）等电视喜剧的时间超过了合理限度，然而地球仍然在转。尽管如此，说到底，哪怕手机、平板电脑、电脑和电视机拥有再多优点，它们也仍然是潜在的危险工具。虽然我们才刚刚开始了解电子技术产品对成长中儿童的影响，但研究人员感到越来越担心。人们最关注的问题似乎是，过度使用数字技术正在以某种方式给我们的大脑重新布线，从而损害我们的健康，甚至削弱我们的人性。如果我们要扬帆起航，为我们的孩子和我们的社区开辟一条通向未来的健康航线，我们就必须限制年轻人（以及我们自己！）沉浸在数字海洋中的时间。

说实话，我并不是技术恐惧者，也不是勒德分子[⊖]。首先，在个人层面上，我自己就是一个酷爱使用技术的人，每天都要与"保持联网"的诱惑进行抗争。此外，在社会层面上，我也无法想象出任何将技术排斥在外的可持续发展之路。所以，在我看来，最关键的问题是：鉴于我们很容易

　⊖　Luddite，原指 19 世纪英国工业革命时期因机器取代人力而失业的技术工人，现指持反机械化及反自动化观点的人。——译者注

陷入对数字产品的痴迷中，我们如何才能同时拥抱大自然和技术呢？

混合思维

作家理查德·洛夫令人信服地指出："我们的生活越高科技化，我们就越需要大自然。"在我看来，他说得很对。但在这个手机、游戏机和搜索引擎的时代，我们如何才能在看似对立的事物之间建立起这种平衡呢？显然，我们再也无法回归更为简单的低科技时代了。不，21 世纪的野孩子必须学会同时拥抱科技和大自然。

洛夫向我们提出了一个颇具挑战性的目标，他称之为**混合思维**。拥有混合思维的人能够在数字世界和物质世界之间轻松地来回切换。这种认知灵活性将我们古老而神奇的多感官能力与最近获得的、聚焦范围狭窄的数字能力结合在一起。混合思维是一个强大的概念，它似乎建立在两种截然不同的思维方式上。

回想一下心理学家艾莉森·戈普尼克所描述的两种意识，我们曾在本书第 6 章第一次认识她。第一种意识叫作**聚光灯意识**，涉及一种狭窄的、有针对性的注意力，它会遮蔽外界的刺激。这是你在读书时期望进入的精神状态，就像你现在所做的那样。第二种模式涉及一种更为广泛、更为分散的注意力，戈普尼克称之为**灯笼意识**。想象你正漫步在一片红杉林中，你的各个感官完全敞开，接受各种各样的景象、声音和芳香。

聚光灯是由目的驱动的，将它们的光束牢牢聚焦在特定对象上。灯笼的照射范围则很广泛，会照亮各种各样的对象。

在童年早期接近尾声的时候，尤其是在童年中期阶段，孩子变得越来越擅长使用聚光灯意识，并将更多的时间投入这种更为集中的注意力类型上。这种转变部分是由遗传决定的，与大脑发育时的变化有关；部分是由文化决定的，会在成年人的督促下加速。

今天，我们对聚光灯的重视程度远远高于灯笼，这反映在最近的趋势中，即将学术性学习向前推至学前班甚至幼儿园阶段。现代学校教育——从阅读和写作到科学和社会研究——都需要集中注意力。同样，在小学课堂中迅速普及的数字屏幕需要与聚光灯意识相关联的高度定向、选择性的注意力。因此，尽管我们在生命之初是非常熟练的灯笼型思考者，我们的感官对整个世界都是开放的，但是到了童年中期，我们往往已经丧失了这种能力，仅仅是因为对它废而不用。

人类的注意力偏好并非一直如此不平衡。如前文所述，在过去20万年中的大部分时间里，**智人**完全由狩猎采集者组成。我们（至少我们中的大多数人）在过去的1万年里才开始转向以农业为基础的生存方式，这在人类的全部历史中仅占了5%的时间。如果说对现存的狩猎和采集文化的研究能提供什么线索，那就是灯笼意识在这些较早的游牧文化中受到高度重视。毕竟，如果个体拥有发达的认识扩展能力，就可能在发现掠食动物、猎物、植物性食物、药物及其他生存必需品方面占据很大优势。事实上，缺乏这种能力的社会都无法维持很久。

那么，人类是不是已经不再需要认知效率相当于马车的发散型灯笼意识了？完全不是这样。定向注意力和聚光灯意识很容易诱发疲劳和压力，让我们失去精力。想想连续几个小时盯着电脑屏幕看是什么感觉。相比之下，在户外，比如在公园或森林里，注意力往往会不那么集中，而这种处于更为分散模式中的注意力可以打开我们的感官，缓解压力，恢复精力，培养清晰的思维。这至少在一定程度上解释了为什么即使一次短暂的户外散步也能让人大大恢复活力。我知道这对我来说很有效。

此外，定向注意力会将我们与周围环境隔绝，发散型注意力则会让我们的感官运作起来，将我们投入更广阔的世界中。这就是为什么灯笼意识往往能产生奇迹和极大的魅力，点亮那些罕见却弥足珍贵的时刻，让我们感觉到与大自然融为一体。

　　毫无疑问，灯笼意识也是地方本位户外教育的成功因素之一。当我们更多地运用我们的感官时，学习效果就会得到改善。为什么？部分原因在于，并非所有人都是视觉学习者。有些人通过身体运动、实际操作或音乐伴奏进行学习时效果最好。运用更多的感官意味着体验更多的声音、更多的气味、更多的味道，简而言之，人们可以收集更多的感官输入信息来获取知识和建立持久的记忆。

　　理查德·洛夫强调，儿童有权利体验混合意识的两个方面：

　　今天，在支配性的数字环境中工作和学习的学生（以及我们所有其他人）为了把注意力集中在眼前的屏幕上，要花费巨大的精力来屏蔽众多其他感官。这准确地定义了什么叫作"半死不活"。我们当中有谁想半死不活？哪位家长希望自己的孩子半死不活？……如今几乎没有人会质疑这样一种观念，即每个人，特别是每个年轻人，都有权上网，无论是通过学区、图书馆还是城市公共 WI-FI 网络。我们都接受了这样一种观念，即必须缩小数字富人和数字贫民之间的鸿沟。但是，所有儿童也都有权利开拓更广阔的感官世界、开发更全面的心智能力，以便了解现实世界，活得充实。

　　简而言之，我们被赋予了多种感官，但我们使用它们的能力是基于经验的。我们要么发展这些感官，要么任由它们退化，使我们的生命变得贫瘠。

　　这一切对自然导师来说意味着什么？对于童年早期的孩子来说，这意味着除了让他们学习注意力定向之外，还应鼓励他们继续磨炼发散型灯笼意识。数字技术（对于两岁以上的儿童而言）有利于前者，大自然则有利于后者。两方面都经常得到锻炼就能够达到平衡。

　　对处于童年中期和青春期的孩子进行自然指导会变得日益困难，因为技术的吸引力正同时受到学校教育和同龄人的巩固加强。有鉴于此，为户外体验腾出时间就变得尤为重要，因为你可以在户外体验中示范感官充分开放的发散型注意力，而这将使儿童与非人类世界建立更深厚的联系。

最终，培养出混合思维的儿童将能够同时熟练地与技术和自然界互动。技术工具将被用来增强而不是封闭人类的感官。正如观鸟者会先用双筒望远镜仔细观察知更鸟，然后放下望远镜全神贯注地聆听知更鸟优美的歌声，同样，通过实践和指导，孩子将学会在数字体验和真实的多感官世界之间切换。从这个意义上说，测试一项技术是否对大自然友好，可能要看从数字焦点切换回多感官世界需要花多长时间。

在野外活动中使用高科技

热爱户外运动的人有时会抱怨在大自然中过度应用技术的做法。但是人类与自然界的互动一直都包含了技术因素。毕竟，石器就是技术产品。在第一位真正的人类出现的数百万年前，我们的前人类祖先就开始使用制作精巧的石刀杀死和切割猎物，以及加工植物食品。后来，人类不断将技术提升到新的高度，发明了用于捕鱼的骨钩，用于捕获远处猎物的弓和箭，并最终发明了犁，用来刨开土地。从这个角度看，碳纤维鱼竿、带有精密光学装置的双筒望远镜以及与地球轨道卫星通信的 GPS 设备只不过是用来与大自然互动的最新装备的典范。登山靴、背包和保暖服也是如此。

当然，如前文所述，大多数担忧技术被滥用的人指向的都是基于电子屏幕的技术。毫无疑问，我们所有人，不管是儿童还是成年人，待在户外时至少得有一部分时间需要拔掉电源插头。当一块屏幕在向你发光示意时，你是很难进行安静的思考并投入全部感官的——对孩子而言可能更为艰难。然而，我们也需要利用这些电子屏幕让儿童（和成年人）进入大自然。

那么，我们应该如何着手建立技术和大自然的平衡呢？哪些数码设备最适合在定向注意力和发散型注意力之间切换？

　　数码摄影也许是将孩子与大自然联系起来的最简便、最显而易见的电子手段。照相机可以鼓励年仅两岁的幼童将技术作为一种有趣的创造性工具。大自然中充斥了太多的感官刺激，可能让人感到不知所措，尤其是对外行而言。摄影可以让孩子暂时将注意力集中在某个单一的主题上——昆虫、花或鸟，并以一种有意义的方式去观察它，然后运用多种感官再次体验（例如，嗅花香或听鸟鸣）。（这里有一条至关重要的注意事项，或许需要导师进行一些干预，那就是孩子很容易只顾着拍照，而忘记要充分融入周围环境中。所以要确保他们在大多数时间里把相机放在一边。）照片可以让孩子带走与大自然互动的生动纪念品，培养持久的记忆；可以用来创作各式各样的艺术品；可以串在一起，做成幻灯片。如今，社交媒体受到高度重视，儿童可以很轻松地通过图像与他人分享他们的大自然体验。

　　视频也具有许多类似的好处。摄像结合了视觉和声音，能够激发更高层次的创造力。米兰达·安德森（Miranda Andersen）是不列颠哥伦比亚省温哥华人，9 岁就开始拍摄有关大自然的影片。她的第一部作品纪念了一位参与创办鲑鱼养殖场的女性。后来，13 岁时，已经很成熟的米兰达拍摄了一部美丽的电影《大自然中的孩子》（*The Child in Nature*），旨在突出大自然在儿童生命中的潜在影响力。因此，视频也可以成为一种加强大自然联系的很棒的数字工具。

　　除了捕捉静态或动态图像外，如今还有不计其数的大自然主题应用程序可供下载，而且每周都有新产品加入其中。很多程序是为观鸟者开发的，让你在自家后院或任何其他环境中都能识别鸟类。针对哺乳动物、爬行动物、两栖动物、鱼类、昆虫和蜘蛛也有类似的产品。另一些应用程序则是为树木、野花或其他种类植物的爱好者开发的。想识别你在徒步旅行中看到的足印和听到的叫声吗？这方面也有相应的应用程序。你担心有害动物吗？不要害怕。有一种可下载的工具能为你提供从蟑螂到啮齿动物的丰富信息，可谓应有尽有。此外还有其他的在线服务可以让你实时跟踪你看到的自然景观，并对每个景点的地理位置进行标记。专门针对儿童开发的上述各类应用程序也越来越多了。

不可忽视的是，奇石采集者也可以找到专门针对岩石、宝石和矿物的应用程序。此外还有很多神奇的应用程序可以让你定位和识别行星、恒星、星座以及夜空中的其他天体。最近，当我参加在加州拉霍亚召开的一个会议时，一位与会者举着手机，宣布国际空间站将很快经过我们的头顶上空。于是，我们一群极客迅速聚集到会场外面，观看那个明亮的星状物体在天际缓缓地翻滚而过。那些对地理藏宝情有独钟的人可以轻松找到世界各地数以百万计的地理藏宝地点，其中有许多位于大自然区域。或者，你可以利用在线产品来增强自己的野外逃生能力，这些产品可以计算你的步数，追踪你的行程，精确确定你的海拔高度，通过访问地图来帮助你找到路线，或是识别天际线上的任意一座山峰。当然，拥有虚拟地球软件后，你就能够像放大地球上的任何地点，预览徒步旅行路线或是鸟瞰你最喜欢的公园或露营地。最后，一款名为 Yonder 的社交媒体应用程序如今让你可以与其他大自然爱好者分享数字图像和大自然体验视频，并了解他们在做些什么。你已经目不暇接了，对吧？

恐龙、火车和室内大自然

几年前，我接到来自好莱坞的吉姆·亨森公司的一位执行官的电话。她说他们正打算为学龄前儿童制作一部新的电视教育系列片，准备以恐龙为主角。她问我是否愿意参与。接下来的谈话大致是这样的：

"片名打算叫什么？"我问。

"《恐龙列车》。"她回答道。

"什么？"我结结巴巴地说，"你们不能给它起这个名字！"

"为什么不能？"她平静地问道。

"因为像我这样的恐龙古生物学家必须经常提醒人们，人类和恐龙从未生活在同一个时代。让两者待在同一列火车上只会让大家对这个迷思坚信不疑。"

"没问题，"她说，"我们只打算把恐龙放在火车上。"

我停顿了一下，深吸一口气，脱口而出："好吧，那可太棒了！"

于是，一切就这样开始了。自 2009 年首次开播以来，克雷格·巴特利特（Craig Bartlett）的创意作品《恐龙列车》一直是非常火爆的 PBS 儿童频道节目。在美国，每个月都有数以百万计的家庭观看该节目，其影响范围已经扩大到全世界 100 多个国家。从一开始，我就拥有担任系列片科学顾问和主持人的双重荣誉。每一集节目主要由色彩丰富、令人称奇的恐龙和其他生物的动画组成，主角是小霸王龙巴迪，它和收养它的会飞的爬行动物家族（翼龙）一起乘上一列神奇的列车去探索恐龙时代的各种时空。我以"斯科特博士"的身份出现在每集的结尾，讲述故事背后的科学原理，并将故事内容与当今的大自然联系起来。在 100 多集节目里，我们将恐龙作为一种强大的工具来探讨与大自然相关的各种各样的话题，从植物、动物、粪便到飓风、火山和流星。对于学龄前儿童来说，恐龙和火车的结合就像巧克力拌花生酱——几乎无法抗拒。

当我一心扑在《恐龙列车》第一季的筹备工作中时，我开始担心这部系列片会成为另一个把孩子束缚在室内的屏幕前、让他们欲罢不能的产品。因此，我与节目组商定了一个鼓励孩子走到户外去的口号，最终版本是我的妻子托妮提出的。至今我仍然会在每集节目结束时热情地疾呼："走出去！走进大自然！做出自己的发现吧！"

我必须承认，当时我并不知道一个电视节目是否能够成功地说服大批儿童关掉电视，走到户外去。但是，在听到成百上千的孩子和成年人所反馈的趣闻轶事后，我很高兴地告诉大家，我的试验似乎奏效了。很多家长告诉我，他们的宝贝儿子如今不断要求去外面玩，然后在地上挖洞寻找化石。（对此我很抱歉，家长们。）与此同时，宝贝女儿们会经常出去查看那些被称为鸟儿的活恐龙，观察它们飞翔，唱歌，孵出一窝窝的雏鸟。一些家长甚至将这部系列片作为让孩子进行户外活动的筹码。（"还记得斯科特博士说的话吗？现在该走出去做出你自己的发现了！"）PBS 儿童频道和吉姆·亨森公司完全接受了"走出去"的理念，在节目中和"恐龙列车"网站上创建了一个"大自然追踪者俱乐部"。因此，这是一个很好的例子，说明技术可以被用作一种强大的工具鼓励孩子去探索和接触当地的大自然。

以科学和大自然为焦点的儿童电视节目还有不少。当然，你随时都可以把你的水瓢浸在被称为互联网的信息之河中，你和你的孩子可以在那里找到任何与大自然有关的问题的答案。通过关注孩子最迫切的询问——特别是刚从野外回来时——数字世界和自然界几乎可以在对野孩子的培养上实现无缝融合。此外，有越来越多的网站可以帮助你们找到本地的户外活动，让你们和其他志同道合者取得联系。在美国的国家层面上，大自然保护协会创办了"大自然真棒"（Nature Rocks）网站，提供了你附近的户外活动的绝佳指南。

与此密切相关的是越来越多教育类的、与大自然有关的儿童电子游戏，其中包括《识别鲨鱼》（Name That Shark）、《认识鸟类》（Bird Brains）和《注意熊出没》（Be Bear-Aware）等。虽然有些人对网络游戏的前景并不看好，但是在我看来，它在帮助孩子与大自然建立联系方面打开了一个广阔的、实际上尚未被开发利用的领域。如果游戏能向你提供知识和途径，让你达到识别和了解当地大自然的更高层次；或者，如果有视野更广阔的游戏，鼓励你对当地生态系统中的能量流和物质流进行越来越深入的研究，你觉得怎么样？我们只不过刚刚触及大自然游戏的表面。

远程教育是让孩子接触大自然的又一个极好的平台。2013 年秋天，我站在犹他州南部崎岖不平、灰白相间的劣地深处的一座狂风大作的山顶上，通过卫星与全国各地教室里的学生进行交谈。我向他们展示了一些古生物学领域的工具，包括凿岩锤、铲子、油漆刷和牙刮匙，并简要介绍了它们的使用方法。接下来，我举起了一只肉食性暴龙的锯齿状牙齿，和一只植食性鸭嘴龙的巨大而粗钝的掌骨——这两块化石都是在前一天刚刚发现的。摄像师将镜头放大以供仔细观察。学生们向我实时询问了在美国西部这一偏远地区出土的古代生物，及其 7500 万年前在该地区的生活情况。把成千上万的年轻人送到一个偏远的挖掘地点是不可能的事，这完全不切实际。现在，通过远程教育的神奇力量，我们把挖掘地点带进了教室。有效的高科技手段，可以让小学、初中和高中学生们接触到的不仅是古生物学，而是整个科学领域。

简而言之，尽管与附近的大自然进行直接接触的户外体验是必不可少的，但是借数字技术增强的室内体验在培养野孩子方面也可以发挥重要作用。

万事皆可请教大自然

翠鸟、纳米布沙漠甲虫和座头鲸三者之间有什么共同点？它们都是一项新的动物保护工作的主要对象吗？都是职业运动队的名称？不。答案是，它们都启发了令人惊叹的人类新技术。而且，这些创新共同在大自然和技术的交叉点上开创了一个全新的领域，有可能引导我们重建一种欣欣向荣的人与大自然的关系。

翠鸟的喙启发一位日本工程师重新设计出了新干线子弹头列车头，在提高最高时速的同时能降低噪音和能耗。生活在环境严酷的纳米比亚沙漠中的一种一角钱硬币大小的甲虫促使生物学家和工程师联手创造出一种超高效的集水材料，将类似于特氟龙的防水表面与吸水隆起物结合在一起。座头鲸凹凸不平的鳍状肢则为空气动力学改进桨叶提供了灵感，它们现在被安装在各种机器上，从风力涡轮机到计算机。

　　我还可以举出成百上千个基于大自然巧妙设计的高科技发明。它们共同构成了一个新生的却发展迅猛的领域：仿生学（其英文单词 biomimicry 包含两个词根，其中 bios 的意思是"生命"，mimesis 的意思是"模仿"）。仿生学致力于在大自然母亲已经创造的答案中寻找人类问题的答案，其中最著名的例子是尼龙搭扣，其灵感来自牛蒡果，它们当时正顽固地黏在一位瑞士工程师的宠物狗身上。

　　与流行的观点相反，进化不是一个随机的过程。诋毁者经常把进化比作成千上万只猴子在打字机上胡乱敲打，直到一只猴子纯属偶然地把所有字母和单词都按正确顺序敲出一本内容很长的书。这个比喻简直错得离谱。进化是具有高度创造性的，通过不懈的反复尝试过程不断开发新的解决方案。仿生学的核心思想是，大自然已经解决了人类工程师和设计师目前所面临的大多数问题。通过利用这些解决方案，或者说"改编"方案，我们正在学习像叶子一样捕捉太阳能，像蝴蝶一样创造色彩，像草地一样种植食物，像沼泽一样回收我们的废物。

　　今天，在谈到尖端技术创新时，我们往往指的是"高科技"。相对地，大自然的技术解决方案可以被称为"深科技"（deep technology），是数十亿年间进化性研发的结果。我有一种强烈的预感，未来科技的"击球最佳落点"将是高科技与深科技的结合点。在这里，我们将学会全面借鉴大自然的智慧，不仅是在材料学和装置方面，更是在整个社会层面。届时，建筑物将像树木一样，能够利用太阳能调节温度，而无需昂贵的供暖和制冷设备。此类创新已经在建筑界蓬勃发展。最终，通过环环相连的基础设施网络，城市可能会像生态系统一样发挥作用，向需要的地方输送本地资源，并将一个领域的废物用作另一个领域的原料。这只是个梦想？是的，但这是一个光荣的、可实现的梦想，是大自然与科技的真正融合。

　　与此同时，仿生学正在向 K-12[⊖]和高等教育领域进军。教师中的先驱正在迅速寻找将基于大自然的思维融入课程核心的方法。今天，你甚至可以攻读该领域的硕士学位。毫无疑问，仿生学是一个十分有效的视角，可以通过它来观察科学教育，鼓励儿童和成年人在身边非人类世界的启发下达到创造的新高度。

　　然而，这一新领域最让我感到兴奋的是它在视角上带来的革命性转变。大自然不再仅仅是一种了解对象，而变成了一种借鉴对象。大自然不再是一堆原材料，而是已成为良师和楷模。深科技和仿生学是将进化史诗——世间万物的共同历史——与繁荣未来结合起来的强大工具。在那个未来里，人类将完全融入自然界。"我们生活在一颗天才辈出的超级多样化的行星上。"生物模拟运动的创始人和领军人物珍妮·班亚斯（Janine Benyus）如是说。有什么急事需要解决吗？问问大自然吧！

数字博物学家

　　正如第 1 章中所述，20 世纪初是博物学家的全盛时期。花时间去户外沉浸在大自然中是司空见惯的事，大多数人对当地的动植物有至少初步的了解。值得注意的是，曾经有很大一部分美国人和欧洲人都认为自己是博物学家。在那个年代，一名典型的博物学家会带着钢笔和笔记本到户外去。如果幸运的话，他的背包里可能还会有一副双筒望远镜、一个放大镜和一两本野外指南手册。那些喜爱社交的人会定期聚在一起分享发现和见解，但在大多数情况下，他们与大自然有关的爱好都是独自一人或最多是和一两个同伴一起追求的。

　　今天，博物学家已经非常罕见了。对我们大多数人来说，这个词没有

　　⊖　K-12 教育是美国基础教育的统称，即从幼儿园到 12 年级的教育。它也是国际上对基础教育阶段的通称。——译者注

什么意义，最多就是代表了穿着制服的国家公园或州立公园的员工，他们白天负责带领游客去大自然中散步，晚上则提供幻灯片演示。但我认为，博物学家的第二春可能正在到来。

不过这一次，情况将大不相同，这在很大程度上要归功于数字技术。21 世纪最具代表性的数字博物学家可能会再次把双筒望远镜放在背包里。但是钢笔、笔记本以及旅行指南手册将不复存在，取而代之的将是一个手持数字设备，内置有电话、照相机、摄像机、放大镜以及各种野外指南。从植物和动物到岩石和星星，各种辨识工作都变得易如反掌。同样是这台设备，还可以使用内置 GPS 记录每次观测的准确位置，并通过添加天气条件、海拔高度等相关信息来增强定位的精确性。该设备上的另一个应用程序还能将观测结果上传到全国数据库中，为多个民间科学项目做出贡献。尽管独自一人或只有为数不多的同伴，也许离人类居住地很远，但是这位博物学家很可能正与其他志同道合者保持联系，请他们帮助他识别动植物。我们这位数字博物学家会觉得自己属于一个深具凝聚力、以行动为基础的群体，大家关心自己所在的地方并为当地的福祉采取行动。在那些他因为过于专注而在野外流连到天黑的日子里，数字设备内置的手电筒应用程序将帮助他安全回家。

但是，要想将这个博物学家的新时代变为现实，关键的第一步就是让我们的城市再野化。毕竟，城市是我们大多数人目前生活的地方。因此，在我们的旅程接近尾声之际，让我们谈一谈城市再野化这一革命性的概念。

培养野孩子的诀窍 9

指导你身边的儿童同时拥抱科技和大自然，建立起一种让高科技和热爱大自然平衡发展的繁荣常态。

自然指导技巧

拍摄一些大自然照片

鼓励孩子在户外用相机拍下令他们感兴趣的 5 种自然事物，花、虫子、石头，什么都可以。然后让他们打开自己的感官，花至少 5 分钟时间仔细观察周围环境，包括蚂蚁这样的小东西和云朵这样的庞然大物。接着，他们的任务是再拍摄 5 张照片，并将之与先前拍摄的 5 张照片进行比较。他们能发现这两次拍摄有什么不同吗？打开感官并花时间仔细观察是否发生了改变，如果是的话，具体是怎样改变的？现在，孩子可以利用这些照片来制作幻灯片或艺术作品，也可以挑选出他们最喜欢的图片，然后为它写一首诗。你要富有创意，或者最好是跟孩子共同创作。关键在于，要将相机作为一种提高观察和认识技能的工具，然后对成果进行反思。在此之后，你完全可以鼓励孩子以电子手段分享成果。这对家长、教师及其他看护者来说是一项很好的活动，为融合数字世界和自然界提供了一条简便的途径。

发掘精彩资源

带孩子去一个野生或半野生环境，再次要求他们找到一些让他们觉得有趣的东西（可以拍照或画素描）。如果你愿意的话，可以利用探究性问题来培养意识，大家一起去探索这个问题。等你们回到家中，和孩子一起到电脑前，利用互联网找到你们所不知道的关于一个或多个所选对象的信息。可以考虑让孩子用大自然日记来记录他们的发现和成果。还有一种鼓励孩子超越视觉的方法，就是用智能手机录下一些鸟叫声，回家后再上网确认那些都是什么鸟的叫声。如果你担心时间问题，那么请记住，整个活动，无论是在户外还是在室内，都可以在仅仅 30 分钟内完成。除了能够让你和孩子度过一段高质量的时间之外，这些活动也再次极好地证明，身为导师的你并不需要成为一名大自然专家，唯一的必要条件就是对孩子提出的任何想法和成果表现出兴趣，然后热情地参与共同调查。

参加一次地理藏宝活动

地理藏宝是一种十分有趣的高科技寻宝活动，近年来呈现了爆炸式的发展趋势。参与者配备着带有 GPS 功能的设备，导航到特定的坐标地点，找到藏在那里的地理宝藏。地理藏宝玩家通常会在一份工作日志上签名，在某些情况下，会移除宝藏盒中的一个物体或是放入另一个物体。然后他们会在网上与其他人分享照片和经历。截至本书撰写之时，全球大约有 250 万处地理藏宝地点和超过 600 万名地理藏宝玩家！你可以在每一座大城市里找到地理藏宝地点，也极有可能在郊区和荒野找到它们。要想了解如何参与，请访问以下网站：www.geocaching.com。

下载大自然应用程序

试着下载一个或多个大自然应用程序到你的智能手机上，然后用用看。星辰，岩石，树木，鸟类，哺乳动物——无论你对大自然的哪一方面感兴趣，都很可能找到一个相关应用程序。问问你的孩子什么最吸引他们，然后把与之相关的应用程序也下载下来。另外，iNaturalist 是一个很棒的起点，因为你可以通过它上传对几乎任何一种生物的观察结果，了解它，并与志同道合的大自然爱好者取得联系（不，他们并没有付钱让我打广告）。大自然应用程序的出现和发展是如此之快，以至于你必定能找到一款能打动你和身边孩子的产品。记住，一定要用行动示范混合思维，也就是说，在数字世界和现实世界之间保持平衡，并展示这二者是如何互补的。此外，要让年轻人意识到其中涉及的不同意识模式：一般来说，意识在电子屏幕前是狭窄的，在大自然中是广阔的。

拍摄一部大自然电影

　　不管你是一名教师、家长还是其他看护人，培养混合思维的一种很好的方法就是鼓励孩子们（有时最好是两三个人一组）制作一部大自然视频。这个过程可以是简单的，也可以是复杂的，取决于你的意愿，但它最好能包含前文提到的若干元素：①户外观察时间，以确定最感兴趣的元素；②室内上网时间，用于寻找背景信息；③思考和讨论时间；④拍摄和剪辑时间。如今有许多易于获得、价格便宜的软件包，让音乐叠加和特效制作变得很简单。（如果你不知道该怎么做，你的孩子很可能会做。）对于年龄较大的孩子来说，视频是一种很好的工具，可以提高对图像、声音和光影等诸多事物的意识。视频也可以成为一种强大的讲故事手段。不妨考虑让孩子在当地大自然环境中确定一个重要的主题，比如说，一条外来植物泛滥成灾的溪流，或是一项种植马利筋以帮助帝王蝶迁徙的工作。当然，在数字领域，你可以随时分享任何相关作品，也可以仅仅与家人、朋友或学生分享它们。

第 10 章

再野化革命

在大城市中培养大自然爱好者

"希望"意味着捋起袖子行动起来。

——大卫·奥尔

《僵尸世界大战》（*World War Z*）、《疯狂的麦克斯》（*Mad Max*）、《饥饿游戏》（*The Hunger Games*）、《人猿星球》（*Planet of the Apes*）、《活死人之夜》（*Night of the Living Dead*）、《世界末日》（*Armageddon*）、《逃离纽约》（*Escape from New York*）、《终结者》（*Terminator*）、《世界之战》（*The War of the Worlds*）——如果这些好莱坞热门影片能说明什么问题的话，那就是我们对世界末日的题材有点儿太过痴迷。维基百科（Wikipedia）称，在过去的几十年间，采用世界末日题材的电影数量在稳步增长。该题材在1950年以前只有5部，之后的推出进展如下：20世纪50年代，11部；60年代，20部；70年代，33部；80年代，33部；90年代，34部；21

世纪的最初 10 年，58 部。而且，在当前这 10 年的头 4 年里，已经上映了 42 部世界末日风格的影片。

在第二次世界大战结束后的年代里，这一现象毫无疑问是由原子弹及我们对核浩劫完全合理的恐惧引发的。但是核弹这个理由并不能解释大屠杀题材电影的持续上升势头。公众对核战争的恐惧已经降低，然而在 21 世纪的头 10 年里，世界末日题材的电影数量几乎翻了一番，而在当前这 10 年内，这个数字还有望再翻一番。也许当今世上又出现了一些新的恐惧。

几年前，当杰德 8 岁时，我问她："你觉得等你到了你奶奶这把岁数的时候，世界会和今天一样，还是更糟，或是更好？"为了表示强调，我用平摊的手势、向上的手势和向下的手势来分别代表这三种情况。

她几乎没有丝毫犹豫，平静地回答："会更糟的。"

"什、什么？"我目瞪口呆，结结巴巴地问，"谁告诉你的？"

她带着一种几乎跟我一样难以置信的表情回答说："爸爸，所有人都知道地球正变得越来越热，而且对人类来说情况会越来越糟糕。"

她只有 8 岁。

持这种观点的并不仅是杰德一个人。事实上，大多数人，无论是儿童还是成年人，似乎都认为情况会在未来几十年内变得糟糕许多。所以，难怪对核战争的恐惧（它现在已经有了个专有名称：核武器恐惧症）已经被对环境恶化的恐惧超越，后者包括全球变暖、物种灭绝、雨林和珊瑚礁被破坏。正如杰德的反应所表明的那样，孩子和成年人都已经十分清楚这一点了。

当然，与通往乌托邦式极乐世界的黄砖路[⊖]相比，离经叛道的异形、

⊖ 在美国作家莱曼·弗兰克·鲍姆（Lyman Frank Baum）所著的《绿野仙踪》（*The Wizard of Oz*，又译为《奥兹国的魔法师》）一书中，主人公多萝西就是沿着黄砖路开始寻找魔法师的冒险之旅的。——译者注

僵尸和机器人拥有更高的票房价值。然而，无论《终结者》式电影的频频出现与我们对环境的忧惧之间是否存在因果关系，我们都有必要问一句：如果我们听到的都是关于情况会越来越糟的传言，那么我们岂不是在做一件很危险的事情，让关于世界末日的预言自我应验？马丁·路德·金（Martin Luther King Jr.）告诉我们，没有任何一场运动能取得成功，除非它能呈现出一幅让人们感到必须朝着它努力的愿景。那么人类和大自然的强烈愿景——那个没有僵尸和异形出没的世界究竟在哪里？

　　这就是为什么现在我会更多地谈论"可繁荣性"（thrivability）——这才是值得我们为之奋斗的目标。在许多方面，可繁荣性是一种地方性的挑战。是的，一些紧迫的问题需要全球合作解决，首要的是气候变化问题。其他一些问题，如禁止使用某些杀虫剂和制定保护濒危物种的法律，则需要诉诸联邦立法。然而，有许多生态问题，包括栖息地遭破坏和物种减少，则需要地方性的解决办法。"地方"是什么概念？你可以把它定义为你所居住的城市或小镇再加上周边的生物区。生物区是指在大自然环境中边界自然形成的由植物、动物及各种环境条件构成的生态群落。每一个生物区都拥有其独特的生命多样性、土壤、流域、地貌和季节性气候模式，更不用说文化了。因此，从根本上说，可繁荣性，即我们的蓬勃发展能力，首先是一种地方性生物区现象。这一点的重要性体现在，如果人们不积极解决当地问题，就不太可能改变他们涉及全球问题，包括气候变化问题的行为方式。

　　然而，参与解决当地问题会使人受到一种无形偏见的挑战。如果你走出去环顾附近的大自然环境，不管是在什么地方，你都很可能会认为"一切正常"。我目前住在科罗拉多州丹佛市东面的城市公园附近。这座公园里有丰富的大自然元素：参天大树、狐狸和松鼠、鸬鹚和加拿大黑雁，以及过剩的兔子。然而，就在一个世纪以前，黑足鼬曾在这里猎杀土拨鼠。而且，在19世纪的印第安人大屠杀之前，曾有成千上万的野牛在今天的丹佛市东部游荡，是灰熊和印第安人的猎杀目标。所以，"正常"的标准会随着每一代人的过去而改变。或者，换句话说，没有什么是"正常"的。

这里的干扰因素是，人类的寿命通常不到一个世纪。我们在成长过程中无论看到什么，都容易将之诠释为一种常态。心理学家彼得·卡恩（Peter Kahn）采访了居住在休斯敦市中心的非洲裔美国儿童，了解他们关于环境的看法和价值观。孩子们对附近的大自然环境表现出了令人惊讶的极高的道德关怀，大多数孩子对污染等概念也非常了解。然而，他们也倾向于认为休斯敦——美国污染最严重的城市之一——并不存在什么污染问题。

卡恩总结说，这些孩子缺乏一条经验基线来比较污染和未污染的概念。他还提出，几乎所有人类都会在几代人的跨度中犯同样的错误，因为我们会把童年时期接触的自然界视为正常的环境。当我们意识到，对大多数地方而言，当地的环境质量和多样性已经稳步退化了至少一个世纪之久，而且在大多数地方都已经持续了比这长得多的时间，真正的问题才会冒头。然而，这种退化实际上是我们无法看到的，卡恩把这种现象称为"环境代际失忆症"（environmental generational amnesia）。

我们可以通过一个办法来应对造成这种独特失忆症的不断变化的经验基线，即在一个很短的时间段内改变环境，使之变得更好，从而建立起一种新的、改进过的标准。我们如何才能完成这样的壮举呢？别紧张，答案就是"原生化"！

原生化

理查德·洛夫提出了一个极有说服力的观点，即 20 世纪是保护大自然的时代，而 21 世纪必须是恢复大自然的时代。特拉华大学昆虫学和野生动物生态学系教授道格拉斯·塔拉米对此深表赞同。而且塔拉米有一个简单而又令人信服的想法，或许有助于实现恢复大自然的梦想。正如他在杰出的《把大自然带回家》一书中所描述的那样，原生植物可以帮助我们在我们生活的地方重建大自然，从而挽救无数物种于濒临灭绝的厄运中。

在岁月漫长的自然选择中，所有动植物都进化成在特定生态系统中的特定角色。换句话说，进化赋予了有机体一些特性，可以提高它们在特定地方生存和繁殖的概率。因此，当一种植物被从一个大陆移植到另一个大陆上后，它就开始存在于一个与其祖先的生存环境完全不同的关系网络中。有时，这些绿色的"异形"（这个词又出现了）会活得很艰难甚至完全消亡。在另一些时候，通常是在当地没有天敌或寄生生物的情况下，它们会茁壮生长。与此同时，入侵物种往往会导致它们的原生同类物种在当地数量减少或消失，甚至彻底灭绝。

塔拉米证明，以植物为食的昆虫大多会并且通常只会以本地物种为食。也就是说，它们只吃来自其祖先栖息地的植物——这些昆虫与之共存了千万年的食物。所以，被外来植物占领的环境会使当地植食性昆虫的生存变得十分艰难。昆虫是一大批掠食动物赖以为生的食物，尤其是鸟类，而许多小鸟又是鹰这种猛禽的食物。因此，一个特定区域内外来植物数量的增加会产生连锁效应，往往会在多个生态层次上降低生命形式的多样性。我们再来考虑一下当今的城市状况。今天，绝大多数（按照某些衡量标准来看高达 80%）城市植物并不是为它们营造的生长环境中的原生植物。塔拉米称，仅在北美地区就有约 3400 个外来植物物种。也就是说，我们在有意或无意间从世界其他地方引进了它们。想想在加州北部很多地方都能看到的澳大利亚桉树，或是装点着欧洲和北美洲花园的已呈泛滥之势的亚洲月季吧。

更糟糕的是，我们已经摈弃了多样化的祖先植物中的大部分，转而选择仅由一种或若干种绿色植物覆盖的单调地被。最典型的例子是我们需水量极大的草坪，上面基本上只生长着一个物种——肯塔基蓝草（别被它的名字给骗了，它其实起源于欧亚大陆）。随着原生植物大片毁灭，被多样性较低的外来物种所取代，我们的城市现在只能支持本地生物区一小部分原生昆虫、鸟类和其他动物的生存。

塔拉米的解决方案是，再一次将原生植物播种在我们的城市、郊区，甚至所有由人类主导的景观中。这种野生景观再造活动能够扭转人类强加给环境的负循环，吸引更多的原生昆虫，鸟类和其他动物也会紧随其后。这样一来，本地的生命网络将变得更为强健和多样化，更有能力抵御不受欢迎的入侵者。附近的大自然将通过提升多样性和避免物种灭绝成为赢家，而人类也将成为赢家，因为我们能够通过生活在大自然元素丰富的环境中改善健康和福祉。

如果拯救物种还不足以提供动力，那么还有一个很好的理由可以促使你在任何一块可以用铲子撬动的土壤中播种原生植物：它们为建立大自然联系提供了一种神奇的工具。

大多数时候，我们对于花开花谢、鸟儿来了又去一无所知。我们或许会在休息时分呼吸春天的芬芳，或是聆听鸟儿的清晨合唱。但是，我们当中有多少人会庆祝林莺、唐纳雀、绿鹃和画眉从它们在中美洲和南美洲的越冬地归来？这些鸟类把我们当地的生命之网与遥远国度的其他生命之网交织在一起。通过有意识地利用原生植物和原生昆虫鼓励这些鸟类回归，我们可以让自己融入这神秘的、跨越漫长距离的生命的潮来潮往之中。

作为一名自然导师，你可以和孩子一起在后院播种一些原生植物，可以沿着篱笆种，也可以种在烧烤架旁。如果你们住在公寓里，不妨在窗台花架上做同样的事。如果你在图书馆、博物馆或社区中心工作，那么在建筑物外围进行野生景观再造可以成为一种重要的体验式学习工具。而且，对于所有身兼自然导师角色的教师来说，学校场地为原生绿化活动提供了一个极好的平台，能让学生参与到提升生物多样性的活动中。如果候鸟成为生物、社会研究或艺术课程的一部分，效果会怎么样呢？

绿化城市

在我看来，城市是目前解决可繁荣性问题的最佳核心层面。对于美国这样面积辽阔的国家来说，这项任务太大、太难以操作了，对美国的大多数州来说也一样。而社区就其本身而言对于我们所追求的大规模、系统性变革来说又太微不足道。至于城市，尽管其中有一些非常庞大，但普遍看来，它们的规模似乎恰恰好，既不太大也不太小。城市是我们大多数人居住的地方——超过80%的北美人居住在城市里，到2050年该数字预计将达到90%。市长可以说是最有能力把事情落到实处的政治家，而且大多数市长都这么做了。如果我们能找到城市层面的解决方案，或许一次只在一个社区中实施，这些方案就很可能被推广到其他地区的城市区域。

然而，城市本身也构成了一个根本性的问题。在传统上，它们是由人类而非野生事物占据统治地位的地方。直到最近，最负盛誉的城市地区都是将大自然放逐到郊区及更远地方的。修剪整齐的花园、高贵优雅的林荫大道、鸽子、乌鸦、老鼠，也许还有一些兔子——这些都不算作大自然。自然界是一种野性难驯、难以驾驭、张牙舞爪的存在，位于城市的边界之外。富有开拓性的瑞士裔法国籍建筑师和城市规划师勒·柯布西耶（Le Corbusier）认为，城市是"人类对大自然的操作"，而房屋是"一架用来居住的机器"。从非常真实的意义上说，城市一直是人类凌驾于自然界之上的象征。

在过去的一个世纪里，城市地区的不断扩张扰乱或破坏了自然栖息地，迫使许多动物适应不熟悉的环境，还有许多动物完全消失了。我们已经模糊了城市、乡村和大自然之间的界线，导致人类与郊狼、浣熊、鹿、海狸甚至熊和美洲狮发生了更多往往会引起争议的冲突。

现在或许是时候重新思考大自然和城市的关系了。如果我们将大自然重新设想成一种更伟大的母体，我们从中诞生并依然植根其中，与之密不可分，结果会怎样呢？如果城市不放逐大自然，而是将原生动植物包容在其边界之内，并积极促进当地生态系统的健康运行，又会怎样呢？想象一下，如果建筑物具有树木的功能，能够利用阳光的能量，并将产生的废弃物回收到当地环境中。将这个隐喻延伸开来，城市群就会变成森林。越来越多的建筑师和城市规划师都开始接受这样的愿景，它最近在一个名为"生态建筑挑战"（Living Building Challenge）的新建筑认证项目中得到了体现。

弗吉尼亚大学建筑学院教授蒂莫西·比特利（Timothy Beatley）曾经环游世界，寻找他所谓的"亲生命城市"，也就是那些在设计、规划和管理方面把大自然放在首位的城市——你可能还记得，"亲生命性"一词的本意就是"对生命的爱"。与之类似的建设"绿色"城市的运动主要关注公共交通、节能建筑和可再生能源生产等元素。但是"亲生命城市"的重点在于保护、恢复和颂扬大自然。大自然不是可有可无的，而是被视为"过上幸福、健康和有意义的生活的绝对必要条件"。这些城市地区通常有着绿色屋顶、绿色墙壁和大量由纵横交错的小路相连的绿色空间。比特利以芬兰的赫尔辛基为例，这座城市用楔形绿色植被进行分区，植被在长满树木的城市边缘处最宽，然后朝着城市中心区变窄。阿拉斯加州的安克雷奇是另一个例子，在其大自然元素极其丰富的边界一带穿插着长达 400 公里的小径，着实令人震惊。

在比特利看来，亲生命城市有两个同等重要的特征：一是创造大自然元素丰富的环境，二是让人们投入这种环境中去。他认为，除了增进人们与绿色空间的接触之外，我们还应该通过以下方面来衡量一座城市成功与否：人们在大自然环境中进行户外活动的时间、户外组织的活跃成员占人口的比例，以及能够识别常见动植物种类的人口比例。同样重要的是亲生命性的制度和治理方式，例如采纳生物多样性行动计划和优先重视环境教育。比特利最近创办了"亲生命城市网络"（Biophilic Cities Network），旨在为合作城市创建平台，以便发现问题并努力实现共同的解决方案。

同样，1996年，一群来自芝加哥地区多个组织的热心人士建立了"芝加哥荒野"（Chicago Wilderness）组织，旨在恢复和维持当地的生物多样性。如今，250多个合作组织在管理着一个占地1500平方公里的巨大自然保护区，它的领地遍布密歇根州西南部、印第安纳州西北部、伊利诺伊州北部和威斯康星州南部。近年来，美国各地的城市中涌现了许多类似的绿色空间联盟，其中包括旧金山的"湾区开放空间委员会"（Bay Area Open Space Council）、波特兰的"交织联盟"（Intertwine Alliance）和洛杉矶的"洛斯里奥斯之友"（Amigos de los Rios）。在丹佛，我们正在展开一项类似的工作，也是通过各式各样的组织协商合作进行的。

在理查德·洛夫和道格拉斯·塔拉米的启发下，多伦多市于2013年开始实施本土化国家公园项目（Homegrown National Park Project），目标是沿着位于城市西区的加里森溪原河道打造一条生机勃勃的绿色走廊。该项目并不打算建造一座真正的公园，而是任命了社区领导，即所谓的"公园护林官"，负责住宅后院和公共空间的改造工作。他们采用的手段是游击园艺[⊖]和苔藓涂鸦等（没错，就是用苔藓创作的涂鸦作品）。简言之，该项目的目的就是用众包的方式建成一座大型城市公园。

我们生活在一个激动人心的时代，诸如此类的项目正在重塑关于城市的理念，以及人与大自然的关系。

⊖　guerrilla gardening，指未经许可在他人的土地或公共土地上种植植物，旨在改善环境或生产供人们享用或使用的蔬菜或花卉。——译者注

再野化

我们这个时代最紧迫的、值得我们所有人思考的问题之一是：如何才能让人类和大自然在我所生活的地方——我的生物区——生生不息地繁衍下去？同样是这个问题，另一种更为拟人化的问法则是：这个地方想要变成什么样？

近年来出现的一个概念也许能为这个问题提供一个深刻的答案。这个概念就是"再野化"。这个词通常指防护、恢复和连接荒野地区的大规模保护工作。在这里，恢复熊、狼和美洲狮等大型食肉动物的数量往往是一个核心要素。在大多数情况下，再野化工作最为重要的目标是维护功能性生态系统和遏制物种减少。举例来说，"黄石到育空保护倡议组织"（Yellowstone to Yukon Initiative，Y2Y）旨在维护和连接从美国境内的黄石国家公园到加拿大北部育空地区之间的山区生态系统，为灰熊、候鸟和其他动物构建一条广阔的野生动物走廊。

然而，再野化的概念也适用于城市及周边的大自然区域。这里的焦点不是大型食肉动物，而是原生植物和鸟类。从这个意义上说，道格拉斯·塔拉米在城市中推广原生绿色植物，以及多伦多的本土化国家公园，都可以被视为城市再野化项目。再野化还适用于人的思想、身体和精神，它是一付解毒剂，可以用来治疗由去大自然化生活所导致的驯化。我们甚至可以把这种内心世界的再野化看作自然指导的主要目的。

我们应该如何开始再野化进程？当然了，我们可以播种一些原生植物，但我们仍然缺乏一个至关重要的、令人信服的愿景，一个可以让我们为之努力奋斗的"天空之城"。尽管我们可以尝试，但我们无法仅仅通过研究当今的大自然来找到答案。请记住，自然界已经严重退化了，这种退化在很大程度上被卡恩所说的环境代际失忆症所掩盖，在我们眼前隐匿了。在确定人类和大自然如何才能在我们当地的生物区内繁衍生息之前，我们需要知道我们所在的地方在最近的过去是什么样的，那是大自然在这片土地上最后一次呈现繁荣气象。但是我们需要追溯到多久以前呢？一百年？还是一千年？

对于美洲新大陆来说，一个很好的起点就是人类到来的那一天，也就是 13 000 年前的某个时候。人类很可能是跟随大量哺乳动物群穿越白令陆桥，从亚洲进入北美的。今天我们很难彻底了解这第一批先驱者在穿越北方冰原向南进发后发现了什么。你可以把它描述成充满了类固醇的塞伦盖蒂草原——广阔的平原上遍布着巨型野兽。乳齿象、巨型地懒、宽角野牛、骆驼、野马以及外形酷似坦克的雕齿兽，都属于植食性动物。肉食性动物则包括刃齿虎、鬣狗、恐狼、猎豹、体型远远大于今天的狮子，以及能让现今最大的灰熊都相形见绌的短面熊。巨大的加利福尼亚秃鹰翱翔在草地上空，打扫弱肉强食后的战场。据估计，当时的植物也是高度多样化的。

然而，人类和大自然并没有实现长久的共同繁荣。在第一批人类到达后的 300 年内，北美洲的大型动物群就消失了，或者说差不多消失了。尽管在这一物种灭绝的罪魁祸首究竟是气候还是人类的问题上仍存在诸多争议，但是有强大的证据表明，人类在这中间起了关键性作用。不久之后，第二批大型哺乳动物抵达这里，它们主要来自冰原北部，以填补生态缺口。这批殖民者包括驼鹿、麋鹿、灰狼、灰熊和大量的短角野牛群，但人类最终也将这些动物消灭殆尽。

我们总是先吃大家伙。在人类从其诞生的非洲大陆向全球迁移的过程中，他们往往会消灭大多数大型动物，或至少大大减少其数量，然后才能更熟练地与剩下的动物共存。许多文化（尽管不是所有文化）都变得十分擅长改变景观以保持动植物的高度多样性。对它们而言，与大自然保持密切联系是生存的必要条件。今天，我们总是将大量的大型动物与人类的诞生地非洲稀树草原联系在一起。但如果回顾遥远的过去，我们就会看到，在数百万年间，大型动物的存在是全球生物繁荣的常态。

13 000 年听上去像是一段非常漫长的时间，但是它并没有超过 400
个人类的寿命总和。从大自然母亲的进化角度来看，这只相当于一眨眼的
工夫，因为脊椎动物物种往往会持续大约一百万年时间。今天生活在我们
中间的许多原生动植物仍然携带着为适应更新世地貌景观而进化出来的
特征。J.B. 麦金农（J. B. MacKinnon）在其《永恒的世界》（*The Once and
Future World*）一书中列举了若干此类"生态幽灵"的例子。最经典的例
子是仅存于美洲的一种类似羚羊的哺乳动物——叉角羚。如果你曾经开车
穿越西部平原，那你就可能看到过这种脚力迅捷的白臀动物。叉角羚能够
以将近每小时 97 公里的速度奔跑，从橄榄球场的一端跑到另一端仅需要
花大约 5 秒钟奔上十几步！这种令人目眩的速度远远超过了它当今的生存
环境中速度最快的食肉动物。它为什么要跑这么快？能解释这一谜团的答
案就是，叉角羚的奔跑能力是从冰河时代鼎盛期遗留下来的，那时候仍有
猎豹和长腿鬣狗伺伏在草原上。

毫无疑问，在过去，美国西部及其他地方的生态系统要远比今天更为
多样化。草原和大型动物往往会形成一种共生循环。青草为种类广泛的食
草动物提供了食物，而食草动物又通过排出富氮粪便和踩踏促进不同种类
的草及其他植物生长。这就是许多再野化运动倡导者主张重新引入野牛、
熊甚至大象等大型动物物种的原因之一。一些人建议我们把非洲象放在美
国平原上，作为已经灭绝的猛犸象和乳齿象的替代品。另一些人则建议我
们想办法通过克隆技术利用远古时代的 DNA 让猛犸象和乳齿象"起死回
生"，使这些更新世巨兽重返出生地。还有一些人则主张重新引入大量的
美洲野牛群。

对于其他地方而言，我们可能不需要追溯到那么久远的过去。而且
我们必须避免陷入一种谬论中，即人类的存在必然导致大自然的毁灭。现
在有大量文献资料表明，一些土著文化学会了在多样化的大自然环境中生
活，甚至可以培育这样的环境。一个典型的例子就是前哥伦布时代亚马孙

河流域的各民族，他们在野生雨林中修建道路和运河网络，种植玉米和木薯等农作物，并经营香蕉和棕榈树种植园。事实上，对土著民族过去是如何在这片土地上生活的了解，为我们理解未来该如何在同一片土地上生存提供了必要的知识来源。我们已经丧失了一部分这样的知识，但是在人类学家和考古学家的努力下，以及最重要的，在这些文化当世后人们的努力下，我们又获得了很多知识。我们可以从这些传统生态学知识中学习到很多东西。

在这里，我们的目标不应该是走回头路，试图恢复某种业已消失的生态系统，而应该是基于对我们本地生物区以往所支持的生物多样性的理解，共同创造一个繁荣的未来。除非我们对过去存在于那里的动植物有所了解，不然我们绝对无法回答关于特定地区人类和大自然的未来繁荣问题。自然历史博物馆作为过去世界的事物和故事的主要保存者，在这方面起着至关重要的作用。而且，为了与道格拉斯·塔拉米的愿景保持一致，我们的再野化工作或许应该从原生植物和昆虫而非那些令人着迷的巨型动物群开始做起。

在我们获得并传播关于过去的知识时，我们也需要将注意力转向对现在的探索。今天，是什么样的动物和植物栖息在我们的城市和生物区？现在有众多的工具和技术可用于协助进行此类生物清查工作，包括第 9 章中描述的被称为"生物闪电行动"的持续 24 小时的调查活动。

同样至关重要的是，必须了解我们所在地方的运作机制、生物体之间的关系以及第 4 章中强调的能量流和物质流。唯有如此，通过与过去进行对比，我们才能开始准确地把握一个生态系统的优势和劣势，包括最近几代人失去的东西。

有了关于过去和现在的一些知识，我们终于准备好将注意力转向未来，并开始回答以下问题：人类和大自然在一个特定的地方共同繁衍生息究竟意味着什么？在这里，我们立即遭遇到一种奇妙的时间方面的不平衡。回首过去，我们看到了一条单一的、蜿蜒曲折的道路，它带着我们穿过 140 亿年的时光直到此时此刻。但是转向未来，我们面前有无数条道路。我们应该选择哪一条？我们是否注定要蒙着眼睛蹒跚前行，还是说我们具有规划一条清晰的、可繁荣的前进道路的智慧？

如果所有城市都被重新设想成大自然元素丰富的地方，为原生动植物留出充足的空间，或至少留出一部分空间，结果会怎样？大自然已经为我们的生存提供了必不可少的服务，包括清洁的空气和水、物产丰富的本地农场和渔场、温度控制、对气候变化的适应力，以及通过绿色空间和教育机会获得的高质量生活。我们如何才能振兴城市区域以孕育这些服务？

我们可以从众包未来开始做起。在自然历史博物馆等科学机构的指引下，每个生物区内的每座城市的社区都可以根据对本地过去和现状的了解，就他们想要获得的未来展开讨论。一旦某个社区选中了一个理想的目标——也就是说，在无限多可能的未来中他们想追求的那一个——那么剩下的问题就是"推演"，即规划一条从他们现在所在的地方到他们想去的地方的路径。

当然，再野化工作不会很简单。这一过程需要进行大量的反复试验，不可避免要经历许多争论。我们对过去的了解将永远是有限的。而且，随着知识的增长和社会价值观的转变，对未来的愿景必将随着每一代人来了又去而改变，最终形成一条曲折前进的道路。但这没关系。再野化过程的本质就是社区共同创造未来，不断根据形势需要调整前进的道路。

革命

今天，在几乎所有发达国家的主要城市里都有多种组织旨在将人们，特别是儿童，与大自然联系起来，这些组织包括独立学校、自然历史博物馆、环境教育组织、植物园、动物园、天文馆、水族馆、科学中心、野外装备商、自然教育中心以及儿童大自然营地。这些组织中的绝大多数做着非常出色的工作，对数十、数百乃至数千名儿童的人生产生了积极影响。然而，尽管与大自然有关的产品和服务遍地开花，但是儿童与大自然的脱节程度已经飙升到了历史最高水平，而科学素养水平却在下降。美国和其他地方的年轻人在技术消费方面持续打破纪录，同时却越来越脱离自然界。简而言之，尽管有这么多人在共同努力并取得了诸多成功，但是我们尚未想出如何在城市规模上促进人与大自然的联系。

除了少数例外——包括数量越来越多的绿色空间联盟——众多参与大自然联系工作的机构都是独立运作的，每个机构都试图为自己创造一个有潜力长期存在和发展的利基市场。一种可能的解决办法就是将这些组织的数量增加一倍或两倍。然而，北美和其他地方的城市已经反复进行过这样的试验，迄今为止尚未取得可进一步扩展的成果。

我们需要一种新的方法。与其增加更多的组织，不如进行协作，通过有效利用多个合作伙伴的资源来加强与大自然建立联系的努力，这样做更可能实现可繁荣性。斯坦福大学的研究人员最近将这种方法称为"集体影响"（collective impact），并通过将成功的合作与失败的尝试进行对比，提炼并发表了一系列指导原则。成功的关键条件包括制定共同议程、共同对工作结果进行持续的衡量、开展相互巩固的活动、持续沟通，以及有一个支持性的骨干组织协调各方工作。

那么，一个大都会区应该如何运用集体影响模式来对其城区、郊区和农村区域进行再野化呢？第一步应该是召集来自当地政府、企业、非营利组织、高等教育组织、K-12 学校和各种基金会的代表。在理想的情况下，这群人的行动方式应该像一把瑞士军刀，每个组织都作为一种具有独特功能的工具发挥作用。

合作伙伴中的一个小组可能会致力于研究过去的生态基线，积累有关附近的大自然在相对较近的千百年中——比如说，自从人类来到这里以后——如何繁衍生息的知识。另一个小组将针对目前开展工作，对生物区展开生物清查，并启动恢复原生动植物的工作。第三个小组将着眼于未来，在广泛的社区投入的基础上制定一个鼓舞人心的愿景。所有这些努力都可能得到民间科学家和民间博物学家的帮助，这些儿童和成年人或许没有正规的专业知识，却在收集信息以及据此采取行动方面发挥着关键性的作用。

再野化革命的成功很可能同时需要自上而下和自下而上的要素。自上而下的要素包括一种令人信服的愿景和战略，并结合宣传活动和必要的法规修改工作，以允许进行广泛的绿化活动。自下而上的要素包括全面展开的草根工作，从你个人指导你的孩子以及种植一些原生植物，到基于社区的、旨在取得成功并展示进步的合作项目。在所有社区中，即使是那些我们认为没有希望的社区，都有一些人拥有极大的热情，愿意关爱彼此以及周围的环境。如果我们能找到这样的人并与他们合作，我们就能带来巨大的变化。当自下而上和自上而下的努力完全交织在一起时，真正的成功和转变就会到来。多伦多本土化国家公园就是一个自上而下的强大愿景与草根努力相结合的例子。

在丹佛，我们刚刚起步的绿色空间联盟正在考虑实现一个更为雄心勃勃的目标：一座宏伟的城市公园。根据我们的设想，这座公园将是一个充满魅力的绿色空间，它将坐落于丹佛大都会所有居民步行 10 分钟即可到达的距离内，无论他们的种族背景或家庭收入情况如何。该计划将以现有的公园、保护区和步道系统网络为发展基础，在恢复一些绿色空间活力的同时创造新的绿色空间，而所有这一切都将在当地社区的帮助下进行。除了增进人们与大自然的接触之外，许多教育机构也将创造机会让人们参与这些再野化空间的建设。

在获取一些早期的、自下而上的胜利方面，校园可能最具潜力。仅在美国，就有超过 132 000 所学校在超过 13 000 个学区里授课。每个社区都有一所学校。如果所有这些校园都被绿化成多样化的生态系统，并配备大自然游乐场、菜园、户外教室和原生植物，情况会怎样呢？如果所有教师都接受过培训，能够展开地方本位教育，并且有信心在学校操场上教授任何科目，情况会怎样呢？如果这成千上万的校园都在放学后开放，方便人们进入令人心醉神迷的大自然环境，情况又会怎样呢？从某种意义上说，学校是城市的缩影，拥有社区、建筑物和户外区域。我们的孩子在这里度过了青春岁月中的大量时间。我们可以通过让学校拥有更加丰富的大自然元素来启动童年和城市的转变。

图书馆提供了额外的、丰富的协作机会来促进人与大自然的联系，包括课外活动这一途径。举一个令人兴奋的新例子，明尼苏达州圣保罗市的阳光图书馆与"儿童与自然网络"以及当地的公园和休闲娱乐部门合作，创建了一个拥有丰富大自然元素的场所，远远超越了一座堆满书籍的建筑物。根据计划，这座图书馆将拥有一座户外阅读花园，一座雨水花园，野生动物友好型植物，以及一个种植了几十棵树木的游戏区。儿童和成年人将有机会接受"大自然领导者"培训，举办聚焦当地环境的教育活动。在活动中，人们可以租用装满了大自然相关装备的背包。"儿童与自然网络"希望在这个项目成功的基础上建设更多的"绿色图书馆"。

以所有这些工作为基础，再加上用原生物种对后院、庭院和公园进行再野化，你就会发现，用不了多久，城市和郊区的景观就会发生转变，呈现出一种欣欣向荣的新常态。最棒的是，这场再野化革命，特别是在其初始阶段，并不需要监督或许可，甚至不需要太多的专业知识。任何人都可以参与，只需种植一些原生植物即可。

进行一场再野化革命所需的元素，包括人和地方，都在这里了：乔恩·扬的旨在与大自然建立联系的核心日常活动——它强调在导师的指导下将大自然体验与故事相融合；约翰·杜威的体验式学习——其特点是以亲身实践、多感官的方式实时接触现实世界；托马斯·贝里的"宇宙

故事"——这是一部讲述一切皆有可能帮助我们在地方扎根的史诗；亚
当·比恩斯托克的大自然游乐场——让孩子们在安全而富有挑战性的环境
中轻松享受富有想象力的自由玩耍；莎朗·丹克斯的绿色校园——让孩子
们和社区天衣无缝地融入附近的大自然环境中；史黛西·吉尔莫为城市中
心区的年轻人制定的策略——将那些服务不足的人类和大自然社区联系起
来，一次帮助一个孩子；理查德·洛夫的混合思维——在令注意力范围缩
小的技术产品和令意识范围扩展的大自然之间找到平衡；道格拉斯·塔拉
米的原生植物——这是一条充满活力的绿色通道，旨在让野生大自然重返
世界各地的城市地区；还有蒂莫西·比特利的"亲生命城市"——与自然
界发出共鸣的城市环境。现在，我们已经知道协作性的集体影响是如何将
这些不同的部分编织在一起，从而有效利用所有合作伙伴的工作的：横向
努力与纵向努力相交、自上而下的努力与自下而上的努力相遇；大自然母
亲也来助阵，为我们提供了与大自然建立联系的内在动力，外加具有强大
适应力的原生动植物，只要我们邀请它们，它们就会大举回归。现在我们
只需要有这么做的意愿。

　　我们可以提供一个令人信服的理由：没有健康的居住场所，就不可能
有健康的人群。毕竟，通过空气、水和食物，以及大自然对我们的大脑施
加的心理影响，我们的身心与当地环境紧密相连。反过来说也一样：没有
健康的人群，就不太可能存在真正健康的城市和郊区环境。如果人们不关
心一个地方，不通过各种各样的活动与之接触，他们怎么会采取对这个地
方有益的行动呢？因此，关键在于同时解决这两个问题：通过再野化让人
和地方变得健康起来。

革命者们

　　谁将成为城市和郊区再野化行动的推动者？在大多数情况下，是自然

导师——像你我这样的人。能否推广孕育深层次大自然联系的努力取决于两个因素：获取和参与。在二者的均衡中，"获取"涉及城市及其郊区的再野化，从拥有大量野生小动物的民宅花园到狐狸和老鹰出没的更为野性的环境。"参与"的关键是思维的再野化。除了充满关爱的自然导师之外，还有谁会去承担这项重任呢？有趣的是，这项工作很可能是我们中的任何人一生中做过的最愉快、最满足的工作之一。

我们已经看到，大自然联系是建立在 EMU 三要素上的，即体验、指导和理解。亲身实践的多感官体验是必不可少的，对一些关键理念的理解也非常重要。然而，如果缺乏成年人的关爱，孩子既不会得到体验也无法形成理解，所以大自然联系的基础——或者，更准确地说，燃料——是指导。

我们需要自然导师来让孩子们参与到核心日常活动中，比如蹲点观察、讲述当天的故事，以及旨在拓展各种边界的巧妙提问。导师不应该过于关注大自然的基本事实，如动植物的名称或是关于它们生物习性的随机事实，而是应该问一些能促使孩子思考重大理念的问题。排在榜首的理念是让我们植根于当地的、无时无刻不在发生的能量流和物质流中的横向联系，以及在我们与恒星、行星及其他生命形式的共同源头所产生的层层效应中形成的纵向联系。从最宏大的意义上来说，这些由生态学和进化论所体现的压倒一切的重要理念可以形成一个支架，让人们在此基础上添加不断积累的知识。同样重要的是让学习过程扎根于当地。体验式的、地方本位的教学可能是吸引年轻学习者的最有效途径。对了，别忘了向他们讲述大自然的故事，多多益善，一定要全身心地投入这项工作中去。

正如我们已经看到的，随着儿童的成长，与大自然建立联系的过程会发生巨大的变化。在童年早期，关键因素是大量无组织的、在大自然中进行的玩耍，由孩子起主导作用。作为导师，你的任务就是让他们像爱玩耍的科学家那样学习和参与，因为他们生来如此。养成每天出门的习惯，即使只是在街区附近散步。仔细观察孩子的兴趣和热情所在，并通过额外的活动来鼓励这些兴趣爱好。要尽早启动与大自然建立联系的过程，最好从婴儿期就开始。尽最大可能利用海滩、森林和星空这些引人入胜的环境。让这些经历深化你和孩子之间的纽带。要习惯于泥土。与大自然建立联系是一项接触性运动，所以要鼓励孩子运用所有感官全身心地投入其中，这样浴缸和洗衣机也就有了"用武之地"。在整个童年早期，我们的首要目标是激发好奇心，多多益善。

在童年中期，我们的工作是发掘孩子对自主权、冒险和能力的渴望。这时候，丰富的大自然体验仍然是必不可少的。我们要努力成为蜂鸟家长，随着一年年过去，逐步后退，只有在必要的时候才走上前去干预。让孩子在户外找到属于自己的特别地方。这些地方最有可能给孩子带来狂喜的时刻，让他们感受到与大自然世界的深厚联系。让孩子在探险时收集各种东西，无论是浆果、蜥蜴还是照片。利用自然艺术的力量来唤醒意识和创造力。思考如何逐步添加更为正式的与大自然建立联系的工具，比如漫游和蹲点观察，然后是记日记和提出一些探索性的问题。考虑让自己养成类似的大自然习惯，即使你每周只出去一次。更好的做法是，找一项你真正热爱的自然活动，并带上孩子们一起去进行这项活动。你的参与度对于保持孩子的参与度至关重要。别忘了培养至少一小群帮手来帮助你完成指导工作，因为从这个年龄段开始，自然导师的队伍必须超越孩子的父母。规定电子屏幕使用时间上限并严格执行，用在大自然中度过的时间取代屏幕使用时间。继续抓住每一个机会培养孩子的好奇心。

最后，青春期也是年轻人渴望进一步走出去的阶段，不仅要远离父母，而且要远离家，往往会前往更为野性的地方。自然导师需要向青少年提供他们所需的这种空间，并增加他们的自主权和责任感。青少年尤其强烈地渴望与其他青少年一起进行具有挑战性的冒险活动，因此，要思考如何让大自然成为开展这种冒险活动的场所，并确保青少年在必要的技能方面得到指导，无论是背包旅行、钓鱼、滑雪还是冲浪，从而获得自信心。在公共服务中学习在任何年龄段都是一种很有效的方法，对青少年而言，它提供了一条特殊的途径，让他们能够承担更多的责任、与同龄人一起参与富有挑战性的活动，并微调他们的道德指南针。如果这项公共服务是在户外进行的，那么它也是加深与大自然联系的一条有效途径。我们都需要通过仪式，不过现在已经很少有人体验过它。找一种适合你的孩子的通过仪式，并预先做好指导工作（最好花上几年时间），以确保他们具备必要的技能和信心。在适当的时候（到时候你自然会知道的），安排一次具有脱胎换骨意义的活动，并在活动结束后与社区一起庆祝。通过这种方式，大自然就可以在从童年到成年的过渡过程中发挥关键作用，最终培养出智慧。

到现在为止，我希望你已经掌握了担任自然导师所需的技能和科学。在越来越多的基于科学的实证研究的帮助下，我们已经开始了解在生命的特定阶段什么样的方法可能是最有效的。但是，对这些方法的应用是一门真正的艺术，与其他任何艺术一样，需要你进行勤奋的实践。

最后，培养野孩子的关键是播种爱而不是知识。因此，自然导师必须更多地在情感领域而不是智力领域运用他们的郊狼魔法。安托万·德·圣埃克苏佩里（Antoine de Saint-Exupéry）完美地表达了这一点：

> 如果你想建造一艘船，那么不要鼓动人们去收集木材，也不要给他们分配任务和工作，而是要教会他们向往无边无际的大海。

与大自然的联系就是我们想建造的船。作为导师，我们的目标不是分享事实或分配任务，而是充当牵线搭桥者，帮助儿童爱上大自然，让他们渴望沉浸在大自然中。这种情感上的吸引力一旦牢固确立，就将滋养他们终生的好奇心和寻求答案的渴望。如果你能帮助儿童培养这种渴望，他们自然会知道接下来该怎么做。

培养野孩子的诀窍 10

作为一名自然导师，你的主要目标不是传授知识和专门技能，而是逐渐灌输一种对大自然的深切渴望。

 自然指导技巧

提供一种积极的愿景

我们能送给儿童的最好的礼物之一就是对未来的乐观看法。尤其是对童年早期的孩子来说，要避免讲述关于自然界和环境恶化的负面故事。这些故事会导致对大自然的冷漠情感而不是关心。然而，也要认识到，童年中期的孩子很可能会得到关于世界现状"前景暗淡"的信息，即使你没有跟他们这么说过。你要聆听孩子对未来的恐惧，诚实地做出回应，甚至把你自己的恐惧告诉他们，这么做很重要。然而，同样重要的是，你要用积极的、充满希望的变革故事来抵消恐惧。这些故事展示了人们正在如何努力解决这些问题，以及年轻人可以如何参与到这项至关重要的工作中。说到底，你要考虑如何逐步灌输一种人类和大自然共享繁荣未来的愿景，特别是在你们当地。让孩子积极地想象并去实现这个未来。

对于教师来说，可以考虑开展一个班级项目，让学生们共同努力展望当地的繁荣未来。未来这个地方和今天会有什么不同？届时会什么样的植物和动物生活在这里？人与大自然的关系将发生什么样的改变？为了实现这一愿景，他们可以做些什么？是不是可以从家里、学校或者当地社区开始呢？

原生化

无论你是父母、祖父母、教师、非正式教育工作者，还是其他关心儿童的人，要成为一名自然导师，最简单、最深刻的方法之一就是种植当地的原生植物。和孩子一起研究哪些植物最适合你们所在的地区，以及它们可能吸引什么样的动物。举例来说，"马利筋项目"的目的是让人们种植马利筋，为濒危的帝王蝶创造富有营养的飞行通道。其他种类的植物能吸引蜜蜂或蜂鸟（不过一定要选择不需要使用杀虫剂的植物）。让年轻人关心照顾这些植物，然后留意观察目标动物的到来，比如候鸟。如果附近碰巧有一个你们经常前去的蹲点观察处，那么应该很容易监测到在一年中动物们的来来往往。让孩子知道他们的行动有助于改变社区，为各种各样的动植物提供栖息地。

绿化校园

校园绿化是培养大自然联系最有效的方法之一，尤其是当孩子能够直接参与到设计和建设中时。可以以你们自己的社区为起点，比如从你孩子的学校开始。和邻居、老师、校长或地区行政人员谈话，让他们想象一下学校的建筑物和场地通过与附近大自然建立联系而重新焕发活力的模样。如果你是一名教师，就考虑一下如何与其他老师一同努力，种植一座花园、添加一条原生植物小径，或是搭建一个简单的户外教室。从小处做起，逐步积累，这样你就能迅速取得成功。观察这些新的绿色空间是如何改变儿童的学习和活动模式的，并确保其他人也能看到这些变化。通过你的努力，社区将有能力重新构思对儿童的教育方式。莎朗·丹克斯的优秀著作《从柏油到生态系统》为这项工作提供了极好的资源，另外还有拉斯蒂·基勒（Rusty Keeler）撰写的《自然游乐园》（*Natural Playscapes*）一书。树立远大理想，努力建立共识，让你的愿景变成现实！

注重地方参与

充分利用社区中已经存在的大自然联系组织。这样的组织很可能比你想象中更多，它们包括动物园、自然历史博物馆、植物园、家庭大自然俱乐部和自然教育中心。如果你愿意的话，不妨想方设法将这些组织的工作相互联系起来，这样就可以扩大它们的影响规模了。如今许多城市都开始庆祝"全国户外运动日"（National Get Outdoors Day）。诸如此类的活动是很好的机会，能让你了解到你所在的地区可以提供些什么，并与其他人讨论可能的合作。与别人分享你自己所做的自然指导工作，以及你为什么认为这些工作很重要。与大家讨论如何让本地人（以及孩子们！）共同努力，实现你们家乡的再野化。还是那句话，从小处做起，然后逐步积累。

再次爱上大自然

从根本上说，自然指导就是牵线搭桥，帮助儿童爱上大自然。所有年轻人都有一种与大自然缔结纽带的内在倾向。但是对大自然的热爱必须得到精心培育，否则它就会枯竭、消失，最后被遗忘。儿童倾向于重视和关心我们所重视和关心的东西。因此，培养野孩子的最可靠的方法之一就是让你自己的思维再野化，让你自己再次爱上大自然。安排时间前往野生或半野生的环境中，哪怕只是在当地的公园里休闲野餐。让大自然成为你和你身边的儿童优先考虑的事情。放慢脚步，留出时间进行放松和反思。有意识地努力扩展你的意识，并对你所看到的美丽事物——云朵、花、树、鸟——发表评论。如果你以身作则，孩子就会效仿你。

后记

不断扩大的盘旋

想象一下，如果在下一代人中，我们成功地在北美及其他地方掀起了再野化革命，那么，世界会在哪些方面有所不同？我们会如何改变培养儿童的方式？城市会相应地发生怎样的改变？最后，人与大自然的关系会以什么样的方式进一步演变？接下来是一篇虚构的文字，描述的是自现在起一代人之后发生的事情，我将从一名自然环境保护主义者的角度对一种可能的未来进行粗略的展望。

女士们先生们，有请 2040 年蕾切尔·卡森自然环境保护奖获得者，奥杜邦学会迄今为止最年轻的获奖者，加布里埃拉·弗格森。

晚上好。能被授予这个奖项我深感荣幸，因为我站在无数杰出的女性环保主义者的肩膀上，其中就包括了伟大的蕾切尔·卡森。在我的一生中，我一直走在这些女性开辟出来的道路上，尽情享受蔚蓝的天空、脚下的泥土以及天地间充满野性气息的空气。今晚，我对这些开拓者充满了感激之情。

同时，我也很庆幸在我的人生中出现了不少私人导师，没有他们，我今晚就不可能站在这里。这中间有三位导师特别突出。首先是我的父亲唐纳德·弗格森，他通过自己的日常行为展示了大自然的价值。是爸爸教会我如何打开我的感官，充分体验这个世界。第二位是我的玛丽安娜阿姨，她对植物的热情具有强大的感染力，她讲述的故事激发了我的想象力，她不仅让我看到了植物的美丽——无论是菜园里的蔬菜还是高山上的野花，还让我看到了植物与周围景观地貌及动物之间千丝万缕的联系。

最后，对我影响最深的导师就是大自然母亲本人。

大自然一直深深吸引着我，它是我的初恋，也是我最持久的恋人。听说，当我还是一个学习爬行的婴儿时，就已经会抓住一切机会逃到户外去了。我最初的野外体验发生在我家后院，那里有我最早的一些记忆。在探索那些布满泥土的角落和缝隙时，我发现了色彩斑斓的甲虫、蜿蜒的蚂蚁大军和巨大的狼蛛。那时，院子显得很大，院子的一角有一棵巨大的云杉，岩石、灌木丛和草丛中有许多可以藏身的地方。院子里甚至还有一个小池塘，我可以在那里偷偷接近青蛙。我的父母希望把大自然带到家人的身边，怀着这样的愿望，他们使丹佛市东南部的那一小片土地焕发活力，成为让人在大自然中玩耍的天堂。

我对鸟类特别着迷，从很小的时候起就是这样。我的这种嗜好是随我父亲养成的，他在周末经常很早就起床，端着一杯热气腾腾的咖啡坐在后院，陶醉在清晨鸟儿们的合唱中。爸爸发现了我日益增长的热情，于是和我一起建造了一个鸟舍，然后是一个鸟浴盆和一个喂食器。很快，我每天早上起来的第一件事就是踮着脚尖走到我的"秘密地点"，它在篱笆和一排野樱莓之间。我会从那里或是另外某个隐蔽的地方观察知更鸟捕食蚯蚓和虫子，有时还把这些猎物喂给嗷嗷待哺的雏鸟。金翅雀、喜鹊和蜂鸟也令我赞叹不已。

当时，我最喜欢的鸟是黄腹丽唐纳雀。它们有深红色的脑袋，煤黑色的翅膀，以及鲜艳的黄色胸脯。飞行中的雄鸟好似一道火焰。我最早的一些美术作品画的就是唐纳雀，通常会把它们的脑袋画得非常大。有一阵子我甚至还喜欢穿耀眼的黄色连衣裙，配着红帽子！我和爸爸在网上发现，唐纳雀喜欢温暖的天气，它们在中美洲和南美洲过冬，然后向北迁徙，享受我们中纬度地区的暑热。有时，在丹佛下雪的冬日里，我会想象那些唐纳雀正在热带的阳光下嬉戏，梦想着能够加入它们。

偶尔，在科罗拉多漫长炎热的夏季，我也确实会加入唐纳雀，和我的弟弟卡洛斯一起在后院露营，后来则是和我的女伴们一起。这绝对是一种很棒的冒险，即使周围有尖锐的汽笛声和哈雷摩托车驶过的隆隆声。爸爸和妈妈还带我们去山中露营。我们有几个最喜欢的露营地点，通常是在湍急的河流边。白天会在徒步旅行、钓鱼和探险中度过。

我对大自然和学习的热爱在我上学期间不断加深。我上过两所很棒的学校，它们采取了地方本位的教学方式。第一所是汉普登高地探险学校。那时候，探险学习尚属于一种替代形式的教育，其重点是亲身实践的多感官体验，而且其中许多体验是在户外获得的。汉普登高地学校在樱桃溪的岸边有一座令人惊叹的、圆形剧场般的户外教室，我们有许多课都是在这里上的。校园里还有一片池塘和湿地，用作学习实验室。我们在那里捕捉青蛙、水黾和鱼类，并学习关于湿地生命的所有知识。

正是通过这些校园经历，我第一次了解了关于入侵物种和濒危物种的知识，并对环境保护产生了兴趣。

校园里到处生长着丰富的原生植物，其间有一座学生种植的菜园，为学校食堂提供了丰富的食物。我清楚地记得自己摘下一枚刚成熟的西红柿，鼓足勇气咬了下去，结果鲜红的汁液一下子喷溅到我的脸上和衬衫上。在那天以前，我一直都讨厌吃西红柿，但是从那一刻起，我就爱上了它们。毕竟，那枚西红柿是我自己种出来的！

我和我的朋友玛格丽特总是沿着樱桃溪旁的小径骑车上下学，有时只有我们俩，有时是和卡洛斯等朋友一起。在回家的路上，我们很喜欢停下来到小溪中探险，经常把自己弄得脏兮兮的，也难免蹭破几处皮肤，但却总是兴高采烈，乐得合不拢嘴。

在从学校到我们家的半途上有一块荒地，我们有时会在那里闲逛聊天。在一个秋天的日子里，我们仰卧在高高的草丛中，尽情地将天空中翻腾的云朵想象成各种各样的动物。过了一阵子，我们开始沉默。时间变慢了，然后消失了。我记得感觉自己好像悬浮在半空中，突然之间跻身于蓝天、白云和太阳之间。这简直妙不可言！当我和玛格丽特终于站起身时，时间已经很晚了。我们没有按时吃晚餐，让妈妈们很不开心。但这是值得的！

几年后，另一次令人狂喜的体验出现在落基山兵工厂国家野生生物保护区。第二次世界大战期间，美国陆军在丹佛以北和以东征用了 60 平方公里的大草原来制造武器，在那个地区总共有超过 15 万吨的化学和重金属污染物被释放出来。1987 年，这座兵工厂被宣布为一个超级基金[⊖]污染治理场地。接着，在 1992 年，它又被宣布为野生生物保护区，这多少带点儿讽刺意味。2010 年，一项高强度的清理工作在这里完成。在 2040 年的今天，这个地方是美国最大的城市野生生物保护区之一，是骡鹿、白鹈鹕、穴小鸮、黑足鼬、郊狼和秃鹰的家园。

这里还出现了一个野牛群，随着时间的推移，规模不断扩大。当我还是个孩子的时候，我们经常参观兵工厂保护区，主要就是为了看看这些壮观的动物，想象在很久以前，浩瀚无边的野牛群轰隆隆地奔腾、统治着大草原的盛况。在一次参观中，我们和另外几个家庭一同站在我们认为的安全距离外观赏一个大约 40 头牛的野牛群。但是几个十几岁的男孩偷偷溜

⊖ Superfund，美国国会于 1980 年制定了《综合环境应对、赔偿和责任法案》，简称 CERCLA，其非正式名称即"超级基金"。当找不到造成污染源的厂商时，"超级基金"向美国国家环境保护局（EPA）提供资金并授权他们清理受污染的场地。——译者注

到野牛群后面，导致它们受到惊吓，直直地向我们冲了过来，于是所有人都转身向护栏逃去。

这里的所有人是除了我之外的所有人。

不知道为什么，我一动不动地站在那里，瞪大眼睛看着那些毛发蓬乱的庞然大物咚咚地向我奔过来。我既没害怕也没展现勇敢——只感到一种压倒一切、充盈全身的敬畏之情。能和这些威严的动物在一起让我觉得无比激动，我觉得自己就是它们中的一员。幸运的是，爸爸转身冲回来找我。据他说，当时他最主要的感觉就是恐惧！他意识到自己已经没时间跑回护栏边了，于是把我像橄榄球一样抱起来，朝着垂直于野牛路径的方向奔跑，并在最后一刻跳到了一棵树后面。

当我 10 岁的时候，在我母亲去世后不久，我开始对山地进行探索。落基山脉成为我和爸爸逃避尘世的地方，我们在那里尽情释放悲伤，然后在那里自我治愈。爸爸和玛丽安娜带我登上了人生中的第一座 4200 米高的山峰——匡戴利山。我永远不会忘记当我站在世界之巅时的那种自豪感，以及我是如何艰难地喘气的。在下山的路上，我们很幸运地看到石山羊在岩石峭壁间行走，那可真是藐视死神的壮举！

此后，玛丽安娜也陪我进行过无数次远足，成为我青春期的关键人物。在她的指导下，我逐渐了解了我们走过的各个生命区，从长满青草的平原到高山冻原，这使我对自然的认识达到了新高度。后来，在我十几岁的时候，我带着玛格丽特和其他朋友一起去山中徒步旅行，有时会进行好几天的背包徒步旅行。我无法想象还有什么地方比那里更适合考验年轻女性，那是一个积累力量和信心的地方，大家在一路上会缔结深厚的情感纽带。我已经登上了超过 20 座 4200 米以上的山峰，那些高山草甸是我生命中不可或缺的一部分。

所以，令人啼笑皆非的是，我的大部分自然环境保护工作都是在城市里进行的。落基山兵工厂国家野生生物保护区在我的人生中一直很重要。

作为一个青少年环保主义者，我自愿加入了一个非营利组织，致力于将当地公共服务不完善的社区与保护区联系起来。我们的组织随后与一个规模更大的绿色空间倡议组织合作，努力为丹佛都会区的所有居民提供进入美丽绿色空间的便利。我们所做的工作包括让公园和校园重新焕发生机，创造新的开放空间，以及用纵横交错、长满原生植物的绿道将这些地方连接起来。

正是通过这项工作，我发现了自己作为一名推进协调者的使命，那就是与不同的人群一起在低收入社区共同创造充满生机的绿色空间。正如我的名字所暗示的那样，我来自一个混血家庭，确切地说，我是苏格兰人和拉丁美洲人的后裔。我利用自己的混血文化优势，消除文化隔阂，让人们走到一起，寻求共同的价值观，戮力同心，建设更强大、更环保、更具活力的社区。

我可以很自豪地说，今天，由于我们的紧密合作，丹佛市和整个落基山脉前山地区已经成为将城市和郊区人群与附近的大自然连接在一起的全国示范地区。

那些充满活力的绿色通道不仅仅是为人类服务的，许多其他动物也在使用它们，包括春季和秋季的候鸟以及冬季的麋鹿群。在一代人以前，让麋鹿进入城市绝对是一件不可思议的事情，但是现在，这已经成为一年一度的奇观，吸引着来自全国各地的游客。以前，前山地区的居民想到野生大自然时，他们会向西看，望向群山。由于我们在先前只用于农业和畜牧业的土地上进行了再野化工作，东部的矮草草原已经迅速恢复，突出表现为自由漫游的野牛群数量在不断增长。现在那里仍然有许多牧场和农场，但是那些长满青草的平原中有很大一部分再次成为大量原生动植物的家园，也为当地人和生态旅游创造了一大富有吸引力的景观。

就连灰熊也回到了科罗拉多州，如今就在离科林斯堡和丹佛不远的山中出没。我不知道当它们进入城市地区后会发生什么事。

　　很难相信，上一代人儿时都爱待在室内，对发光的数字屏幕无比着迷。对于今天的大多数孩子来说，在这个国家和其他地方，花在电子屏幕前的时间与花在当地大自然中的时间是均衡的，而后者包含了大量的自由玩耍时间。

　　这些年来，前山地区的人口几乎翻了一番，每年的气温在缓慢上升，供水量也减少了。然而，我们用具有丰富大自然元素的节能城市应对难题，努力保留和循环利用水资源，并进行深思熟虑的规划——目标很明确，就是要满足子孙后代的需要，无论是人类还是非人类的后代。这样做的结果是，我们的社区和周围的生态系统变得远比从前健康。我们的所作所为越来越多地体现了我们州的口号："科罗拉多：人类和大自然的繁荣之地。"

　　就在不久以前，对于一名环保主义者来说，把精力集中在城市还显得很奇怪。但是不知道从什么时候起，我们学到了一个重要的教训，即对真正野生地区的保护工作始于后院和校园，始于城市公园和城市空地，始于沟渠和溪流中，始于人们亲身体验的地方。如果有足够的自由和导师的帮助，童年时代的好奇心火花将点燃对自然界炽热而持久的热情。

　　今天，我们中的绝大多数人都生活在城市里。如果我们在童年时期不与自己家附近的大自然互动，那么我们前往国家公园或其他荒野中的概率就微乎其微，更不用说保护它们了。当我回顾我自己的人生旅程时，我会想到我的家庭与邻居家庭是不一样的。父母以我们家的后院为起点，逐步扩张。他们带我去博物馆、植物园和自然教育中心，带我去丹佛山地公园以及很多国家公园。他们欣赏和尊重大自然，并确保我也接受这种价值观。后来，当我意识到我的许多同龄人都缺乏这样的经验时，我就开始热衷于创造切入点。我们的工作是让孩子踏上一个永不停歇的探索之旅。这个旅行不仅对身心健康至关重要，而且也正是儿童所急需的，能够激发他们的心灵，让他们真正拥抱生活。我很高兴地看到这一景象正迅速在美国和其他地方成为一种常态。

就像诗人莱内·马利亚·里尔克（Rainer Maria Rilke）所说的：

我的生命在不断扩大的盘旋中度过，

企望达到世界的另一端。

或许我无法完成这最后一次盘旋，

但我必全力以赴。

我绕着上帝盘旋，绕着原始之塔盘旋。

我已盘旋了数千年，

但我仍不知道：我是一只隼，

一场风暴，还是一首美妙的歌？

上个月，我完成了一次这样的不断扩大的盘旋。有生以来第一次，我造访了墨西哥的恰帕斯州。在那里，我发现了我母亲族系的文化根源，认识了不少远亲，对我的拉丁裔文化传承产生了更强烈、更亲密的感觉。

我还花了一周时间去热带雨林寻找我的另一种精神根基，这一周过得极其愉快。是的，我终于有机会和我儿时的小伙伴——黄腹丽唐纳雀——在它们的越冬地嬉戏。这就像是找到了一群久违的朋友，体验他们一直不为你所知的一面。我戴上红帽子，穿上黄衬衫来庆祝这一时刻。最棒的是，我的黄腹丽唐纳雀们总爱与其他鸟群混在一起，每天都叽叽喳喳、活蹦欢跳地与霸鹟、蚁鸟、砍林鸟以及它们令人叹为观止的近亲——猩红丽唐纳雀——一起觅食。

最后，我精神焕发地回到家中，准备进行下一次盘旋，不管它会把我带向何方。非常感谢你们所有人一路上与我相伴。

参考文献

Aas, J. A., B. J. Paster, L. N. Stokes, I. Olsen, and F. E. Dewhirst. 2005. "Defining the Normal Bacterial Flora of the Oral Cavity." *Journal of Clinical Microbiology* 43(11):5721–5732.

Aboujaoude, E. 2011. *Virtually You: The Dangerous Powers of the E-Personality.* New York: W. W. Norton.

Abram, D. 1996. *The Spell of the Sensuous.* New York: Vintage Books.

———. 2011. "Storytelling and Wonder: On the Rejuvenation of Oral Culture." http://www.wildethics.org/essays/storytelling_and_wonder.html, accessed July 4, 2014.

Allmon, W. D. 2010. "The 'God Spectrum' and the Uneven Search for a Consistent View of the Natural World." In J. S. Schneiderman and W. A. Allmon (eds.), *For the Rock Record: Geologists on Intelligent Design.* Berkeley, CA: University of California Press, pp. 180–219.

American Academy of Pediatrics. 2012. "Kids and Vitamin D Deficiency." http://www.aap.org/en-us/about-the-aap/aap-press-room/Pages/Kids-and-Vitamin-D-Deficiency.aspx, accessed July 15, 2014. This press release summarizes recent research on the startling increase in severe vitamin D deficiency.

———. 2013. "Managing Media: We Need a Plan." http://www.aap.org/en-us/about-the-aap/aap-press-room/Pages/Managing-Media-We-Need-a-Plan.aspx, accessed June 29, 2014.

Andersen, M., and P. Andersen. 2013. *The Child in Nature*, a film by Miranda Andersen, 13, about Nature-Deficit Disorder. Interviewed on the New Nature Movement blog, Children & Nature Network, February 4, 2013. http://blog.childrenandnature.org/2013/02/04/the-child-in-nature-a-new-film-by-miranda-andersen-13/, accessed June 9, 2014.

Angier, N. 2011. The hormone surge of middle childhood. *New York Times.* December 26, 2011. http://www.nytimes.com/2011/12/27/science/now-we-are-six

-the-hormone-surge-of-middle-childhood.html?pagewanted=all, accessed April 18, 2014.

Auden, W. H. 1947. Introduction. In J. Betjeman, *Slick But Not Streamlined*. New York: Doubleday.

Barker, S. B., and A. R. Wolen. 2008. "The Benefits of Human-Companion Animal Interaction: A Review." *Journal of Veterinary Medical Education* 35(4): 487–495.

Barrows, A. and J. Macy (translators). 2005. *Rilke's Book of Hours: Love Poems to God*. New York: Riverhead.

Barth, G. 1990. *Fleeting Moments: Nature and Culture in American History*. Oxford: Oxford University Press.

Bauerlein, M. 2009. *The Dumbest Generation: How the Digital Age Stupefies Young Americans and Jeopardizes Our Future*. New York: Tarcher.

Baylor, B. 1997. *The Other Way to Listen*. New York: Aladdin.

Beatley, T. 2010. *Biophilic Cities: Integrating Nature into Urban Design and Planning*. Washington, DC: Island Press.

Beck, A. M., and A. H. Katcher. 2003. "Future Directions in Human-Animal Bond Research." *American Behavioral Scientist* 43:79–93.

Benyus, J. 1997. *Biomimicry: Innovation Inspired by Nature*. New York: William Morrow & Company.

Berman, M .G., J. Jonides, and S. Kaplan. 2008. "The Cognitive Benefits of Interacting with Nature." *Psychological Science* 19(12):1207–1212.

Berry, T. 1990. *The Dream of the Earth*. San Francisco, CA: Sierra Club Books.

Bixler, R. D., M. E. Floyd, and W. E. Hammutt. 2002. "Environmental Socialization: Qualitative Tests of the Childhood Play Hypothesis." *Environment and Behavior* 34(6):795–818.

Bridle, S. 2003. "Comprehensive Compassion: An Interview with Brian Swimme." *What Is Enlightenment?* Issue 19 (February 7). http://www.thegreatstory.org/SwimmeWIE.pdf, accessed April 15, 2014.

Broad, K. D., J. P. Curley, and E. B. Keverne. 2006. "Mother-Infant Bonding and the Evolution of Mammalian Social Relationships." *Philosophical Transactions of the Royal Society B*, 361:2199–2214.

Broda, H. W. 2011. *Moving the Classroom Outdoors: Schoolyard-Enhanced Learning in Action*. Portland, ME: Stenhouse.

Brody, J. E. 2009. "Babies Know: A Little Dirt Is Good for You." *New York Times*, January 26, 2009. http://www.nytimes.com/2009/01/27/health/27brod.html?_r=0, accessed July 16, 2014.

———. 2010. "Head Out for a Daily Dose of Green Space." *New York Times,* November 29, 2010. http://www.nytimes.com/2010/11/30/health/30brody.html, accessed April 2, 2014; NPR 2014.

Brown, L. R. 2009. *Plan B 4.0: Mobilizing to Save Civilization*. New York: W. W. Norton.

Buchsbaum, D., A. Gopnik, T. L. Griffiths, and P. Shafto. 2011. "Children's Imitation of Causal Action Sequences Is Influenced by Statistical and Pedagogical Evidence." *Cognition* 120: 331–340.

Burnette, M. 2010. "What Mom Really Wants for Mother's Day." National Wild-life Federation, May 5, 2010. http://www.nwf.org/news-and-magazines/media-center/news-by-topic/get-outside/2010/04-30-10-ideas-for-mothers-day.aspx, accessed May 26, 2014.

Cain, V. 2012. "Professor Carter's Collection." *Common-Place* 12(2): 1–20. http://www.common-place.org/vol-12/no-02/cain/, accessed August 1, 2014.

Capra, F. 1996. *The Web of Life: A New Scientific Understanding of Living Systems*. New York: Anchor Books.

Carmona, R. 2004. "The Growing Epidemic of Childhood Obesity." Statement to the Subcommittee on Competition, Infrastructure, and Foreign Commerce, March 2, 2004 (revised January 8, 2007). http://www.surgeongeneral.gov/news/testimony/childobesity03022004.html, accessed June 25, 2014.

Carson, R. 1955. *The Edge of the Sea*. Boston: Houghton Mifflin.

———. 1998. *The Sense of Wonder*. New York: Harper Collins. (Originally published in a 1956 issue of *Woman's Home Companion* under the title, "Help Your Child to Wonder.")

———. 2002. *Silent Spring*. Boston: Mariner Books. (Originally published in 1962 by Houghton Mifflin.)

Casey, B. J., and K. Caudle. 2013. "The Teenage Brain: Self Control." *Current Directions in Psychological Science* 22(2): 82–87. doi: 10.1177/0963721413480170.

Centers for Disease Control and Prevention. "Faststats: Obesity and Overweight." http://www.cdc.gov/nchs/fastats/obesity-overweight.htm, accessed July 27, 2014.

———. "Attention-Deficit / Hyperactivity Disorder (ADHD)." http://www.cdc.gov/ncbddd/adhd/data.html, accessed August 10, 2014.

Chaisson, E. 2006. *Epic of Evolution: Seven Ages of the Cosmos*. Columbia University Press, New York.

Charles, C. 2012. "Addressing Children's Nature-Deficit Disorder: Bold Actions by Conservation Leaders Worldwide." IUCN, November 4, 2012. http://www.iucn.org/news_homepage/news_by_date/?11412/Addressing-Childrens-Nature-Deficit-Disorder-Bold-Actions-by-Conservation-Leaders-Worldwide, accessed January 4, 2014.

Charles, C., and A. Senauer. 2010. "Health Benefits to Children from Contact with the Outdoors and Nature." Children & Nature Network. http://www.childrenandnature.org/downloads/C&NNHealthBenefits2012.pdf.

Chawla, L. 1986. "Ecstatic Places." *Children's Environments Quarterly* 3(4):18–23.

———. 1992. "Childhood Place Attachments." In I. Altmann and S. Low (eds.), *Place Attachment*. New York: Plenum, pp. 63–86.

———. 1999. "Life Paths into Effective Environmental Action." *Journal of Environmental Education* 31(1):15–26.

Chawla, L., and V. Derr. 2012. "The Development of Conservation Behaviors in Childhood and Youth. In Susan D. Clayton (ed.), *The Oxford Handbook of Environmental and Conservation Psychology*. Oxford, UK: Oxford University Press, pp. 527–555.

Chawla, L., K. Keena, I. Pevec, and E. Stanley. 2014. "Green Schoolyards As Ha-

vens from Stress and Resources for Resilience in Childhood and Adolescence."
Health and Place 28:1–13.

Children & Nature Network. 2012. "Health Benefits to Children from Contact with the Outdoors and Nature." http://www.childrenandnature.org/downloads/CNNHealthBenefits2012.pdf.

Christian, D. 2004. *Maps of Time: An Introduction to Big History*. Berkeley, CA: University of California Press.

Clark, K. 1969. *Civilisation: A Personal View*. London: John Murray.

Clayton, S. 2003. "Environmental Identity: A Conceptual and an Operational Definition." In S. Clayton and S. Opotow (eds.), *The Psychological Significance of Nature*. Cambridge, MA: MIT Press, pp. 45–66.

CNN Travel. 2013. "Are Museums Still Relevant?" CNN Travel, August 22, 2013. http://travel.cnn.com/are-museums-still-relevant-today-543771, accessed October 3, 2014;

Cobb, E. 1977. *The Ecology of Imagination in Childhood*. New York: Columbia University Press.

Comstock, A. B. 1911. *Handbook of Nature Study*. New York: Comstock Publishing.

Conniff, R. 2013. "Microbes: The Trillions of Creatures Governing Your Health." Smithsonian.com, May 2013. http://www.smithsonianmag.com/science-nature/microbes-the-trillions-of-creatures-governing-your-health-37413457/,accessed July 27, 2014.

Cornell, J. 1998. *Sharing Nature With Children, Second Edition*. Nevada City, CA: Dawn Publications.

Coyle, K. J. 2010. *Back to School, Back Outside: How Outdoor Education and Outdoor School Time Create High Performance Students*. National Wildlife Federation Report, September 2010. http://www.nwf.org/pdf/Be%20Out%20There/Back%20to%20School%20full%20report.pdf, accessed July 8, 2014.

Danks, S. G. 2012. *Asphalt to Ecosystems: Design Ideas for Schoolyard Transformation*. Oakland, CA: New Village Press.

———. 2014. "Trends That Give Us Hope: The Power and Potential of Green Schoolyards." The New Nature Movement blog, Children & Nature Network, February 7, 2014. http://blog.childrenandnature.org/2014/02/07/trends-that-give-us-hope-the-power-and-potential-of-green-schoolyards/, accessed August 3, 2014.

David Suzuki Foundation. 2014. "Connecting with Nature" education guide. http://www.davidsuzuki.org/what-you-can-do/connecting-with-nature-education-guide/, accessed October 3, 2014.

Davidson, R. J., and A. Lutz. 2008. "Buddha's Brain: Neuroplasticity and Meditation." *IEEE Signal Processing Magazine* 25(1):174–176.

Davis, W. 2009. *The Wayfinders: Why Ancient Wisdom Matters in the Modern World*. Toronto: House of Anansi.

Derbyshire, D. 2007. "How Children Lost the Right to Roam in Four Generations." *Daily Mail*, June 15, 2007. http://www.dailymail.co.uk/news/article-462091/How-children-lost-right-roam-generations.html, accessed September 4, 2014.

Dewey, J. 1938. *Experience and Education.* New York: Kappa Delta Pi.

Discover Wildlife. 2012. "David Attenborough on Life in Cold Blood: Exclusive Interview." *BBC Wildlife* magazine website, September 13, 2012. http://www.discoverwildlife.com/animals/david-attenborough-life-cold-blood-exclusive-interview, accessed February 18, 2014.

Duffy, M., and D. Duffy. 2002. *Children of the Universe. Cosmic Education in the Montessori Elementary Classroom.* Holidaysburg, PA: Parent Child Press.

Dunn, Rob. 2012. "Letting Biodiversity Get Under Our Skin." *Conservation,* http://conservationmagazine.org/2012/09/biodiversity-under-our-skin-2/, accessed August 14, 2014.

Eccles, J. S. 1999. "The Development of Children Ages 6–14." *The Future of Children* 9(2):30–44.

Ehrenfield, D. 2002. *Swimming Lessons: Keeping Afloat in the Age of Technology.* Oxford, UK: Oxford University Press.

Evans, E. M. 2000. "The Emergence of Beliefs about the Origins of Species in School-age Children." *Merrill-Palmer Quarterly: A Journal of Developmental Psychology* 46:221–254.

Evernden, N. 1993. *The Natural Alien: Humankind and Environment, Second Edition.* Toronto: University of Toronto Press.

Fitzsimmons, D. 2012. "Wild-snapping: Digital Photography Helps Tech-savvy Kids Focus on Nature." The New Nature Movement blog, Children & Nature Network, November 18, 2012. http://blog.childrenandnature.org/2012/11/18/wild-snapping-digital-photography-helps-techno-savvy-kids-focus-on-nature/, accessed June 9, 2014.

Fjortoft, I. 2001. "The Natural Environment As a Playground for Children: The Impact of Outdoor Play Activities in Pre-Primary School Children." *Early Childhood Education Journal* 29(2):111–117.

Flannery, T. 2001. *The Eternal Frontier: An Ecological History of North America and Its Peoples.* New York: Grove Press.

Foreman, D. 2004. *Rewilding North America: A Vision for Conservation in the 21st Century.* Washington, DC: Island Press.

Fraser, J., Heimlich, J. E., and Yocco, V. 2010. "American Beliefs Associated with Encouraging Children's Nature Experience Opportunities." Prepared for the Children & Nature Network, Project Grow Outside. Edgewater, MD: Institute for Learning Innovation. http://www.childrenandnature.org/documents/C118/.

Frehsée, N. 2014. "Shinrin Yoku: The Japanese Practice That Could Transform Your Day." *Huffington Post,* July 23, 2014. http://www.huffingtonpost.com/2014/07/23/shinrin-yoku-health-benefits_n_5599635.html?ncid=fcbklnkushpmg00000023&ir=Good+News, accessed November 3, 2014.

Frumkin, H. 2012. "Building the Science Base: Ecopsychology Meets Clinical Epidemiology." In P. Kahn and P. Hasbach (eds.), *Ecopsychology: Science, Totems, and the Technological Species.* Cambridge, MA: MIT Press, pp. 141–172.

Fuselli, P. and N. L. Yanchar. 2012. Preventing playground injuries. *Pediatrics and Child Health,* 17(6):328-330. http://www.cps.ca/documents/position/playground-injuries, accessed November 9, 2014.

George, L. 2008. "Dumbed Down." *Maclean's*, November 6, 2008. http://www .macleans.ca/society/health/dumbed-down/, accessed June 29, 2014, accessed June 29, 2014.

Gilding, P. 2011. *The Great Disruption: Why the Climate Crisis Will Bring on the End of Shopping and the Birth of a New World*. New York: Bloomsbury.

Ginsburg, K., the Committee on Communications, and the Committee on Psycho-social Aspects of Child and Family Health. 2007. "The Importance of Play in Promoting Healthy Child Development and Maintaining Strong Parent-Child Bonds." American Academy of Pediatrics. http://www.aap.org/pressroom/play FINAL.pdf, accessed June 18, 2014.

Gopnik, A. 2009. *The Philosophical Baby: What Children's Minds Tell Us About Truth, Love, and the Meaning of Life*. New York: Picador.

———. 2012a. "Scientific Thinking in Young Children: Theoretical Advances, Empirical Research, and Policy Implications." *Science* 337:1623–1627.

———. 2012b. "What's Wrong with the Teenage Mind?" *Wall Street Journal*, January 28, 2012. http://online.wsj.com/news/articles/SB100014240529702038065045777181351486558984, accessed June 18, 2014.

Gottschall, J. 2012. *The Storytelling Animal: How Stories Make us Human*. Boston: Houghton Mifflin Harcourt.

Gould, S. J. 1993. "Unenchanted Evening." *Eight Little Piggies: Reflections in Natural History*. New York: W. W. Norton.

Haller, R. L., and C. L. Kramer. 2006. *Horticultural Therapy Methods: Making Connections in Health Care, Human Service, and Community Programs*. Philadelphia: Haworth Press.

Handwerk, B. 2008. "Half of Humanity Will Live in Cities By Year's End." *National Geographic,* March 13, 2008. http://news.nationalgeographic.com /news/2008/03/080313-cities.html, accessed July 27, 2014.

Hannibal, M. E. 2012. *The Spine of the Continent: The Race to Save America's Last, Best Wilderness*. Guilford, CT: Lion's Press.

Hanski, I., et al. 2012. "Environmental Biodiversity, Human Microbiota, and Allergy Are Interrelated." *Proceedings of the National Academy of Sciences* 109(21):8334–8339. doi:10.1073/pnas.1205624109.

Haught, J. F. 2008. *God After Darwin: A Theology of Evolution*. Boulder, CO: Westview Press.

Hinkley, T. 2014. "Electronic Media Use Increased Risk of Poor Well-being Among Young Children." *JAMA Pediatrics*, published online March 17, 2014. doi:10.1001/jamapediatrics.2014.94.

Hirsh-Pasek, K., and R. M.Golinkoff. 2003. *Einstein Never Used Flashcards: How Our Children Really Learn—And Why They Need to Play More and Memorize Less*. Emmaus, PA: Rodale.

Hofferth, S., and J. Sandberg. 1999. "Changes in American Children's Time, 1981–1997." Population Studies Center, University of Michigan Institute for Social Research, September 11, 2000. http://www.psc.isr.umich.edu/pubs/pdf /rroo-456.pdf.

Hughes, B. 2012. *Evolutionary Playwork*. London: Routledge.

Hurtado, A. M., and K. Hill. 1992. "Paternal Effects on Child Survivorship Among

Ache and Hiwi Hunter-Gatherers: Implications for Modeling Pair-Bond Stability." In B. Hewlett (ed.), *Father-Child Relations: Cultural and Biosocial Contexts*. New York: Hawthorne, pp. 31–56.

Hutchinson, G. E. 1962. *The Enchanted Voyage: And Other Studies*. New Haven, CT: Yale University Press.

Jackson, M., and B. McKibben. 2008. *Distracted: The Erosion of Attention and Coming Dark Age*. Amherst, NY: Prometheus.

Jensen, E. 2000. "Moving with the Brain in Mind." *The Science of Learning* 58(3):34–37.

Johnson, K. 2013. "National Parks Try to Appeal to Minorities." *New York Times*, September 5, 2013. http://www.nytimes.com/2013/09/06/us/national-parks-try -to-appeal-to-minorities.html?hp&_r=0, accessed August 3, 2014.

Johnson, R. A. 2010. "Psychosocial and Therapeutic Aspects of Human-Animal Interaction." In P. M. Rabinwitz and L. A. Conti (eds.), *Human-Animal Medicine: Clinical Approaches to Zoonoses, Toxicants and Other Shared Health Risks*. Maryland Heights, MO: Saunders Elsevier, pp. 24–36.

Juster, F. T, et al. 2004. "Changing Times of American Youth: 1981–2003." Institute for Social Research, University of Michigan, Child Development Supplement, November 2014. http://ns.umich.edu/Releases/2004/Nov04/teen_time_report .pdf.

Kahn, P. H., Jr. 1999. *The Human Relationship with Nature: Development and Culture*. Cambridge, MA: MIT Press.

———. 2011. *Technological Nature: Adaptation and the Future of Human Life*. Cambridge, MA: MIT Press.

Kahn, P. H., Jr., and B. Friedman. 1995. "Environmental Views and Values of Children in an Inner-city Black Community." *Child Development* 66, 1403–1417.

Kahn, P. H., Jr., and S. R. Kellert, eds. 2002. *Children and Nature: Psychological, Sociocultural, and Evolutionary Investigations*. Cambridge, MA: MIT Press.

Kania, J., and M. Kramer. 2011. "Collective Impact." *Stanford Social Innovation Review*, Winter 2011. http://www.ssireview.org/pdf/2011_WI_Feature_Kania .pdf, accessed August 5, 2014.

———. 2013. "Embracing Emergence: How Collective Impact Addresses Complexity." *Stanford Social Innovation Review*, January 21, 2013. http://www .ssireview.org/blog/entry/embracing_emergence_how_collective_impact _addresses_complexity, accessed August 5, 2014.

Kaplan, H. S., P. L. Hooper, and M. Gurven. 2009. "The Evolutionary and Ecological Roots of Human Social Organization." *Philosophical Transactions of the Royal Society* 364:3289–3299.

Kaplan, R., and R. De Young. 2002. "Toward a Better Understanding of Prosocial Behavior: The Role of Evolution and Directed Attention." *Behavioral and Brain Sciences* 13(2):263–64.

Kaplan, R., and S. Kaplan. 2002. "Adolescents and the Natural Environment: A Time Out?" In P. H. Kahn Jr. and S. R. Kellert (eds.), *Children and Nature: Psychological, Sociocultural, and Evolutionary Investigations*. Cambridge, MA: MIT Press, pp. 229–257.

Kaufman, M. 2005. "Meditation Gives Brain a Change, Study Finds." *Washing-*

ton Post, January 3, 2005. http://www.washingtonpost.com/wp-dyn/articles/A43006-2005Jan2.html, accessed June 4, 2014.

Keeler, R. 2008. *Natural Playscapes*. Redmond, WA: Exchange Press.

Kellert, S. R. 2002. "Experiencing Nature: Affective, Cognitive, and Evaluative Development in Children." In P. H. Kahn Jr. and S. R. Kellert (eds.), *Children and Nature: Psychological, Sociocultural, and Evolutionary Investigations*. Cambridge, MA: MIT Press, pp. 117–152.

Kellert, S. R., and V. Derr. 1998. *National Study of Outdoor Wilderness Experience*. New Haven, CT: Yale University. http://www.childrenandnature.org/downloads/kellert.complete.text.pdf, accessed May 5, 2014.

Kellert, S. R., and E. O. Wilson, eds. 1993. *The Biophilia Hypothesis*. Washington, DC: Island Press.

Khalil, K. 2014. "Exploring the Nature of Zoos and Aquariums." The New Nature Movement blog, Children & Nature Network, July 22, 2014. http://blog.childrenandnature.org/2014/07/22/exploring-the-nature-of-zoos-now-theyre-offering-new-opportunities-for-children/, accessed October 3, 2014.

King's College London. 2011. "Understanding the Diverse Benefits of Learning in Natural Environments." http://www.lotc.org.uk/wp-content/uploads/2011/09/KCL-LINE-benefits-final-version.pdf, accessed September 15, 2014.

Koch, W. 2006. "Nature Programs' Goal: No Child Left Inside." *USA Today*, November 22. http://usatoday30.usatoday.com/news/nation/2006-11-21-no-child-left-inside_x.htm, accessed May 12, 2014.

Konner, M. 2010. *The Evolution of Childhood*. Cambridge, MA: Belknap.

Kuo, F. E. 2001. "Coping with Poverty: Impacts of Environment and Attention in the Inner City." *Environment and Behavior* 33(1):5–34.

Kuo, F. E., and W. C. Sullivan. 2001a. "Aggression and Violence in the Inner City: Effects of Environment via Mental Fatigue." *Environment and Behavior* 33(4):543–571.

———. 2001b. "Environment and Crime in the Inner City: Does Vegetation Reduce Crime?" *Environment and Behavior* 33(3):343–367.

Lantry, K. 2014. Getting out in nature at the Sun Ray Library. Spotlight on St. Paul. http://www.spotlightsaintpaul.com/2014/07/getting-out-in-nature-at-sun-ray-library.html, accessed November 9, 2014.

Largo-Wight, E. 2011. "Cultivating Healthy Places and Communities: Evidenced-based Nature Contact Recommendations." *International Journal of Environmental Health Research* 21(1), 41–61.

Larned, W. T. 1997. *North American Indian Tales*. Mineola, NY: Dover.

Lear, L. 2009 (reprint). *Rachel Carson: Witness for Nature*. Boston: Mariner.

Leslie, C. W. 2010. *The Nature Connection: An Outdoor Workbook for Kids, Families and Classrooms*. North Adams, MA: Storey Publishing.

Leslie, C. W., and C. Roth. 2000. *Keeping a Nature Journal: Discover a Whole New Way of Seeing the World Around You*. North Adams, MA: Storey Publishing.

Lester, S., and M. Maudsley. 2006. *Play, Naturally: A Review of Children's Natural Play*. Children's Play Council, volume 3. http://www.playengland.org.uk/media/130593/play-naturally.pdf.

Lipman, S. L. 2012. *Fed Up with Frenzy: Slow Parenting in a Fast-Moving World.* Naperville, IL: Sourcebooks.

Liu, J. H. 2011. "The 5 Best Toys of All Time." *Wired*, January 31. http://archive.wired .com/geekdad/2011/01/the-5-best-toys-of-all-time/, accessed July 21, 2014.

Lohr, S. 2007. Slow down, brave multitasker, and don't read this in traffic. *New York Times*, March 25, 2007. http://www.nytimes.com/2007/03/25 /business/25multi.html?_r=2&pagewanted=all&, accessed November 7, 2014.

Lopez, B. 2012. "Children in the Woods." In J. Dunlap and S. R. Kellert (eds.), *Companions in Wonder: Children and Adults Exploring Nature Together.* Cambridge, MA: MIT Press, pp. 137–139.

Louv, R. 2006. *Last Child in the Woods: Saving Our Children from Nature-Deficit Disorder.* Chapel Hill, NC: Algonquin Books.

——. 2011. *The Nature Principle: Human Restoration and the End of Nature-Deficit Disorder.* Chapel Hill, NC: Algonquin Books.

——. 2013a. "High Tech High Nature: How Families Can Use Electronics to Explore the Outdoors." The New Nature Movement blog, Children & Nature Network, October 11, 2013. http://blog.childrenandnature.org/2013/10/11 /high-tech-high-nature-how-families-can-use-electronics-to-explore-the-out doors/, accessed May 12, 2014.

——. 2013b. "The Hybrid Mind: The More High-Tech Schools Become, the More Nature They Need." The New Nature Movement blog, Children & Nature Network, November 18, 2013. http://blog.childrenandnature.org/2013/11/18 /the-hybrid-mind-the-more-high-tech-schools-become-the-more-nature-they -need/, accessed Jun 6, 2014.

——. 2014a. "Hummingbird Parents: Seven Actions Parents Can Take to Reduce Risk and Still Get Their Kids Outside." The New Nature Movement blog, Children & Nature Network, March 10, 2014. http://blog.childrenandnature .org/2014/03/10/seven-actions-parents-can-take-to-increase-outdoor-safety/, accessed May 26, 2014.

——. 2014b. "The Natural Teacher, Back to School: 10 Ways You Can Add Vitamin 'N' to the Classroom and Beyond." The New Nature Movement blog, Children & Nature Network, August 25, 2014. http://blog.childrenandnature .org/2014/08/25/the-natural-teacher-10-ways-you-can-add-vitamin-n-to-your -classroom-beyond/, accessed August 27, 2014.

Lynch, S. V., et al. 2014. "Effects of Early-Life Exposure to Allergens and Bacteria on Recurrent Wheeze and Atopy in Urban Children." *Journal of Allergy and Clinical Immunology*, http://dx.doi.org/10.1016/j.jaci.2014.04.018, accessed August 15, 2014.

MacKinnon, J. B. 2013. *The Once and Future World: Nature As It Was, As It Is, As It Could Be.* Toronto: Random House Canada.

Macy, J. 2007. *World As Lover, World As Self: Courage for Global Justice and Ecological Renewal.* Berkeley, CA: Parallax Press.

Malone, K., and P. Tranter. 2003. "Children's Environmental Learning and the Use, Design and Management of Schoolgrounds." *Children, Youth and Environments* 13(2). http://www.colorado.edu/journals/cye/13_2/Malone_Tranter /ChildrensEnvLearning.htm.

Marshall, P. 1992. *Nature's Web: An Exploration of Ecological Thinking*. New York: Simon & Schuster.

Martinez, D. 2004. "Indigenous Science: The Cultivated Landscape of North America." In K. Ausubel (ed.), *Nature's Operating Instructions: The True Bio-technologies*. San Francisco, CA: Sierra Club Books, pp. 80–91.

McDonough, P. 2009. "TV Viewing Among Kids at an Eight-Year High." The Nielsen Company, October 26. http://www.nielsen.com/us/en/insights/news/2009/tv-viewing-among-kids-at-an-eight-year-high.html, accessed July 12, 2014.

McDonough, W., and M. Braungart. 2002. "Buildings Like Trees, Cities Like For-ests." McDonough Innovation: Design for the Circular Economy. http://www.mcdonough.com/speaking-writing/buildings-like-trees-cities-like-forests/#.U-pNRFb1Hcs, accessed July 30, 2014.

———. 2013. *The Upcycle: Beyond Sustainability—Designing for Abundance*. New York: North Point Press.

McGonigal, J. 2011. *Reality is Broken: Why Games Make Us Better and How They Can Change the World*. London: Penguin Books.

Mercogliano, C. 2007. *In Defense of Childhood: Protecting Kids Inner Wildness*. Boston: Beacon Press.

Micheva, K. D., B. Busse, N. C. Weiler, N. O'Rourke, and S. J. Smith. 2010. "Sin-gle-Synapse Analysis of a Diverse Synapse Population: Proteomic Imaging Methods and Markers." *Neuron* 68 (4): 639–653.

Mock, D. W., and M. Fujioka. 1990. "Monogamy and Long-term Pair Bonding in Vertebrates." *Trends in Ecology and Evolution* 5(2):39–43.

Moore, E. O. 1981. "A Prison Environment's Effect on Health Care Service De-mands." *Journal of Environmental Systems* 11:17–34.

Moore, R. C. 1986. "Childhood's Domain: Play and Spaces in Childhood Develop-ment." London: Croom Helm.

Moore, R. C., and H. H. Wong. 1997. *Natural Learning: Creating Environments for Rediscovering Nature's Way of Teaching*. Berkeley, CA: MIG Communica-tions.

Morgan, J., and D. L. Anderson. 2002. *Born With a Bang: The Universe Tells Our Cosmic Story*. Book 1 of the Universe Series. Nevada City, CA: Dawn Publica-tions.

———. 2003. *From Lava to Life: The Universe Tells Our Earth Story*. Book 2 of the Universe Series. Nevada City, CA: Dawn Publications.

———. 2006. *Mammals Who Morph: The Universe Tells Our Evolution Story*. Book 3 of the Universe Series. Nevada City, CA: Dawn Publications.

Moss, S. 2013. "Natural Childhood." Report for the National Trust, Britain. http://www.nationaltrust.org.uk/document-1355766991839/, accessed August 2, 2014.

Munoz, S. A. 2009. "Children in the Outdoors: A Literature Review." Council for Learning Outside the Classroom. http://www.lotc.org.uk/2011/03/children-in-the-outdoors-a-literature-review/.

Murphy, T. 2011. "Stem Education—It's Elementary." *US News & World Report*, Au-gust 29. http://www.usnews.com/news/articles/2011/08/29/stem-education--its-elementary, accessed June 19, 2014.

Myers, O. E., Jr. 2007. *The Significance of Children and Animals: Social Development and Our Connections to Other Species.* Second edition. West Layfayette, IN: Purdue University Press.

Nabhan, G. P., and S. A. Trimble. 1995. *The Geography of Childhood: Why Children Need Wild Places.* Boston: Beacon Press.

National Wildlife Federation. 2010. "Whole Child: Developing Mind, Body and Spirit through Outdoor Play." http://www.nwf.org/~/media/PDFs/Be%20Out%20There/BeOutThere_WholeChild_V2.ashx, accessed June 30, 2014.

Nelson, M. K. (ed.). 2008. *Original Instructions: Indigenous Teachings for a Sustainable Future.* Rochester, NY: Bear & Company.

NPR. 2013. "The Myth of Multitasking." Interview with Psychologist Clifford Nass, May 10. http://www.npr.org/2013/05/10/182861382/the-myth-of-multitasking, accessed June 30, 2014.

———. 2014. "To Make Children Healthier, a Doctor Prescribes a Trip to the Park." Interview with physician Dr. Robert Zarr, July 14. http://www.npr.org/blogs/health/2014/07/14/327338918/to-make-children-healthier-a-doctor-prescribes-a-trip-to-the-park?utm_source=npr_email_a_friend&utm_medium=email&utm_content=20140716&utm_campaign=storyshare&utm_term=, accessed July 16, 2014.

Oellers, W. 2008. "Opening Minds Through Learning Outdoors." *Connect* 21(5): 12.

Ophir, E., C. Nass, and A. D. Wagner. 2009. "Cognitive Control in Media Multitaskers." *Proceedings of the National Academy of Sciences* 106(37):15583–15587. http://www.ncbi.nlm.nih.gov/pmc/articles/PMC2747164/, accessed May 3, 2014.

Orr, D. W. 1992. *Ecological Literacy: Education and the Transition to a Postmodern World.* Albany, NY: SUNY Press.

———. 1994. *Earth in Mind: On Education, Environment, and the Human Prospect.* Washington, DC: Island Press.

———. 2007. "Optimism and Hope in a Hotter Time." *Conservation Biology* 21(6):1392–1395.

Outdoor Foundation. 2013. *Outdoor Participation Report.* http://www.outdoorfoundation.org/pdf/ResearchParticipation2013.pdf, accessed October 5, 2014.

Park, S.-H., and R. H. Mattson. 2008. "Effects of Flowering and Foliage Plants in Hospital Rooms on Patients Recovering from Abdominal Surgery." *Horticultural Technology* 18:563–568.

Peat, F. D. 2002. *Blackfoot Physics: A Journey into the Native American Universe.* Boston: Weiser.

Place-based Education Evaluation Collaborative. 2010. *The Benefits of Place-based Education: A Report from the Place-based Education Evaluation Collaborative (Second Edition).* http://www.peecworks.org/PEEC/Benefits_of_PBE-PEEC_2008_web.pdf, accessed February 2, 2014.

Pyle, R. M. 1998. *The Thunder Tree: Lessons from an Urban Wildland.* Guilford, CT: Lyons Press.

———. 2001. "The Rise and Fall of Natural History." *Orion* 20(4):16–23.

Quammen, D. 2003. *Monster of God: The Man-Eating Predator in the Jungles of History and the Mind*. New York: W. W. Norton.

Richtel, M. 2010. "Hooked on Gadgets, and Paying a Mental Price." *New York Times*, June 7. http://www.nytimes.com/2010/06/07/technology/07brain.html, accessed May 12, 2014.

Rideout, V., U. G. Foehr, and D. F. Roberts. 2010. "Generation M2: Media in the Lives of 8- to 18-Year-Olds." Kaiser Family Foundation study. http://kaiserfamilyfoundation.files.wordpress.com/2013/01/8010.pdf, accessed July 27, 2014.

Rifkin, J. 2009. *The Empathic Civilization: The Race to Global Consciousness in a World in Crisis*. New York: Tarcher.

Rogoff, B., M. Sellers, S. Pirrotta, N. Fox, and S. White. 1975. "Age of Assignment of Roles and Responsibilities in Children: A Cross-cultural Survey." *Human Development* 18:353–369.

Rosin, H. 2014. "The Overprotected Kid." *Atlantic*, April. http://www.theatlantic.com/features/archive/2014/03/hey-parents-leave-those-kids-alone/358631/, accessed June 12, 2014.

Ruebush, M. 2009. *Why Dirt is Good: 5 Ways to Make Germs Your Friends*. New York: Kaplan.

Sam, M. 2008. "Ethics from the Land: Traditional Protocols and the Maintenance of Peace." In M. K. Nelson (ed.), *Original Instructions: Indigenous Teachings for a Sustainable Future*. Rochester, NY: Bear & Company, pp. 39–41.

Sampson, S. D. 2006. "Evoliteracy." In J. Brockman (ed.), *Intelligent Thought*. New York: Knopf, pp. 216–231.

———. 2012. "The Topophilia Hypothesis: Ecopsychology Meets Evolutionary Psychology." In P. H. Kahn and P. H. Hasbach (eds.), *Ecopsychology: Science Totems, and the Technological Species*. Boston: MIT Press.

Sanders, S. R. 1997. "Most Human Art." *Georgia Review/Utne Reader*, September/October.

San Francisco Unified School District, Science Department. 2014. "Spotlight on 2014 BioBlitz!" April 11 blog post. http://www.sfusdscience.org/blog/spotlight-on-2014-bioblitz, accessed June 29, 2014.

Sebba, R. 1991. "The Landscapes of Childhood: The Reflections of Childhood's Environment in Adult Memories and in Children's Attitudes." *Environment and Behavior* 23(4): 395–422.

Seed, J., and J. Macy. 1998. *Thinking Like a Mountain: Towards a Council of All Beings*. Bagriola Island, BC: New Society.

Selhub, E. M., and A. C. Logan. 2012. *Your Brain on Nature: The Science of Nature's Influence on Your Health, Happiness, and Vitality*. Mississauga, ON: John Wiley & Sons.

Semali, L. M., and J. L. Kincheloe, eds. 1999. *What Is Indigenous Knowledge: Voices from the Academy*. New York: Routledge.

Settee, P. 2008. "Indigenous Knowledge As the Basis for Our Future." In M. K. Nelson (ed.), *Original Instructions: Indigenous Teachings for a Sustainable Future*. Rochester, NY: Bear & Company, pp. 42–47 .

Shattuck, R. 1980. *The Forbidden Experiment: The Story of the Wild Boy of Avey-ron*. New York: Kodansha International.

Shepard, P. 1998. *Nature and Madness*. Athens, GA: University of Georgia Press.

Smith, T. M., et al. 2010. "Dental Evidence for Ontogenetic Differences Between Modern Humans and Neanderthals." *Proceedings of the National Academy of Science* 107(49):20923–20928.

Smithstein, S. 2010. "As We Get Wired, We Get Re-wired." *Psychology Today*, June 10. http://www.psychologytoday.com/blog/what-the-wild-things-are/201006/we-get-wired-we-get-re-wired, accessed May 11, 2014.

Sobel, D. 1996. *Beyond Ecophobia: Reclaiming the Heart in Nature Education*. Great Barrington, MA: Orion Society.

———. 2004. *Place-Based Education: Connecting Classrooms and Communities*. Great Barrington, MA: Orion Society.

———. 2008. *Childhood and Nature: Design Principles for Educators*. Portland, ME: Stenhouse.

———. 2011. *Wild Play: Parenting Adventures in the Great Outdoors*. San Francisco, CA: Sierra Club Books.

Sobel, D. M., J. B. Tenenbaum, and A. Gopnik. 2004. "Children's Causal Inferences from Indirect Evidence: Backwards Blocking and Bayesian Reasoning in Preschoolers." *Cognitive Science* 28(3):303–333.

Spangler, D. 1986. "The New Storytellers." *In Context*, Winter 1985/86: 39–43.

Speth, J. G. 2008. *The Bridge at the Edge of the World: Capitalism, the Environment, and Crossing from Crisis to Sustainability*. New Haven, CT: Yale University Press.

Stage of Life. 2012. "Teens and Nature—Trends, Statistics, and Essays." Stage of Life trend report. http://www.stageoflife.com/TeensandNature.aspx, accessed July 18, 2014.

Standing, E. M. 1998. *Maria Montessori: Her Life and Work*. New York: Plume.

Steiner-Adair, C., and T. H. Barker. 2013. *The Big Disconnect: Protecting Childhood and Family Relationships in the Digital Age*. New York: Harper.

Sterba, J. 2012. *Nature Wars: The Incredible Story of How Wildlife Comebacks Turned Backyards into Battlegrounds*. New York: Crown.

Stone, M. K. 2009. *Smart by Nature: Schooling for Sustainability*. Berkeley, CA: Watershed Media, University of California Press.

Suzuki, D. 1997. *The Sacred Balance: Rediscovering Our Place in Nature*. Vancouver, BC: Greystone Books.

———. 2014. "Learning in Nature Is Good for Teachers and Students." David Suzuki Foundation, Science Matters blog. http://www.davidsuzuki.org/blogs/science-matters/2014/09/learning-in-nature-is-good-for-teachers-and-students/, accessed September 15, 2014.

Swimme, B. 1996. *The Hidden Heart of the Cosmos*. Maryknoll, NY: Orbis.

Swimme, B., and T. Berry. 1992. *The Universe Story: From the Primordial Flaring Forth to Ecozoic Era*. New York: Harper Collins.

Swimme, B., and M. E. Tucker. 2011. *Journey of the Universe*. New Haven, CT: Yale University Press.

Tallamy, D. W. 2007. *Bringing Nature Home: How You Can Sustain Wildlife with Native Plants*. Portland, OR: Timber Press.

Tattersall, I. 2009. "Human Origins: Out of Africa." *Proceedings of the National Academy of Sciences* 106(38):16018–16021.

Taylor, A. F., and F. E. Kuo. 2011. "Could Exposure to Everyday Green Spaces Help Treat ADHD? Evidence from Children's Play Settings." *Applied Psychology: Health and Well Being* 3(3):281–303.

Taylor, A. F., F. E. Kuo, and W. C. Sullivan. 2002. "Views of Nature and Self-Discipline: Evidence from Inner City Children." *Journal of Environmental Psychology* 22:49–63.

Taylor, A. F., A. Wiley, F. E. Kuo, and W. C. Sullivan. 1998. "Growing Up in the Inner City: Green Spaces As Places to Grow." *Environment and Behavior* 30(1): 3–27.

TED. 2011. "What Do Babies Think?" Talk by Alison Gopnik. http://www.ted .com/talks/alison_gopnik_what_do_babies_thinkhttp://www.ted.com/talks /alison_gopnik_what_do_babies_think, accessed May 15, 2014.

———. 2012. Connected, but alone? Talk by Sherry Turkle. http://www.ted.com/talks /sherry_turkle_alone_together.html?utm_source=newsletter_weekly_2012-04 03&utm_campaign=newsletter_weekly&utm_medium=email, accessed June 29, 2014.

The Nature Conservancy. 2014a. "Nature Works Everywhere." Teacher resources. https://www.natureworkseverywhere.org/#resources, accessed October 3, 2014.

The Nature Conservancy. 2014b. "New Survey Shows Gravity of a Growing, Global Parental Concern: Kids Aren't Spending Enough Time in Nature." http://www.prweb.com/releases/2014/04/prweb11730801.htm, accessed June 4, 2014.

Tiebrio, S., et al. 2014. "Parental Monitoring of Children's Media Consumption: The Long-term Influences on Body Mass Index in Children." *JAMA Pediatrics,* May/ http://archpedi.jamanetwork.com/article.aspx?articleid=1844042.

Tough, P. 2012. *How Children Succeed: Grit, Curiosity, and the Hidden Power of Character*. Boston: Houghton Mifflin Harcourt.

Tsunetsugu, Y., B.-J. Park, and Y. Miyzaki. 2010. "Trends in Research Related to 'Shinrin-yoku' (Taking in the Atmosphere or Forest Bathing) in Japan." *Environmental Health and Preventative Medicine* 15(1):27–37.

Tuan, Y.-F. 1990 [1974]. *Topophilia: A Study of Environmental Perceptions, Attitudes, and Values*. New York: Columbia University Press.

Turkle, S. 2011. *Alone Together. Why We Expect More from Technology and Less from Each Other*. New York: Basic Books.

Turner, J. 2000. *Teewinot: Climbing and Contemplating the Teton Range*. New York: St. Martin's.

Ulrich, R. S. 1984. "View Through a Window May Influence Recovery from Surgery." *Science* 224:420–421.

United Nations Environment Programme, Regional Office for North America. 2014. "North American Cities: Facts and Figures." http://www.rona.unep.org /cities/north_american_cities_keyfacts.html, accessed June 27, 2014.

Walsh, F. 2009. "Human-Animal Bonds I: The Relational Significance of Companion Animals." *Family Process* 48:462–480.

Ward, J. 2008. *I Love Dirt!: 52 Activities to Help You & Your Kids Discover the Wonders of Nature*. Boston: Trumpeter.

Wells, N. M., and K. S. Lekies. 2006. "Nature and the Life Course: Pathways from Childhood Nature Experiences to Adult Environmentalism." *Children, Youth and Environments* 16(1):1–25.

Whitaker, M. 2010. "Pulling the Covers Off Blanket Statements." Guest blog post for Bethe Almeras' Grass Stain Guru. http://grassstainguru.com/2010/07/21/pulling-the-covers-off-blanket-statements/, accessed June 18, 2014.

Whitehead, J. W. 2004. "Ritalin Nation: Are We Killing Our Children?" The Rutherford Institute, June 14. https://www.rutherford.org/publications_resources/john_whiteheads_commentary/ritalin_nation_are_we_killing_our_children, accessed August 10, 2014.

Wikipedia. 2012. List of apocalyptic films. http://en.wikipedia.org/wiki/List_of_apocalyptic_films, accessed June 12, 2014.

Williams, J. A., Jr., C. Podeschi, N. Palmer, P. Schwadel, D. Meyler. 2012. "The Human-Environment Dialog in Award-winning Children's Picture Books. *Sociological Inquiry* 82(1):145–159.

Wilson, E. O. 1984. *Biophilia: The Human Bond with Other Species*. Boston: Harvard University Press, Boston.

——. 2006. *The Creation: An Appeal to Save Life on Earth*. New York: W. W. Norton.

Witmer, J. T., and C. S. Anderson. 1994. *How to Establish a High School Service Learning Program*. Alexandria, VA: Association for Supervision and Curriculum Development. Info about the book at http://www.ascd.org/Publications/Books/Overview/How-to-Establish-a-High-School-Service-Learning-Program.aspx, accessed August 23, 2014.

World Bank. 2013. *Turn Down the Heat: Climate Extremes, Regional Impacts, and the Case for Resilience*. A report for the World Bank by the Potsdam Institute for Climate Impact Research and Climate Analytics. Washington, DC: World Bank. License: Creative Commons Attribution—NonCommercial–NoDerivatives 3.0 Unported license (CC BY-NC-ND 3.0).

Xu, F., and V. Garcia. 2008. "Intuitive Statistics by 8-Month-Old Infants." *Proceedings of the National Academy of Sciences* 105(13):5012–5015.

Young, J. 2012. *What the Robin Knows: How Birds Reveal the Secrets of the Natural World*. Boston: Houghton Mifflin Harcourt.

Young, J., E. Haas, and E. McGown. 2010. *Coyote's Guide to Connecting With Nature*. Second edition. Shelton, WA: Owlink.